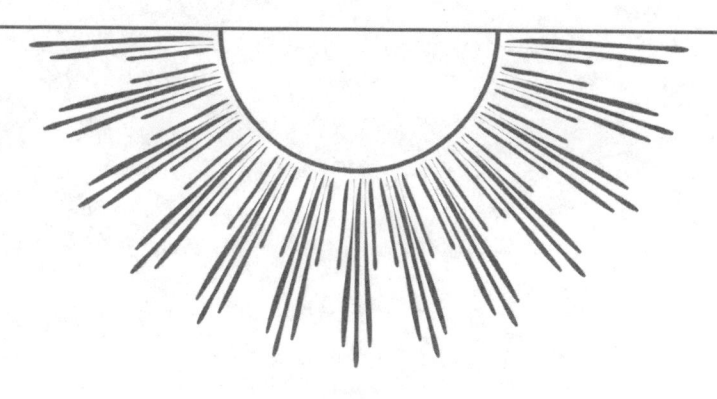

A VIDA COMEÇA A CADA DIA

CB041869

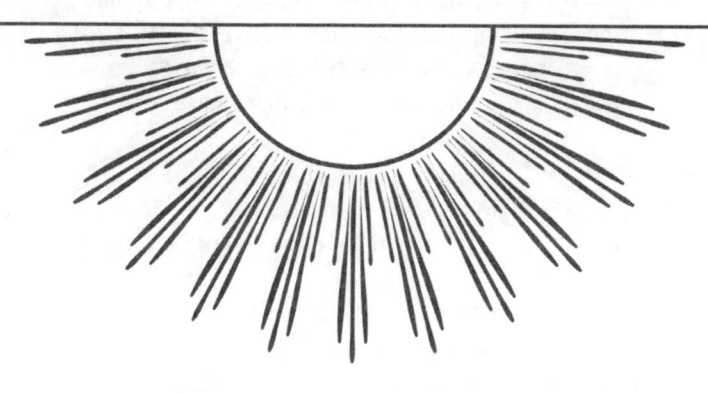

A VIDA COMEÇA A CADA DIA

366 reflexões para viver melhor

ANNE IGARTIBURU
TRADUÇÃO: CAROL AQUINO

FARO
EDITORIAL

Diretor editorial **PEDRO ALMEIDA**
Coordenação editorial **CARLA SACRATO**
Tradução **CAROL AQUINO**
Preparação **DANIELA TOLEDO**
Revisão **ANA PAULA SANTOS** e **BÁRBARA PARENTE**
Imagens de capa e miolo © **FREEPIK**
Capa e diagramação **VANESSA S. MARINE**

Dados Internacionais de Catalogação na Publicação (CIP)
Jéssica de Oliveira Molinari CRB-8/9852

Igartiburu, Anne
  A vida começa a cada dia : 366 reflexões para viver melhor / Anne Igartiburu ;
tradução de Carol Aquino. –– São Paulo : Faro Editorial, 2023.
  384 p. : il.

ISBN 978-65-5957-414-8
Título original: La vida empieza cada día: 366 reflexiones para estar presente

1. Desenvolvimento pessoal 2. Mensagens I. Título II. Aquino, Carol

23-3584   23-3584

Índices para catálogo sistemático:
1. Desenvolvimento pessoal

Faro
Editorial

1ª edição brasileira: 2023
Direitos de edição em língua portuguesa, para o Brasil,
adquiridos por faro editorial
Avenida Andrômeda, 885 - Sala 310
Alphaville — Barueri — SP — Brasil
CEP: 06473-000
www.faroeditorial.com.br

ÍNDICE

A todos que me acompanharam nesta caminhada.
Para meus filhos, vocês são a minha luz.
#zuekinnagobeti

BEM-VINDOS

Querido leitor ou leitora,

Com estas palavras quero agradecê-lo por ter se animado a iniciar esta jornada comigo para explorar 366 maneiras de viver com plenitude todos os dias.

Através destas páginas, quero ajudar você a descobrir que cada amanhecer é uma oportunidade de começar de novo, e que esse despertar para a consciência depende de você, a cada momento. Espero poder acompanhá-lo nesse despertar com o que tenho aprendido, lido e refletido durante a minha própria jornada.

A vida é o que acontece aqui e agora, neste preciso — e precioso — instante. Você é vida, luz e energia. Absorva-a e compartilhe-a.

Obrigada a todos que me incentivaram e ajudaram a tornar este livro realidade, especialmente Francesc Miralles e Silvia Quiroga, fiéis *incentivadores!*

Avancemos a cada momento.

Anne Igartiburu

PREFÁCIO

DE SERGI TORRES

om certeza você já percebeu que costumamos viver a vida com um olho no passado e outro no futuro. Aliás, consideramos isso a coisa mais normal do mundo, não é? Mas, na verdade, sem percebermos, ao viver dessa maneira, nos perdemos na vida, porque a vida só existe neste exato instante, no presente.

Uma vez, quando estava indo trabalhar de moto, enquanto esperava que o semáforo ficasse verde, percebi algo tão assustador como profundamente libertador. Ali, parado em frente ao semáforo e com certa ansiedade, porque estava atrasado, comecei a imaginar que seria demitido. Mas, apesar de imaginar com uma qualidade de imagem 4k e um som envolvente, de repente, me dei conta. Me dei conta de que estava imaginando! Não estava vendo a minha demissão, só estava imaginando. E estava perdendo a oportunidade de viver o que estava acontecendo em minha vida naquele momento, inclusive o semáforo vermelho, pelo simples fato de ter imaginado uma tragédia no trabalho que nem sabia se iria acontecer.

Este evento não ficou apenas entre mim e o semáforo. Durante esse dia, fiquei atento ao máximo possível para ver quantas vezes imaginava ao invés de viver. E aí vem algo assustador: descobri que passava quase o dia inteiro imaginando, tanto recordando como antecipando acontecimentos. Este foi o primeiro passo, profundamente libertador, de um caminho que me tiraria da bolha da minha própria realidade imaginada e me levaria de volta à vida tal como ela era. Olha, seria algo como passar do meu metaverso interior à vida real, à verdadeira.

* * *

Dentro da nossa cultura da pressa, do fazer e do ter, transformamos o presente em algo ignorado. As lembranças, os ressentimentos e os arrependimentos do passado, junto às expectativas, os temores e os desejos do futuro, governam a nossa vida. E tudo isso sem nos darmos conta de como é absurdo, porque todo o sentido está em nossa vida e, insisto, a nossa vida está no presente.

Costumamos procurar como recuperar o frescor de viver, a paixão por descobrir coisas novas e, sobretudo, a sensação de estarmos vivos. Mas eu me pergunto: por que procuramos onde não há? Pouquíssimas pessoas olham para o presente como a resposta, ou pelo menos como a porta para o olhar espontâneo, inocente e iluminado de quando éramos crianças. Sim, é verdade que a vida começa todos os dias, mas para vivê-la, primeiro devemos nos erguer diante dela. No entanto, não se preocupe, porque a vida já tem tudo planejado.

Lembra daquela força que sentíamos quando éramos crianças na hora de engatinhar ou levantar? Pois essa mesma força é a que nos ergue diante da vida. Aliás, essa força não se detém jamais e nos estimula a nos erguermos em várias outras facetas ao longo de nossa existência. A nos erguermos emocionalmente, por exemplo. Mas também não para por aí, porque seu objetivo é chegar à parte mais profunda do ser humano e colocá-la de pé. Me refiro ao seu coração. Ou seja, aprender a amar incondicionalmente, a amar quem somos, a brilhar em nosso máximo esplendor e a compartilhar gratidão com os demais. Acha difícil?

* * *

Este livro que tem em mãos é simples e natural, mas poderoso. Em nossa sociedade atual, em geral tão complicada e artificial, simplicidade e naturalidade se confundem com pobreza e insuficiência. Mas algo que é simples e natural, e que também nasce do coração, torna-se muito poderoso. Basta olharmos para a natureza.

Se pudéssemos contemplar o céu estrelado de uma noite sem lua com o olhar de um universo, sem dúvida veríamos a simplicidade, a naturalidade e o amor em que vivemos. Se pudéssemos contemplar nossas relações com os olhos da vida que nos levou a nos encontrarmos, sem dúvida veríamos a simplicidade, a naturalidade e o amor em que vivemos. E assim, tantas coisas...

*   *   *

Um dia essa força chegou ao coração da Anne, e a incentivou a pô-lo de pé e dar um novo passo diante da vida. Um passo que, curiosamente, nos devolve de volta a nós mesmos e ao presente também. No meu caso, à moto diante do semáforo, chegando atrasado. E alguém pode pensar, *nesse caso, prefiro que não me devolvam a lugar nenhum, obrigado*, mas, na verdade, eu fui trazido de volta à vida.

Através do olhar de uma criança maravilhada, Anne divide conosco tudo que essa força lhe mostrou ao longo do caminho. E é assim que eu conheço a Anne, uma mulher viva e com um coração enorme de menina aventureira. Com este livro, ela nos dá de presente muitas pistas e ferramentas para transformar esse *levantar* em algo simples, natural e gentil.

E, apesar de nem todos os momentos serem agradáveis, eles estão cheios de vida e nosso coração só quer vivê-los, porque ele existe para isso, para viver.

*   *   *

Depois de milhões de anos evoluindo e de tantas conquistas tecnológicas, ainda não sabemos sentir, nem pensar, nem nos relacionarmos humanamente entre nós. Ainda somos dominados por nossas próprias emoções, inclusive, parece que elas nos esmagam. E alguns de nossos próprios pensamentos não saem da nossa cabeça por mais que a gente queira, é como se tivessem vida própria lá dentro.

Para voltar à vida, temos o presente e a nossa honestidade. Nossa tarefa é cultivá-los. Aqui você tem em mãos 366 maneiras para fazer isso. Sim, de forma natural e simples, mas poderosa.

Esta força da qual falei, e da qual nasce este livro, levantou toda uma espécie, transformando-a de *Homo habilis* a *Homo erectus*. Talvez hoje, no contínuo empenho dessa força, estejamos diante da transformação do *Homo sapiens sapiens* a *Homo amare*. Quem sabe.

* * *

A propósito, naquele dia não cheguei atrasado no trabalho, mas renasci, porque, sim, é verdade, a vida começa todos os dias.

Sergi Torres

1

TUDO COMEÇA HOJE

Existe um conceito zen, o *shoshin*, que em japonês se traduz como *mente de principiante*. É a atitude de quem não dá nada como certo, como se o mundo recomeçasse a cada instante.

É o que acontece todas as manhãs quando abrimos os olhos para um novo dia. Não importa o que aconteceu ontem. Não importa o que nos espera amanhã. Hoje é uma folha em branco que só você pode escrever, se não fizer previsões e deixar que o dia te surpreenda.

Em seu livro *Mente Zen, mente de principiante*, o mestre Shunryu Suzuki afirma:

> *Se sua mente está vazia, está pronta para qualquer coisa, ela está aberta a tudo. Há muitas possibilidades na mente do principiante, mas poucas na do perito.*

Você está preparado para começar o dia com o espírito *shoshin*? Nesse caso, tudo pode acontecer. Um feliz começo!

COM UM NOVO OLHAR

Marcel Proust dizia que a criatividade está no olhar, em saber observar o mundo com um novo olhar. Como exercício inicial, sugiro que contemple o que há em sua frente agora mesmo — sua casa, o escritório, qualquer lugar onde estiver —, como se fosse a primeira vez.

O que você descobriu que não tinha visto até agora?

2

PASSAGEM DO *ZUMBIDO*

A o longo do dia, haverá momentos nos quais sua mente se fará ouvir através de ideias recorrentes ou incômodas. Não há nada de errado nisso, pois estima-se que temos ao redor noventa mil pensamentos por dia.

Eu chamo de *zumbido* esse falatório da mente que me leva a lugares inesperados, dos quais não gosto, guiada por mim, porque somos bem inquietos. Sei por experiência própria que não devo dar importância a isso, já que se tento ignorar esses pensamentos, eles se tornam ainda mais intensos.

Sempre que esse *zumbido* aparecer, entenda que você não é seus pensamentos. Eles vêm e vão. Eles se projetam em sua mente e depois desaparecem, a menos que você queira retê-los ou expulsá-los. A decisão é sua.

NUVENS PASSAGEIRAS

Os meditadores definem os pensamentos como nuvens passageiras antes que o céu volte a ser azul. Para acabar com esse zumbido de tantas coisas que passam pela cabeça, é só se acalmar e dedicar sua atenção a um único foco: a respiração.

- Deixe de lado tudo que preocupa você para se concentrar unicamente no ar que entra e sai pelas suas fossas nasais.

- Sempre que um pensamento vier à tona, não o julgue. Apenas deixe-o passar como uma nuvem que flutua pelo céu da sua mente.

Com a prática, irá se tornando mais fácil se desconectar de seus pensamentos e, assim, alcançar a serenidade.

3

QUAL É O SEU *FLOW?*

Na reflexão anterior vimos como nos desvincularmos de pensamentos repetitivos ou invasivos. Além do exercício de atenção com a respiração, também podemos conseguir colocando nosso foco em uma atividade que nos permita fluir.

Quando você está no estado de *flow*[1], seu inconsciente começa a criar novas possibilidades, porque está mais relaxado. O contrário acontece quando você está em estado de alerta: sua mente pode apenas se defender ou escapar, não criar.

Se quisermos novas opções, teremos que procurar alternativas para aquilo que está nos bloqueando. Para isso, nossa mente precisa estar *entretida* e contente, fazendo coisas de que gostamos.

Não é algo que acontece da noite para o dia. Ao incorporar ao seu dia a dia a rotina de estar relaxado e fluindo, com o tempo você criará um hábito e surgirão novas possibilidades em sua vida.

REQUISITOS PARA FLUIR

Procure em sua vida coisas que te façam sentir o *flow*! Segundo Mihály Csíkszentmihályi, o autor de *Flow* que faleceu durante a pandemia, o estado de fluxo tem estes ingredientes:

- *O tempo voa.* Talvez você tenha passado muito tempo fazendo algo, mas sente que durou apenas um instante.

- *Você está totalmente concentrado.* Não há distrações que valham a pena.

- *Nem muito fácil, nem muito difícil.* No primeiro caso, você ficaria entediado logo em seguida; no segundo, a dificuldade bloquearia você.

- *Você quase não sente cansaço.* O que você ama fazer não requer esforço.

---

[1] Capacidade dos indivíduos de imergirem completamente no momento presente. (N.T.)

4

A FELICIDADE DE CAMINHAR

Existe uma relação direta entre mover o corpo e a felicidade.

Quando me sinto pra baixo ou os problemas do mundo estão caindo em minhas costas, calço meus tênis e saio para caminhar.

A cada passo que dou, sinto que o peso das minhas preocupações vai ficando cada vez mais leve, até que, finalmente, eu possa sentir cada músculo do meu corpo, meu peso ao pisar, levantar o pé e pisar de novo.

Mindfulness puro em movimento, no qual também estão envolvidas outras sensações de plena consciência que nos permitem nos conectar com nosso corpo.

Os sinais físicos refletem na mente, assim como os da mente refletem no corpo. Do mesmo modo que as emoções são somatizadas, podemos transformar nosso estado emocional, melhorando nossa forma física.

Como aconselhava o filósofo Friedrich Nietzsche: "Estar o menos sentado possível e não acreditar em qualquer pensamento que não tenha surgido ao ar livre e em plena liberdade de movimento".

COM O QUE VOCÊ SE COMPROMETE?

É provável que seu celular tenha um aplicativo que conta cada passo que você dá durante o dia. Muitos *walkers* — caminhantes — urbanos estabelecem um determinado número de passos por dia, percorridos a caminho do trabalho, ao fazer compras ou simplesmente desfrutando o simples prazer de respirar e dar uma caminhada.

Para mim, mais que atingir um determinado número de passos, trata-se de decidir a que nos comprometemos em relação ao movimento do nosso corpo. Cada pessoa tem seus próprios limites, os próprios compromissos consigo mesma.

Como você vai fazer? Quando vai fazer? A que se compromete? E, por último, mas não menos importante, como vai comemorar depois de cumprir sua meta?

5

NÃO PODEMOS AGRADAR
TODO MUNDO

Muitas vezes nós não nos damos conta do que somos capazes de fazer para agradar os outros. É uma atitude que fazemos no piloto automático, como uma inércia que nos leva por caminhos que não são o nosso.

A necessidade de agradar todo mundo faz parte do nosso instinto de sobrevivência e tem sua origem desde que éramos caçadores e colhedores.

Nosso pensamento primitivo interpreta que se não formos aceitos pelo grupo — se não agradamos —, podemos ser abandonados por ele. E assim correríamos perigo de vida. É uma interpretação bastante exagerada, já que não vivemos mais dessa forma e nem dependemos da tribo.

Sem cair no egoísmo ou na arrogância, entender que não podemos agradar todo mundo nos liberta, já que nos permite sermos coerentes com o que sentimos e pensamos. E assim, nos sentiremos confortáveis com nossa própria vida.

TUDO BEM NÃO AGRADAR

Em seu livro *A coragem de não agradar*, os filósofos japoneses Ichiro Kishimi e Fumitake Koga afirmam que exercer a liberdade nos relacionamentos interpessoais é desagradar algumas pessoas.

Essa é uma regra prática de que podemos nos lembrar sempre que fizermos algo só para *agradar*.

Em suas próprias palavras: "A única forma de ser livre é a de se permitir ser o que você quer ser, não o que os outros esperam de você".

O QUE VOCÊ VÊ É O QUE VOCÊ TEM

Em quase todas as experiências, uns 10 por cento corresponde ao que de fato acontece e os outros 90 por cento ao que nós interpretamos. Não temos consciência de como contamos a nós mesmos sobre um fato ocorrido, por isso, é melhor não nos envolvermos e sermos o mais claro possíveis ao observá-lo.

Se a nossa interpretação está acima de tudo, é muito simples: devemos ser bem objetivos. Quando recebermos qualquer *input* — informação — que nos contrarie, a solução é analisar de forma racional e contar o que aconteceu.

Imagine que você receba um breve e-mail, no qual a sua chefe ou o seu chefe pergunta para você como anda determinada tarefa. Seja pela brevidade da mensagem ou porque nos sentimos suscetíveis, a mente pode ativar o *zumbido* sobre o qual conversamos em páginas anteriores, fazendo interpretações como: *Por que me mandou uma mensagem tão curta? Não quer me cumprimentar? Será que não confia mais em mim? Pretende me substituir?*

Contra hipóteses fantasiosas que ocupam muito espaço mental e roubam toda a nossa energia, o objetivo da mensagem foi apenas este: só nos perguntaram como anda a tal tarefa.

Um fato é um fato, e o resto é a interpretação do fato. Como diria Tina Turner na música *What you get is what you see*, o que você vê é o que você tem. Mas é preciso levar em consideração a maneira que você enxerga ou interpreta sua vida.

CONTE O QUE ACONTECEU SEM EXPRESSAR SUAS EMOÇÕES

Quando sentir que um acontecimento domina emocionalmente você, faça o exercício de descrevê-lo com objetividade, como se não fosse com você, sem um julgamento. Deixe de fora qualquer emoção que tenha sentido. Faça por escrito ou de maneira mental, mas de uma forma objetiva na qual possa relatar os fatos. As coisas são como são.

ESCOLHA SUAS BATALHAS

Um dos motivos pelo qual muitas vezes nos sentimos sobrecarregados é porque tentamos fazer muitas coisas ao mesmo tempo.

Sem dúvida, se você parar para pensar, verá muitas coisas que desejaria que fossem diferentes, mas tentar abordá-las todas simultaneamente é como se um pescador tentasse pescar dois peixes ao mesmo tempo.

Para escolher suas batalhas, é necessário discernir aquilo que é prioridade em sua vida, aqui e agora, e que depende de você para ser feito.

Para que descubra, você pode se perguntar: o que está me agregando algo e o que está acabando com a minha energia sem trazer nada de bom para minha vida?

Se você escolher de forma inteligente as batalhas que merecem ser deixadas de lado, não perderá tempo nem energia com assuntos secundários ou desnecessários.

Dedique-se àquelas que agregam algo e verá que, surpreendentemente, caminhos novos e empolgantes se abrirão. E lembre-se também que, ao se livrar de uma pequena batalha e seguir em frente, outros problemas se solucionarão.

ESCOLHA UMA OU DUAS BATALHAS

Tentar impedir todas as *batalhas*, além de ser uma loucura, nos leva a constatar que desta maneira, a guerra não está ganha.

Neste exercício, eu te convido a escolher um ou dois temas que considere prioritários e nos quais queira se envolver:

- BATALHA 1 _____
- BATALHA 2 _____

Sugiro que não inicie novas frentes de batalha enquanto não concluir essas duas.

8

JANELAS PARA A FELICIDADE

Para mim, a leitura é um oásis que me traz tanto inspiração quanto serenidade. Minha família tem uma livraria e, desde pequena, enquanto observava as capas e as lombadas dos livros, sentia admiração por aqueles autores e autoras capazes de plasmar tantas ideias, conceitos e belas histórias.

Este é um dos motivos pelos quais entrevisto tantos escritores que me estimulam. Cada livro permite que você olhe para outras vidas e paisagens, sendo um excelente remédio contra os dias difíceis.

Os livros são janelas para a felicidade porque nos dão outras perspectivas, outros pensamentos e conclusões, ampliam nossa percepção e nos fazem viajar além de nossa zona de conforto. Ler é uma aventura apaixonante que podemos fazer do sofá de nossa casa.

Lembre-se de que nunca é tarde para iniciar uma rotina de leitura, porque a vida começa todos os dias, é uma história que começa todos os dias.

Recomendo que, de vez em quando, leia em voz alta para você mesmo ou para outros alguma história ou poema que estimule você.

O MELHOR SONÍFERO DO MUNDO

O médico Eduardo Estivill, especialista em medicina do sono, garante que não há melhor remédio para dormir como o livro de papel.

Por outro lado, nas horas antes de irmos para cama, ele desaconselha as telas de qualquer tipo, inclusive e-book, já que a esti-mulação luminosa do nervo óptico nos deixará despertos e não teremos um descanso de qualidade. Desafio você a tentar durante uma semana e ver os resultados.

9

SE PUDER FAZER AGORA... APENAS FAÇA!

Nós, seres humanos, somos naturalmente orientados ao prazer. Por isso há certas tarefas que são inevitáveis, mas que estão sendo deixadas de lado e ocupam espaço mental.

Quase ninguém gosta de lidar com documentos e resolver assuntos burocráticos, por exemplo. Porém, se não o fizermos, acaba virando uma bola de neve.

Aliás, os especialistas em gestão de tempo recomendam que comecemos todos os dias pelas tarefas que nos causam mais preguiça. Justamente por isso é libertador cumpri-las, já que deixamos de nos preocupar com elas pelo resto do dia.

Para iniciarmos o hábito de resolver cada coisa a seu devido tempo, o sistema GTD (*Getting Things Done*) do consultor norte-americano David Allen é bem útil. Ele diz que devemos programar as ações quando elas aparecem, não quando expiram. Quer dizer, ter controle do nosso calendário em vez de ir empurrando com a barriga.

São hábitos que criam uma forma de proceder, por isso, é necessário insistir neles. Fazer aquilo que puder AGORA permitirá que você realize as tarefas de uma maneira mais leve.

A REGRA DOS DOIS MINUTOS

De maneira semelhante a outras técnicas de gestão de tempo, como a regra dos sessenta segundos, Allen estabelece esse tempo em 2 minutos. Em suas palavras: "Se você receber uma tarefa que possa ser feita em até 2 minutos, faça-a agora mesmo. Caso leve mais de 2 minutos, coloque-a em sua lista". Resumindo: FAÇA AGORA. Acha que durante o dia de hoje consegue tentar cumprir essa regra?

10

OCUPADO DEMAIS

Existe uma frase que foi atribuída a Bill Gates e Warren Buffett, entre outras personalidades. A frase é: *Busy is the new stupid*. Isso significa: estar ocupado é a nova forma de ser idiota.

Por que idiota? Porque para se ter boas ideias, é necessário ter tempo para que elas possam surgir.

Assim como um artista não pode pintar em uma tela completamente cheia, se você não der um descanso para si mesmo, se não der uma pausa na correria, não será capaz de criar nada novo em nenhuma área da sua vida.

Este é o motivo pelo qual os especialistas em gestão de tempo dizem que alguém que está sempre ocupado não pode ser produtivo. No máximo, atenderá as emergências no piloto automático.

Admito que quando era mais novinha vivia dessa maneira. Talvez pelo que meu pai dizia: "Se você quer que algo aconteça, peça para alguém muito ocupado". E como eu sempre estava, não parava de assumir compromissos.

E se incluirmos em nossa agenda a nobre arte de desconectar?

A FILOSOFIA NIKSEN

Para sair do permanente *too busy* — ocupado demais — e relaxar seu corpo e mente, sugiro que pratique o *niksen*, como os holandeses chamam a arte de descansar de forma consciente. Mesmo que seja apenas por 20 minutos ao dia, um descanso das obrigações recarregará suas energias e nutrirá sua criatividade.

Não se trata de não fazer nada, mas de fazer coisas diferentes que relaxem a sua mente, como sair para correr ou apreciar uma leitura que ajude você a *mudar de sintonia*.

11

A SÍNDROME DO IMPOSTOR

Com certeza você conhece esta sensação: você está fazendo algo e ouve uma vozinha lhe dizendo: *Não sou capaz, tenho medo*. E você não se atreve a fazer o que deseja por causa desse medo. Desiste do desafio ou do compromisso, porque acredita que não vai dar certo e talvez porque acha que será julgado.

Além disso, é possível que você também pense: *Eu não mereço ter sucesso*. Você sente medo de brilhar, como se tudo que tivesse conseguido tenha sido por uma série de coincidências ou pura sorte. Inclusive, talvez você acredite que não tenha *trabalhado* o suficiente e que, no fim, vão descobrir essa verdade que a vozinha lhe diz: *Eles vão desmascarar você. Você não é tão bom assim*.

Essa é a base da síndrome do impostor. Você tem a ideia de que é menos do que de fato é. Até você ouvir dos demais o quanto você é bom, não consegue enxergar isso.

Para muitas pessoas, é difícil aceitar o quanto são valiosas, e isso as impede de continuar avançando e assumir novos desafios. Dá a sensação de que é mais difícil manifestar seu talento e tudo que conquistam.

O que acha de dar a si mesmo esse *feedback* apreciativo? Até que ponto você se permite brilhar?

DESATIVE O BOICOTE INTERNO

Assim como você toma cuidado pela forma com que fala com outras pessoas, cuide de sua linguagem interna, como fala consigo mesmo. Sabemos que não há pior crítico que nós mesmos, por isso, é necessário prestar atenção às mensagens que dizemos a nós mesmos.

Sempre que for muito severo consigo mesmo, pergunte-se:

- Como posso me tratar como uma pessoa querida, assim como eu faria com um filho?
- Como posso ter o mesmo cuidado e delicadeza comigo mesmo?

12

AUTOEXIGENTE DEMAIS?

A que você se compara? Quantas coisas você pede a si mesmo que não pediria a ninguém? Já reparou como a autoexigência nos deixa esgotados?

É importante diferenciar a realização de pequenas metas e o propósito entusiástico — constante e comprometido — da autoexigência — contínua e excessiva — que nos transforma em autômatos.

Para diminuir nosso nível de autoexigência é bastante recomendável traçar um plano de ação que seja alcançável e, principalmente, mensurável e acessível.

Lembre-se de que o bem-estar emocional é uma corrida de longa distância, a qual as pequenas conquistas são dignas de comemoração. Nosso nível de tolerância e de cuidado são a melhor maneira de aprender a evoluir.

O excesso de autoexigência ou o perfeccionismo podem chegar a nos bloquear. Para evitar essa armadilha, o melhor é parar para observar e ser muito realista e identificar tudo que conseguiu até o momento. Em vez de castigar-se — não há nada mais cansativo que essa sensação de não ser suficiente, nem merecedor do que você possui —, tenha consciência de que tudo que já conseguiu foi superando as dificuldades. Se você foi capaz, pode conseguir de novo. Mais e melhor.

PEÇA UM *FEEDBACK* DO BOM

Podemos receber esse *feedback* de pessoas que nos amam e sabem do nosso valor. Se você tem dificuldade em enxergar os próprios méritos, pergunte para as pessoas ao seu redor: *Por que você me acha uma pessoa valiosa?*

Limite-se a ouvir sua resposta, sem diminuir os seus méritos, e agradeça.

Desse modo, você poderá ver através de outros olhos e entender que você realmente tem muito a oferecer.

13

APENAS RESPIRE

Dizem que um dos motivos pelos quais John Lennon se apaixonou por Yoko Ono foi que em uma exposição, na qual se conheceram, ela lhe entregou um cartão onde simplesmente estava escrito *RESPIRE*. Naquela época, ele já era ex-Beatle e levava uma vida de drogas e agitação que o deixava sem ar. O conselho da artista japonesa fazia todo o sentido do mundo.

Por milênios, sabemos que os benefícios da respiração consciente são incalculáveis: você se conecta consigo mesmo de uma maneira direta e rápida. Respirar conscientemente permite que você siga o seu corpo, sua cadência, ao mesmo tempo em que o afasta de qualquer outro pensamento. Ao estar concentrado na ação de respirar, a calma e a serenidade chegam de forma natural.

A investigadora Nazareth Castellanos enfatiza a relação entre a respiração e nosso rendimento mental. Como demonstra em um estudo de neuroanatomia de 2017, "dependendo da maneira que respiramos, teremos mais capacidade de atenção e memória. E não é só isso, o padrão respiratório também influencia na maneira como expressamos as emoções".

Além disso, nossa capacidade de memória aumenta quando inspiramos pelo nariz, em comparação a quando o fazemos pela boca.

TRÊS TÉCNICAS DE RESPIRAÇÃO

Em seu livro Namastê, Héctor García e Francesc Miralles mencionam no capítulo dedicado ao *Pranayama* — a expansão da energia vital através da ioga —, três exercícios de respiração para três usos distintos:

1. Se você se sente letárgico, com falta de energia, e deseja se sentir ativo: *a fase de inalar deve durar mais que a fase de exalar.*

2. Se você sente muita ansiedade e quer relaxar: *a fase de exalar deve durar mais tempo que a de inalar.*

3. Se você não consegue se concentrar e se sente inquieto: *a fase de exalar e inalar devem durar o mesmo tempo.*

Sugiro que você pratique essas três respirações que podem ajudá-lo.

14

AME A REALIDADE

Tenho grande admiração por Byron Katie, autora do livro *Ame a realidade*.

Seu caminho de descobrimento não foi simples, nem fácil. Depois de uma longa depressão que a levou a ficar trancada em casa, desconectada do mundo e de si mesma, chegando até a pensar em tirar a própria vida. Felizmente, um lampejo de lucidez chegou no momento certo.

O que Byron Katie descobriu que a tirou do sofrimento? Uma ideia muito simples e poderosa ao mesmo tempo: que sofremos, sobretudo quando não aceitamos *a realidade*, quer dizer, o que a vida nos oferece aqui e agora.

Ter consciência disso a transformou. Ela percebeu que a dor que sentia não vinha do mundo, mas do seu olhar reativo sobre si mesma. Nas palavras de Katie: "Os pensamentos que machucam são aqueles que não condizem com a realidade". Para neutralizar os pensamentos negativos, temos que abraçar e amar a realidade. A partir do amor e da aceitação poderemos mergulhar plenamente na vida.

QUATRO PERGUNTAS E TRÊS INVERSÕES

Byron Katie elaborou seu método *The Work* para desarmar qualquer pensamento prejudicial invasivo:

1. *O que estou pensando é verdade?* (Se a resposta for *não*, passe para a terceira pergunta).

2. *Posso ter certeza absoluta de que isso é verdade? (Sim ou Não).*

3. *Como reajo quando acredito nesse pensamento?*

4. *Quem eu seria sem esse pensamento?*

Depois dessas quatro perguntas, Katie sugere que nossa crença passe por três inversões. Se a ideia invasiva for, por exemplo, *Ele não me ama*, você deve dizer:

1. Ele me ama (até onde pode ou sabe).

2. Eu o amo (eu o aceito como ele realmente é?).

3. Eu me amo (sou capaz de fazer isso?).

15

DE ONDE VOCÊ INTERPRETA O QUE LHE ACONTECE?

Encorajo você a se fazer essa pergunta todas as vezes que acontecer algo que afete seu humor de maneira significativa. Pode ser que você faça isso com o coração, com as entranhas ou com a cabeça.

Você fez sua interpretação a partir da emoção e do visceral, ou foi racional a respeito? Se prestar atenção, o corpo pode ajudar você a saber.

Saber de onde você interpreta o que lhe acontece permitirá que você entenda por que está sendo afetado e de que maneira.

O que aconteceu com você fortalece ou reafirma alguma verdade a qual tinha depositado toda a sua fé? Ajuda você a compreender ou simpatizar com algo? Você já se colocou no lugar de outra pessoa?

A interpretação que fazemos do mundo parte de uma crença que, dependendo das lentes que estiver usando, é como você verá o que há ao seu redor.

Recomendo que olhe sempre a partir do coração, já que, desse lugar, com calma e uma respiração consciente, você pode dar uma reviravolta e reinterpretar qualquer fato de maneira positiva.

QUAIS ÓCULOS VOCÊ COLOCOU HOJE?

Se tudo depende das lentes pelas quais você olha, seria útil definir o nosso olhar. Três exemplos:

- *As lentes do pessimismo:* os vidros são tão escuros que escurecem qualquer motivo de alegria ao nosso redor.
- *As lentes de ceticismo e da dúvida:* esses vidros questionam tudo, fazendo com que seja impossível tomar decisões e aproveitar a vida.
- *As lentes da felicidade:* como no livro de Rafael Santandreu, é nosso olhar mais brilhante e generoso sobre a realidade.

16

O MOMENTO DE PARAR

Quando você perceber que há muito barulho em sua mente, se sentir *alguma agitação* ou se *sentir acelerado*, é importante que pare antes de perder o controle.

O monge coreano Haemin Sunim, autor do livro *As coisas que você só vê quando desacelera*, aborda essa questão fundamental através de uma pergunta: "Quando tudo ao meu redor está indo rápido demais, eu paro e me pergunto: o mundo é agitado ou será que é minha mente?".

É muito provável que seja a segunda opção. Nesse caso, aconselho a proceder da seguinte maneira:

Force a quietude, pare de correr ou de fazer o que estiver ao seu alcance agora mesmo.

Para deter esses pensamentos frenéticos, respire lenta e profundamente, até que sinta que a serenidade está voltando.

Se estiver indo a algum lugar, desacelere seus movimentos e sorria. Você não imagina como isso ajuda!

UMA PAUSA ATIVA

Ovídio, o grande poeta romano, recomendou há dois milênios: "Repousem, em uma terra descansada dá uma abundante colheita". Todas as vezes que precisar de uma pausa, pense que não é uma perda de tempo, mas um investimento para depois render mais e colher melhores resultados.

17

SUAS FORTALEZAS

Uma vez perguntaram a Jim Clifton, presidente da Gallup, uma grande empresa de pesquisa de opinião, qual foi o melhor conselho que ele tinha recebido na vida. Disse que foi um do pai dele: "Pense que suas debilidades não se desenvolverão muito além disso, já suas fortalezas continuarão crescendo infinitamente".

Considero esse conselho muito relevante, porque com frequência estamos tão atentos ao que nos falta que desdenhamos as fortalezas que temos de maneira inata e que nos trouxeram até onde chegamos.

Temos que executar essas fortalezas, torná-las efetivas e ativar esse ON através da experiência vital.

Tudo começa ao identificar quais são elas. E para fazer isso, podemos percorrer nossa trajetória vital e ver os momentos complicados da vida nos quais aplicamos nossas habilidades.

SUA CAIXINHA DE TESOURO E FERRAMENTAS

Pergunte às pessoas que mais conhecem você quais foram, na opinião delas, os momentos da sua vida nos quais você manifestou uma fortaleza própria: uma conduta, um costume ou um hábito que fez de você uma pessoa mais sábia e valiosa. Se trata de identificar as coisas que resgataram você em momentos complicados da vida.

Você verá que teve pequenas conquistas sem ter percebido. É uma caixinha repleta de tesouros e ferramentas, os quais você poderá utilizar sempre que precisar.

18

AFIRMAÇÕES

Na década de 1980, Louise Hay transformou seu livro *Você pode curar sua vida* em um inesperado *best-seller* que mudou a maneira de pensar — e de falar — de milhões de pessoas.

A autora parte de que o amor é uma cura milagrosa, portanto, se você ama a si mesmo, viverá milagres. No extremo oposto, as pessoas que alimentam ideias e crenças negativas sobre elas mesmas sofrem todo tipo de transtornos e problemas.

Se nossos pensamentos configuram nosso presente e, portanto, também nosso futuro, é fundamental prestar atenção, já que o que pensamos sobre nós e sobre a vida acaba sendo nossa verdade e realidade.

A partir da ideia de que o universo nos apoia em tudo que decidimos pensar e acreditar. Louise Hay afirma:

> *Se eu disser a mim mesma que o amor está em toda parte, e que sou capaz de amar e digna de amor, e aderir a essa nova afirmação e repeti-la com frequência, ela será a minha verdade. Em minha vida, aparecerão pessoas capazes de amar, as que fazem parte dela demonstrarão mais amor, e eu descobrirei como é fácil expressar meu amor aos demais.*

COMECE O DIA COM AFIRMAÇÕES

Escreva três afirmações sobre três âmbitos nos quais você queira fluir – por exemplo: sua autoestima, o trabalho e o amor – e comece o dia as lendo antes de ser arrastado para o turbilhão de tarefas. Precisa ser em primeira pessoa, positivas, curtas e fáceis de lembrar.

Dois exemplos:

- *Me amo do jeito que sou.*
- *Dou o melhor de mim a cada dia.*

Este simples exercício de ler suas afirmações fará que sintonize um canal positivo em sua emissora mental para começar o dia.

19

COMO VOCÊ PEDE AO UNIVERSO O QUE DESEJA?

Das afirmações passaremos aos desejos. Quase todo mundo tem algum desejo que gostaria de realizar.

Em uma das passagens mais famosas de *O alquimista*, Paulo Coelho afirmava que: "Quando você quer alguma coisa, todo o universo conspira para que você realize o seu desejo".

Isso fez com que várias pessoas acreditassem que bastava pedir ao universo o que se desejava para conseguir essa ajuda. Porém, sugiro levar essa questão além. Todas as vezes que pedir algo ao universo, pergunte a si mesmo porque deseja tanto isso. O que você quer é o que realmente precisa?

Se é algo que faz falta de verdade, analise como pode programar seu plano de ação, focando no que deseja conseguir e sempre a partir de novas possibilidades, não do que falta.

Talvez neste momento, o que você vê como uma necessidade se dilua no tempo e chegue outra coisa muito mais importante que agora você nem imagina.

O QUE A VIDA ESPERA DE MIM?

Além de nossos desejos e supostas necessidades, a vida nos manda sinais que são convites para percorrer certos caminhos.

Para responder à pergunta deste pequeno exercício, preste atenção às suas capacidades e talentos. Onde, em que e como posso ser mais útil neste momento da minha vida?

TREINAR NOSSO CÉREBRO

Gostaria de confessar algo que passa pela minha mente algumas vezes, já que acredito que possa ajudá-lo se você se encontra nessa situação.

Às vezes tenho dificuldade de lembrar o nome de algumas pessoas, o título de um livro ou de um filme. Ainda mais se fico nervosa, é ainda mais difícil e me bloqueio. Na verdade, o que me lembro é da emoção que essas pessoas me remetem, mas isso seria tema para outra reflexão.

Dependendo da situação, pode ser um pouco complicado; porém, quando aceito com bom humor, em seguida me lembro do que tinha esquecido. Não é incrível?

Isso não me acontece nem com as músicas, nem com os poemas. Talvez pelo meu trabalho eu tenha a parte audiovisual mais desenvolvida.

Com o tempo, aprendi a não me sentir tão pressionada, a não ficar obcecada em lembrar no mesmo instante e saber que minha mente, às vezes, também tem dias ruins. Para encarar esta falta, pratico uns exercícios de agilidade mental criados por minha querida Catalina Hoffmann, que fazem parte do seu método *Neurofitness*.

DOIS CONSELHOS PARA UM CÉREBRO SAUDÁVEL

Catalina Hoffmann, especialista em estimulação cognitiva e em treinamento cerebral, recomenda duas medidas simples que podemos seguir:

1. *Hidratação*. Como o cérebro é composto principalmente de água, é importante nos hidratarmos bem, antes mesmo de sentirmos sede.

2. *Oxigenação*. Inspirar pelo nariz, elevando o peito, o diafragma e a barriga, para soltar o ar suavemente pela boca, como se apagássemos uma vela.

Então, lembre-se: para cuidar do seu cérebro, todas as manhãs ao se levantar, beba um copo de água e respire três vezes seguindo este modelo.

21

SABER OBSERVAR

Ao contrário do que contei na reflexão anterior sobre minha incapacidade de lembrar alguns nomes, me considero uma grande observadora.

Tenho facilidade em interpretar o que há ao meu redor, assim como as emoções e energias que se manifestam. Essa é uma informação *diferente* que recebo da pessoa à minha frente, do autor que leio, da obra artística que contemplo ou da música que escuto. É algo que me acontece desde criança.

Sou atenta a mínimos detalhes que outras pessoas deixam escapar. Me dei conta disso ao descobrir como me oriento mal e como é difícil para mim interpretar um mapa. Já com as plantas arquitetônicas, eu me viro muito bem!

Você se considera uma pessoa observadora? Se você é capaz de prestar atenção nos detalhes, ganhará capacidade perceptiva em seu universo cotidiano.

UM EXERCÍCIO DE OBSERVAÇÃO

Sugiro que você olhe ao redor e observe o lugar onde está lendo este livro, como se estivesse nele pela primeira vez.

Preste atenção em algum detalhe que até agora tinha passado despercebido.

O que esse descobrimento significa?

Você pode chegar à conclusão de que passamos boa parte da nossa vida dormindo.

22

MESTRES COTIDIANOS

Admito que nunca fui muito sociável. Nem mesmo quando era criança.

Sei que vivo em um ambiente o qual parece complicado não ser dessa forma, mas sempre dou um jeitinho de descobrir entre a multidão alguém com quem possa ter uma conversa mais íntima e emocionante. Isso me completa e dá sentido à minha vida.

Eu considero um presente, porque me sinto mais alegre com o que tenho e sou ao conhecer essas pessoas. Conhecer essas histórias de vida me traz calma e gratidão.

Porém, outras vezes, ainda mais na minha profissão, me deparo com pessoas com as quais sinto que compartilho pouco.

Hoje, incentivo você a pensar com gratidão, que pense nessas pessoas que cruzaram o seu caminho e, sem que esperasse nada, acabaram trazendo uma lição valiosa para sua vida.

DIGA-ME COM QUEM ANDAS E EU TE DIREI QUEM ÉS

Esta variante de o *hábito faz o monge* poderia ter sido pronunciada pelo empresário e palestrante Jim Rohn, que afirmava que somos uma média das cinco pessoas com as quais passamos mais tempo.

Quem são essas cinco pessoas em sua vida e como as avaliaria em relação a algo em que você está interessado em desenvolver? Qual a média que você obtém de todas elas? Conhece pessoas de valor que poderia fazer parte do seu círculo para *aumentar essa nota*?

23

O ESPELHO DOS DEMAIS

Já parou para pensar que, nos momentos difíceis, você atrai pessoas negativas, assim como acontece o contrário quando você está em paz consigo mesmo?

Na Antiguidade, Hermes Trismegisto dizia que "o que está dentro, é como o que está fora"; quando uma pessoa não se aceita e não se ama, esse mesmo desequilíbrio se traduz em suas relações com outras pessoas.

Os outros são nosso espelho. Muitas vezes algo em alguém nos incomoda, justamente porque compartilhamos essa mesma questão a ser melhorada. Pelo contrário, reconhecer o que o outro faz de bom às vezes nos causa vergonha ou incômodo. No entanto, se você se empenhar a fazer isso, não apenas descobrirá a beleza do reconhecimento, mas também se sentirá parte daquilo que admira.

Ao reconhecer qualidades ou defeitos nos outros, também aprende a vê-los em você. Seguindo a lei do espelho: seja generoso com os demais e os demais serão com você.

Neste momento vital, o que o mundo ao seu redor diz sobre como você é por dentro?

'

FAÇA AS PAZES COM VOCÊ

Se queremos curar o mundo, devemos começar curando a nós mesmos. Para isso, vale a pena analisar como estamos por dentro:

- Como posso me aceitar como sou e estar onde quero estar?
- Como posso aceitar que sou imperfeito, como toda pessoa em crescimento?

- Como posso perdoar o que não gosto do meu passado?
- Como posso ser consciente dos meus valores e talentos?

24

O SEGUNDO ACORDO

Você nasceu com o direito de ser feliz. Nasceu com o direito de amar, de desfrutar e compartilhar o seu amor. "Você está vivo, aproveite a vida o quanto puder", dizia Miguel Ruiz, autor do clássico: *Os quatro compromissos*.

Inspirado na sabedoria tolteca, esse autor afirma que os compromissos mais importantes são aqueles que estabelecemos com nós mesmos. Recordemos quais ele nos sugere:

1. *Seja impecável com a sua palavra;*
2. *Não leve nada para o lado pessoal;*
3. *Não tire conclusões;*
4. *Sempre dê o melhor de si.*

O Segundo Compromisso chega a muitas pessoas, pois a maioria dos atritos surgem porque não o cumprimos. Nas palavras de Miguel Ruiz:

> *Nada do que os outros fazem é por ti. Fazem-no por eles mesmos. Todos vivemos em nosso próprio sonho, em nossa própria mente; os demais estão num mundo completamente diferente daquele em que vive cada um de nós.*

LIVRE DE OPINIÕES

Sobre isso, o guia espiritual Sergi Torres nos oferece um exercício simples para levarmos em conta: nunca leve a sério nada que os outros ou você mesmo pensa. Entenda que se trata apenas de opiniões, de interpretações, não da realidade.

25

INCERTEZA POSITIVA

Vamos falar da incerteza. É uma sensação que é muito familiar para nós hoje em dia. Convivemos bastante com ela, principalmente a partir das grandes mudanças que o mundo tem sofrido nos últimos anos.

A maioria de nós se assusta, mas a verdade é que tudo ou quase tudo é incerto nesta vida. As coisas boas também são incertas, não sabemos se acontecerão ou não. Por isso é importante que a incerteza não nos bloqueie. Então, como podemos administrá-la e superá-la?

Andrés Pascual, autor de *Incerteza positiva*, estabelece a seguinte diferença:

Incerteza: incapacidade de prever o seu futuro.

Incerteza positiva: capacidade de criar o seu futuro.

Sem dúvida, nas situações mais incertas é impossível saber o que vai acontecer, mas ao mesmo tempo, é o momento mais interessante para fazer mudanças vitais e aproveitar as novas oportunidades que toda crise gera.

Quando o mundo parece ter perdido o rumo, a maneira que temos de prever o futuro é criá-lo.

VIVER O PRESENTE

Se sente que o futuro oprime você, e que o caos e a confusão reinam, a solução para recuperar a calma é se concentrar no dia de hoje. Talvez você não saiba o que passará daqui a um ano, nem daqui a alguns meses, mas o que acontece hoje está em suas mãos. E, no fim, o futuro se constrói com a somatória de muitos dias como hoje.

26

EMPATIA

Se há algo que nos faz sentir vivos é a consciência de pertencer a algo maior que nós mesmos, podendo nos conectar profundamente com as pessoas ao nosso redor.

Dito em outras palavras: ter empatia.

Particularmente, essa é uma das qualidades que mais valorizo em qualquer pessoa: a capacidade de se colocar no lugar do outro e acompanhá-lo desde a emoção, sem julgamentos ou preconceitos. É sentir que, de alguma maneira, o que estiver acontecendo com o outro, está acontecendo conosco também.

No budismo, um termo próximo à empatia é a compaixão, que não significa sentir pena de alguém, mas unir nosso sentimento ao do outro. A grande especialista em religiões Karen Armstrong define assim: "Quando sentimos com o outro, nos destronamos a nós mesmos do centro do mundo e colocamos a outra pessoa lá".

E o melhor é que, ao fazer isso, não só ajudamos a outra pessoa, mas também nos sentimos melhor, mais conectados à humanidade e ao universo inteiro.

Sobre isso, a professora norte-americana Brené Brown diz: "Empatia significa conexão; é uma escada para fora do buraco de nós mesmos".

SEJA MAIS EMPÁTICO

Um exercício básico para treinar a empatia consiste em escolher uma pessoa que você ache difícil de entender ou que lhe cause algum tipo de desprezo. Dedique 15 minutos imaginando como é a vida dela, as dificuldades que ela enfrenta todos os dias, suas frustrações e desejos insatisfeitos. Caminhe com ela imaginariamente durante esse tempo e estará mais próximo de compreendê-la.

O PODER DA GRATIDÃO

Nesta reflexão quero falar sobre o poder da gratidão. Há duas maneiras básicas de se relacionar com o mundo: através da reclamação ou do agradecimento.

A primeira nos gera carência e negatividade. A segunda, abundância e gratidão.

Praticar essa última permite que você se sintonize com o lado gentil da vida, de modo que, quanto mais você agradece, mais motivos encontra para agradecer. É um estado de consciência elevado que lhe proporciona energia criativa.

A prova disso é um estudo realizado pelos investigadores Emmons & McCullough, que mediram o bem-estar de um grupo de voluntários depois de dez semanas escrevendo um diário de gratidão, comparado a um segundo grupo que se focou nos problemas cotidianos, e um terceiro que relatou os acontecimentos vividos de forma natural.

O resultado foi que o primeiro grupo se sentia 25 por cento mais feliz que os demais e manifestou maior otimismo em relação ao futuro.

ELABORE SEU DIÁRIO DE GRATIDÃO

Hoje convido você a escrever no início de cada dia três coisas pelas quais você se sente grato neste novo dia. Antes de se deitar, escreva o melhor que lhe aconteceu hoje e expresse o seu agradecimento. Isso permitirá que você cultive a gratidão e se sintonize cada vez mais com essa poderosa energia.

28

COMPARTILHE SUA LUZ

Você é uma pessoa valiosa. Tem qualidades que fazem de você um ser único e autêntico. Sobre isso, o violoncelista Pau Casals nos deu uma bela reflexão que quero compartilhar:

Cada segundo que vivemos é um momento novo e único do universo, um momento que nunca mais existirá... E o que é que ensinamos aos nossos filhos? Ensinamos a eles que dois mais dois são quatro, e que Paris é a capital da França. Quando ensinaremos a eles o que eles são? Deveríamos dizer a cada um deles: Sabe o que você é? Você é uma maravilha. Você é único. (...) Você deve se esforçar — todos devemos — para tornar o mundo digno de suas crianças.

Esse esforço significa não ficar com a sua luz: deve compartilhá-la com os outros, para contribuir com a iluminação deles. Não fique com nada só para você. Compartilhe, por menor que seja.

O mundo precisa da sua generosidade e, portanto, também da sua genialidade e autenticidade. No fim, quanto mais você compartilha o seu dom, mais o desenvolve, multiplicando e expandindo seu efeito ao mesmo tempo.

QUAL É O SEU ELEMENTO?

Essa é uma pergunta que nos fazia o sr. Ken Robinson, o grande especialista em educação, falecido em 2020. Assim como a água é o elemento do peixe, cada pessoa tem um determinado ambiente ou situação onde se desenvolve com mais facilidade e pode brilhar com luz própria.

Pense. Qual é o seu?

OS TRÊS FILTROS

izem que um aluno de Sócrates o procurou para dizer que tinha acabado de ouvir algo sobre um de seus discípulos.

— Espere — disse o sábio. — Antes quero que passe no teste dos três filtros.

— Três filtros?

— Sim, e o primeiro é o da verdade. Preciso que me diga se tem certeza de que o que vai me contar é verdade.

— Bem... acabei de ouvir e não sei se...

— Isso significa que você não sabe — disse Sócrates. — Então vamos para o segundo filtro: o da bondade. O que quer me contar é bom para o meu discípulo?

— Temo que não! Ao contrário.

— Então... você pretende me contar algo ruim sem saber se é verdade. Bem, você ainda pode passar pelo filtro da utilidade. Isso que quer me contar vai me ser útil?

— Bem, sinceramente... acho que não!

— Entendo. Se não é verdade, nem bom, nem útil... para que vai me contar? — concluiu Sócrates.

O VALOR DO SILÊNCIO

Essa história atribuída a um pilar da filosofia grega nos dá uma ferramenta muito valiosa, que pode nos ser útil quando tivermos uma informação que pode ferir alguém. Se não passar no teste dos três filtros, o melhor é descartarmos a informação e não falarmos nada.

30

PENSAMENTOS POSITIVOS

Vamos falar novamente sobre uma das cientistas mais incríveis da Espanha, no que diz respeito à neurociência e à conexão entre o cérebro e o corpo: Nazareth Castellanos.

Ao contrário do que se acredita, afirma-se que o cérebro recebe e gerencia mensagens positivas melhor do que as negativas e as retém por mais tempo.

Além disso, Castellanos ressalta o fato de que podemos nos adiantar tanto às mensagens boas como às ruins: "De acordo com a literatura científica, o corpo sabe o que a mente desconhece. Por isso, se tivermos consciência corporal, podemos conhecer a reação antes de expressar a emoção".

Isso é muito interessante, porque nos dá a chave para definir como queremos que seja a nossa vida.

E se em vez de ficarmos amargurados com informações negativas, que nos causam ansiedade e falta de esperança, começarmos a promover mensagens positivas?

Se começarmos a falar uns com os outros utilizando frases que nos façam sentir melhor, ao mesmo tempo estaremos criando uma atitude a favor do que está por vir. Além disso, de maneira consciente, estaremos preparados para os problemas que a vida nos trouxer.

ATITUDE POSITIVA

Sugiro que escreva cinco atitudes positivas em um papel. Depois, leia-as em voz alta e pense qual delas estará mais presente no dia de hoje.

De que maneira irá honrá-la?

Com quem vai compartilhá-la?

De que maneira transformará essa atitude positiva em uma bela lembrança?

31

DECIDA COM CALMA

Esta regra é atribuída a Santo Inácio de Loyola: "Em tempo de desolação, nunca fazer mudança". A recomendação desse religioso natural de Guipúzcoa, que fundou a Companhia de Jesus, se encaixa em um dos conceitos-chave da sabedoria chinesa: o *Wu Wei*.

Traduzido como *não fazer*, esse conceito indica que há momentos para a ação e outros para a prudência e a observação, ainda mais quando vivemos épocas turbulentas.

Nas relações interpessoais, por exemplo, quando os ânimos estão muito alterados, convém deixar que os nervos se acalmem e esperar uma ocasião mais oportuna para conduzir a situação. Nesses momentos, o *Wu Wei* é o melhor que pode ser feito.

Para grandes decisões ou mudanças drásticas, espere até que você esteja bem: calmo e em um momento mais feliz.

ESPERE 24 HORAS

Pensar bem antes de tomar uma decisão é algo que considero bastante adequado. Quantas vezes nos deixamos levar pela impulsividade e depois nos lamentamos?

Da próxima vez que tiver que tomar uma decisão muito relevante, não responda *sim* ou *não* de imediato. Espere 24 horas, para que com calma, você possa optar pela alternativa mais inteligente.

32

VISUALIZE SEU OBJETIVO

Muitas vezes nos sentimos bloqueados diante de algo que queremos alcançar, mas que não sabemos o que é. Isso acontece porque ainda não lhe demos forma.

Para que isso aconteça, é melhor visualizá-lo.

Antes de fechar os olhos, prepare o ambiente: você pode colocar uma música para se inspirar ou talvez prefira o silêncio; pode fazer isso à luz de velas ou em um lugar escuro. Particularmente, a música e uma respiração bem pausada me ajudam muito.

Para começar, é importante ficar calmo. A partir daí, imagine qual seria e que forma teria esse objetivo que você quer alcançar.

Quando surgir uma ideia, o recomendável é planejá-la com calma, sem pressão. Desenhe ou descreva esse objetivo em um papel. Quanto mais detalhado estiver, melhor. Especifique sua forma, suas características, os objetos e as pessoas que o cercam: você pode inclusive atribuir uma cor. Você decide!

A MAGIA DO EMOCIONAL

Os publicitários sabem muito bem que as ideias ou as imagens que deixam marcas são as que têm impacto emocional.

Na hora de decidir aquilo que quer visualizar, escolha algo que desperte em você uma emoção positiva e motivadora. Ao nutri-la através da sua imaginação, você se prepara para alcançá-la.

33

CRONOBIOLOGIA

Somos natureza. Fazemos parte dos ciclos da vida e das mudanças que há ao nosso redor.

A mudança das estações, as plantas, os animais, a água da chuva, o vento... Fazemos parte de tudo isso e às vezes o ignoramos, mas a realidade é que, como natureza que somos, cada pessoa passa por mudanças e devemos integrá-las, dar as boas-vindas e conviver com elas.

A moderna cronobiologia nos ensina que nossa saúde e vitalidade dependem da nossa capacidade de nos adaptarmos aos ciclos da vida. Nosso relógio interno precisa estar sincronizado com o da natureza, que se expressa principalmente pela luz, por isso as pessoas mais velhas costumam se levantar com o sol, comem em determinadas horas e se deitam com a escuridão.

O seu relógio interno está sincronizado com o da vida?

COMEMORE AS ESTAÇÕES

Honre e comemore os ciclos das estações. Sugiro algumas dicas para duas épocas importantes do ano:

- *Solstício de verão*. Em muitos países, a verbena de São João dá as boas-vindas à nova estação com várias fogueiras acesas. Escreva em um papel o que quer que desapareça de sua vida e queime-o.

- *Solstício de inverno*. Crie seu próprio ritual para receber essa estação tão adequada para o recolhimento e a reflexão. Por exemplo, com uma xícara de chá quente, você pode anotar em um papel os principais acontecimentos que viveu no ano e seus projetos para o ano seguinte.

34

COMO VOCÊ FALA CONSIGO MESMO?

Hoje eu gostaria de convidá-lo a prestar atenção em como você fala consigo mesmo.

Como você se expressa? De que maneira conta a sua história? Que palavras e expressões você utiliza? Como conjuga os verbos?

Há pessoas que utilizam, sem perceber, uma linguagem negativa ao contar sua realidade ou ao se descrever. Estão sempre falando sobre carência, sobre o que lhes falta, e nunca sobre o que elas têm, o que as colocaria no caminho da gratidão.

Outras conjugam seus verbos no passado, como se estivessem revivendo tudo… ou confiam seu destino ao futuro, ignorando o agora.

É importante saber como falamos, porque é através da linguagem que expressamos nossas crenças e nossa forma de nos relacionarmos com o mundo.

Esteja você falando com as pessoas ou consigo mesmo, esteja ciente das palavras que escolhe, porque através delas, você define a sua realidade. Opte por uma linguagem que lhe permita ter um discurso positivo, aberto e generoso com você.

ABANDONE O CONDICIONAL

Uma forma sutil de procrastinar é usar o tempo futuro ou condicional em vez de uma afirmação: *Se tivesse…, aí eu poderia…* ou então: *Quando…, aí eu vou poder…*

Como pequeno exercício, sugiro que todas as vezes que estiver utilizando o condicional ou um futuro incerto, mude esta fórmula que situa o poder fora de você por uma afirmação na qual você se torna o protagonista: *Eu vou…*

35

VOCÊ É INCOMPARÁVEL

Nos dias de hoje parece que nossa vida é uma vitrine e temos que tentar estar à altura, devemos tomar muito cuidado na hora de nos compararmos aos demais. Isso é algo que fazemos com frequência e que, na verdade, é um grande erro. Provavelmente sairemos perdendo em comparação ao que vemos em relação aos outros. E essa maneira de nos castigarmos apenas prejudica a nossa autoestima.

Cada pessoa é do seu jeito e vive sua vida, no seu próprio ritmo. O que serve para os demais, talvez não seja o mais adequado para você. Ou talvez sim e ajude você a encontrar uma maneira de evoluir, mas você deve tomar cuidado.

É normal que isso aconteça, porque desde pequenos ouvimos frases do tipo: *Olha só, seu irmão já terminou de comer; olha só como fulano é comportado.*

Essas mensagens da infância nos induzem hoje, de forma inconsciente, a nos compararmos com os demais, quase sempre de forma negativa. Mas inclusive quando é de forma positiva, as comparações são sempre arriscadas e enganosas.

Como a música de Sinéad O'Connor: "Nothing compares to you".

O CONSELHO DE JORDAN PETERSON

Um dos autores mais respeitados nos Estados Unidos nos recomenda em sua quarta regra para a vida: "Compare a si mesmo com quem você foi ontem, não com quem outra pessoa é hoje".

Quando você tira a responsabilidade e o peso de se comparar aos outros, é quando você é verdadeiramente livre.

36

ROMPER OS PADRÕES

Você já se perguntou alguma vez por que há determinados erros que repetimos várias vezes? Na maioria dos casos é porque não somos conscientes deles.

Quando você percebe que tomou as mesmas decisões imprudentes, metade da solução já está em suas mãos. A outra metade é passar à ação e mudar seus hábitos ou atitudes.

Para entender o que estou dizendo, vamos pensar em uma dessas situações em que podemos repetir padrões. Por exemplo, as relações amorosas. Imagine que uma pessoa escolha várias vezes parceiros que não respeitam sua liberdade pessoal.

Olhando para trás, talvez ela relacione esse padrão com um pai ou uma mãe que restringia sua liberdade, mas que eram pessoas às quais era apegada e precisava da aprovação.

Ao descobrir o motivo original pelo qual nos comportamos assim, então podemos desativar o padrão. Inclusive se for necessário, procurando a ajuda de um terapeuta.

O primeiro passo para mudar nossa forma de fazer as coisas é questionar o motivo original pelo qual nos comportamos assim. Tornar consciente a parte inconsciente que há por trás de uma crença é um ponto de partida chave para mudar um padrão.

O ELEFANTE E A ESTACA

Um dos contos mais famosos de Jorge Bucay tem como protagonista um elefante que foi atado a uma frágil estaca quando era pequeno, e quando cresceu, continuou atado a ela, porque não sabia que era forte o suficiente para arrancá-la.

Aplique essa metáfora à sua vida e pergunte:

- A que estaca você não deveria estar mais atado?
- Que hábitos ou atitudes faziam sentido no passado, mas que agora já não fazem no presente?

EXPRESSE O QUE VOCÊ PRECISA

Com os anos, descobri como é importante nos comunicarmos bem com as pessoas que temos à nossa frente, começando por lhes dar a informação de que elas precisam de maneira correta e clara.

Algumas vezes não sabemos expressar o que queremos e outras não entendemos o que o outro quer nos dizer ou não nos atrevemos a perguntar. Ou simplesmente não damos importância a um momento que é crítico para o outro.

A solução para todas essas situações pode se resumir em uma só palavra: comunicação. Mas não qualquer tipo de comunicação.

O psicólogo Marshall Rosenberg abordou a CNV, a Comunicação Não Violenta, para se referir a uma forma de nos expressarmos, que, sem ferir o outro, deixa claro nossas necessidades, como veremos no exercício que irei sugerir a seguir.

EM VEZ DE CENSURAR, EXPRESSE O QUE VOCÊ PRECISA

Se em vez de repreender ou apontar o dedo para o outro, o que só o deixará na defensiva ou no contra-ataque, expressarmos de maneira clara e gentil o que precisamos, o difícil se torna fácil.

Um exemplo prático:

Em vez de dizer ao seu companheiro *estou cansado da sua ausência o tempo todo*, você pode dizer *preciso que passemos mais tempo juntos*.

38

ORDEM E ARRUMAÇÃO

Como é o espaço onde você mora ou trabalha? Inspira calma ou é um lugar caótico em que você perde muito tempo procurando onde as coisas estão?

Particularmente, quando tudo está organizado, eu me sinto mais calma e serena. Por esse motivo, gosto de dedicar tempo para arrumar minhas coisas. Desde o meu escritório, os documentos, os livros, minha agenda... até a geladeira.

Já comprovei que quanto mais organizado o ambiente estiver, assim como a sua imagem, sua mente no geral também estará mais organizada e em harmonia.

É assim como eu gosto de chamar *ordem e arrumação*, porque tudo está em seu devido lugar e *arrumado*, o que significa que há um volume, um espaço e uma luz particular. Há um equilíbrio e isso também me permite, na hora de me sentar e visualizar, ter uma clareza e uma perspectiva muito mais adequada para o que preciso fazer.

O MÉTODO KONMARI

O famoso sistema de Marie Kondo para manter a casa em ordem tem uns princípios bem básicos e eficientes:

- A primeira ordem é eliminar tudo aquilo de que você não precisa.
- Quanto menos cheia de coisas estiver uma casa, mais habitável ela é. Isso influencia de forma positiva em seu estado de ânimo.

- Dizer adeus ao que é inútil é uma forma de dizer adeus ao passado e se purificar.
- Em caso de dúvida, pergunte se um determinado objeto lhe traz felicidade. Se a resposta for *não*, você pode se livrar dele.

39

MANTENHA O SILÊNCIO E A CALMA

Com certeza você já passou por situações de estresse ou irritação nas quais o tom das vozes que discutiam foram aumentando. Nesses casos, além da situação não ser resolvida, ela costuma até piorar.

Manter o silêncio em uma situação delicada é melhor que dar opiniões que não foram pedidas.

Quando há uma discussão ou uma briga entre várias pessoas, acho interessante observar o que acontece com calma e silêncio. Me limito a observar o que acontece através dos sentidos sem julgamentos, da forma mais objetiva possível.

Ao ficarmos calmos e em silêncio, ajudamos a não piorar ainda mais a discussão, favorecendo um clima de paz.

E para isso, é necessário apenas oferecer um olhar sereno, estar presente para acompanhar quem se encontra em um momento difícil, sem julgamentos.

CUIDADO COM OS CONSELHOS NÃO SOLICITADOS

O palestrante Joan Antoni Melé, integrante da bancada ética da Espanha, adverte o perigo de dar conselhos a quem não nos pediu. Isso pode criar certo incômodo a outra pessoa por vários motivos:

- Muito provavelmente, a pessoa só quer ser ouvida e compreendida, ela não quer a nossa opinião.

- O que nós faríamos não tem que coincidir com o que a outra pessoa faria, porque somos de mundos diferentes.

- Dizer para o outro o que ele deveria fazer muitas vezes parece um gesto de arrogância, não há uma equidistância entre as partes.

40

SLOW LIFE

Estamos tão acostumados à cultura do instantâneo, na qual conseguimos tudo com um clique, que fazer as coisas devagar se tornou um desafio.

Considero uma verdadeira arte a capacidade de observar, comer, dançar, caminhar, pensar e sentir devagar, desfrutar da pausa ou da cadência com a qual fazemos as coisas.

E não se trata de pisar no freio quando nos sentimos acabados, para depois voltar a correr, mas viver de forma um pouco mais lenta para poder apreciar os presentes que nossa existência nos oferece.

Gosto muito de chamar de *o baile da vida* o fato de ir mais devagar. Um truque para promover esse ritmo pode ser colocar uma música um pouco mais lenta que costumamos ouvir para incorporar essa lentidão ao nosso corpo.

Slow life não se limita apenas a como nos movemos ou ao tempo que dedicamos para cozinhar um prato com carinho, mas também inclui uma gestão mais tranquila de nossos pensamentos e emoções, dando atenção ao que dizemos e fazemos.

Aos poucos, mas sem perder a cadência, a vida nos oferece toda a sua beleza e suas matizes.

CINCO MEDIDAS CONTRA A PRESSA

Carl Honoré, autor de *Devagar: Como um movimento mundial está desafiando o culto da velocidade,* nos sugere algumas iniciativas para viver de maneira mais relaxada e atenta:

1. Não sobrecarregue sua agenda, renuncie tudo que puder;

2. Quando estiver com sua família ou com seus amigos, desligue o celular;

3. Tire um tempo para comer e beber, seu corpo agradecerá;

4. Passe um tempo com consigo mesmo, não tema o silêncio;

5. Se você contraiu o vírus da pressa (é uma epidemia mundial), tente se curar.

VITAMINA C DE CURIOSIDADE

Alguma vez você já parou para pensar nos benefícios da curiosidade? Essa *vitamina* para a imaginação é fundamental na vida de qualquer ser humano. Desde crianças, desenvolvemos um sentido de curiosidade que, pouco a pouco — no meu ponto de vista —, vai se apagando na maioria das pessoas.

Quando damos as coisas por entendidas e ficamos com o óbvio, a falta de curiosidade nos fecha muitas portas: limitamos a imaginação e a aprendizagem, perdemos nossa capacidade de nos surpreender com as coisas e de perguntarmos o que há além.

Para reviver a sua curiosidade, questione-se qualquer coisa que você já considere concluída. Desafie a visão que você tem do mundo e de si mesmo.

UM DESAFIO PARA MENTES CURIOSAS

Para fornecer essa vitamina C à sua mente, sugiro o seguinte desafio mensal:

- Inicie uma conversa com pelo menos uma pessoa do seu trabalho ou convívio com a qual você nunca parou para conversar.
- Leia um livro de um autor ou uma autora que não conheça.
- Assista a um documentário sobre um país ou uma época da história que não seja familiar para você.
- Passeie por uma rua ou região da cidade onde mora, a qual nunca tenha visitado.

42

ACEITE AJUDA

Praticamente todo mundo gosta de oferecer ajuda aos outros. Nos sentirmos úteis eleva nossa autoestima e pode, inclusive, nos ajudar em um momento delicado da nossa própria vida.

— O que posso fazer quando estiver desanimado? — perguntaram à Teresa de Calcutá.

— Ajude o próximo — respondeu.

O interessante é que muitas pessoas têm dificuldade em fazer o inverso: aceitar ajuda. Seja porque têm a crença de que, se aceitar ajuda, serão mais frágeis, ou pelo simples fato de não querer incomodar, negam ao outro este privilégio.

Então, além de ajudar aquele que precisa, é fundamental que se deixe ajudar e ter companhia, ainda mais quando estiver em um processo de mudança.

Seja um amigo, um parente, um profissional, um professor ou seu parceiro, permita que aqueles que amem você ofereçam ajuda e se sintam úteis. Entenda que você é importante para os demais.

QUEM PODE SER MEU *SENPAI*?

Nas empresas japonesas, a pessoa que começa a trabalhar fica sob os cuidados de um *senpai* que a guiará. Se trata de um mentor com muitos anos de experiência nessa tarefa concreta que ajuda ao *kohai*, o discípulo, a crescer e superar os desafios que encontrará em seu novo cargo.

Em qualquer aspecto da sua vida, se estiver enfrentando uma dificuldade que não saiba como resolver, procure uma pessoa com experiência nessa área ou situação. Provavelmente ela se sentirá feliz em ser seu *senpai*.

43

NINGUÉM MELHOR QUE VOCÊ PARA CUIDAR DE SI MESMO

Assim como acontece com a ajuda, para nós também é mais fácil cuidar dos outros que de nós mesmos. Temos a tendência de nos colocar no final da nossa lista de prioridades. Como dizia o romancista Robert Louis Stevenson: "Não há dever que subestimemos mais do que o dever de ser feliz".

Se ninguém cuida da pessoa cuidadora — algo que corresponde a si mesmo —, sua capacidade de cuidar dos demais também diminui.

Por isso, é importante dar atenção a si mesmo, seja com um tempo de qualidade, uma massagem ou qualquer outra atividade que gere bem-estar.

Ao se cuidar, você comemora a vida e a intimidade com seu próprio ser. Compre um livro, ouça uma música de que você gosta, vá à manicure, tome um banho ou divirta-se com uma pessoa que você adore. Tudo isso lhe dá vida!

Os pequenos momentos de autocuidado fazem com que a vida tenha mais sentido. São grãozinhos de arroz para provar que você é importante para si mesmo.

ESCOLHA O SEU PRÊMIO

Se estiver realizando uma tarefa que considere bastante longa e pesada para você, pense numa gratificação para quando terminá-la. Pode ser um presente espiritual, intelectual ou inclusive físico, se dê um pequeno prazer para comemorar o fato de ter realizado um bom trabalho e que a vida não é feita só de obrigações.

44

ASSERTIVIDADE

Saber dizer *não* é tão importante como saber dizer *sim*. Sempre que negamos algo que sentimos que não devemos fazer, estabelecemos limites e damos força a nossos desejos, priorizando o que consideramos aquilo que é melhor para nós.

Sem dúvidas, dizer *não* muitas vezes é difícil, porque tememos ferir os sentimentos dos outros ou não cumprir suas expectativas. Mas um *não* na hora certa facilita as relações e a vida em geral, seja a nível pessoal ou profissional.

Há muitas formas de dizer *não*, aí está a chave, como veremos no exercício desta reflexão.

Em todo caso, dizer não para o que não queremos, é dizer "sim" para outras coisas importantes, damos as boas-vindas a outros espaços, pessoas e possibilidades. E não se trata de negarmos tudo, mas sim, de encontrar o equilíbrio entre o que precisamos e o que os outros precisam.

Jim Carrey, em sua divertida comédia *Sim Senhor!*, interpreta um bancário que depois de vários anos dizendo não, passa por um seminário de autoajuda e se propõe durante um tempo a dizer *sim* para tudo, com consequências catastróficas.

No final das contas, trata-se de encontrar o equilíbrio perfeito.

NÃO, MAS...

Os especialistas em assertividade oferecem técnicas para negarmos com um sorriso e sem nos sentirmos culpados.

Uma delas é acompanhar o *não* com uma alternativa para quem pede ajuda.

Dois exemplos:

Não posso cuidar do seu filho neste sábado, mas passo o telefone de uma babá excelente.

Não tenho tempo para fazer a tarefa que está me pedindo, mas posso passar o contato de um especialista nesse assunto.

45

O VALOR DAS PERGUNTAS

Quando temos dúvidas, é importante deixá-las em repouso e perguntar a si mesmo quando devemos lançá-las ao mundo. Talvez só você possa ter a resposta.

Há uma fábula sobre um rabino que insistia com seus seguidores para que aprendessem por si mesmos. Porém, sempre havia pessoas que o procuravam, esperando que ele lhes desse as respostas.

Cansado dessa situação, uma manhã ele decidiu pregar um cartaz na frente de sua casa no qual estava escrito: *RESPONDEREI A DUAS PERGUNTAS POR CEM DÓLARES*.

Depois de pensar por um bom tempo, um dos seus discípulos mais ricos decidiu bater à sua porta para fazer duas perguntas importantes. Ele pagou de antemão o valor pedido e disse:

— Cem dólares não é um valor exorbitante para duas perguntas?

— Sim — respondeu o rabino. — Qual é a segunda pergunta?

DEIXE AS PERGUNTAS DESCANSAREM

O rabino quer incentivar seu discípulo a que ele mesmo indague e responda suas perguntas. Alguma vez já aconteceu com você de ter perguntas para as quais ainda não tem resposta? Nesse caso, você pode seguir este procedimento:

1. Escreva sua pergunta em um caderno ou em uma folha de papel dobrada e guarde-a por 24, 48 horas, ou inclusive uma semana, segundo sua dificuldade.

2. Durante esse período, não faça nenhum tipo de esforço para descobrir a resposta.

3. Passado o tempo de descanso volte até ela e escreva livremente o que vier à sua mente. *É bem provável que o inconsciente terá tido tempo de sugerir novos caminhos.*

46

SEU COMPANHEIRO, SEU MESTRE

O filósofo Paul Tillich dizia que o primeiro dever do amor é ouvir. Nossas relações nos ajudam a crescer. Nós mesmos, na hora de escolher um companheiro, procuramos alguém que nos compreenda. E muitas vezes isso nos ajuda a curar feridas do passado. Projetamos nossas necessidades em nosso companheiro, tornando-o uma forma de autoconhecimento e, ao mesmo tempo, um mestre em nossa vida, já que o fato de sermos diferentes e termos nosso próprio caminho nos ensina algo diferente ao que somos e sabemos.

A escuta ativa é muito importante para resolver os atritos que possam surgir. Caso contrário, nossa relação pode não dar certo.

Se você teve uma pessoa e ela não está mais com você, ou se vocês continuam juntos e ela acorda ao seu lado todos os dias, é importante valorizá-la e agradecer, porque é um espelho de sua evolução espiritual e uma escola constante para a vida.

AS LIÇÕES DOS SEUS/SUAS MESTRES/AS DE VIDA

Se você sentir vontade de praticar arqueologia pessoal, sugiro que faça esse exercício com as relações mais importantes que você teve.

Pergunte-se em relação a cada uma:

• O que essa relação me ensinou sobre a vida e sobre mim mesmo?

• Qual foi a crença que descobri em mim nessa relação?

• Quem eu me tornei graças a essa experiência?

MOLDE SUA REALIDADE

Há momentos em que invejamos as pessoas que conquistam algo que nós desejamos. O exercício de moldar consiste em identificar essa pessoa e pensar: o que ela fazia ou faz que você não?

Lembre-se de que moldar não é imitar, mas fazer que tudo isso seja seu, com seu jeito tão particular e genuíno. Trata-se de integrar ao seu jeito de ser o que fez aquela pessoa ter sucesso naquilo a que você se propõe agora.

A ideia é decifrar — inclusive, se tivermos a possibilidade, perguntar para essa pessoa — e descobrir como ela alcançou seu objetivo.

Para isso, precisamos indagar:

1. Como age;
2. Como é a sua rotina;
3. Quais são seus hábitos;
4. Que livros ela leu e que fontes consultou.

Preste bem atenção em tudo que for relevante do processo que ela utilizou para alcançar o que queria e use-o a seu favor.

O MÉTODO FRANKLIN

Benjamin Franklin teve uma origem humilde — o décimo quarto de dezesseis filhos — e se tornou um dos pais fundadores dos Estados Unidos. Como ele conseguiu? Grande leitor de biografias, sobre cada personagem que ele admirava, perguntava a si mesmo qual a virtude dessa pessoa que ele não tinha. Chegou a identificar treze, e dedicava uma semana praticando cada uma delas.

Se quiser seguir o método Franklin:

1. Anote as virtudes que você gostaria de desenvolver;
2. Dedique uma semana as introduzindo em sua vida. Em uma folha com sete colunas, faça uma cruz em cada dia que tiver realizado essa virtude;
3. Quando conquistar sete cruzes, passe para a próxima.

48

TOME UM BANHO DE FLORESTA

Muitos especialistas garantem que a natureza nos permite estabelecer uma conexão com nós mesmos. Esse é o motivo pelo qual as pessoas que moram em grandes cidades e nunca vão para o campo gozam de menos saúde e energia que aqueles que se permitem, pelo menos uma vez por semana, um banho de floresta.

Em japonês é chamado de *shinrin-yoku* e se tornou uma tendência mundial desde que resultados de pesquisas científicas iniciadas na década de 1980 foram publicadas e concluíram que, mesmo que seja uma saída semanal de 4 ou 5 horas no campo, os efeitos em nossa saúde física e mental são perceptíveis.

- Reforça o sistema imunitário, principalmente as células NK (do inglês *Natural Killer*), que combatem as células tumorais.
- Baixa a pressão sanguínea e a frequência cardíaca.
- Reduz os níveis de estresse e de cortisol.
- Melhora o humor e traz serenidade.
- Favorece um sono reparador.
- Aumenta a libido e a energia sexual.
- Melhora a saúde visual.

INSTRUÇÕES PARA FAZER *SHINRIN-YOKU*

1. Dê preferência a florestas centenárias, com caminhos que sejam transitáveis para pessoas de qualquer condição física.

2. Desligue o celular ou outros aparelhos antes de começar.

3. O passeio deve ter um destino predeterminado. Deixe seus pés levarem você, e pare para descansar quando sentir vontade.

4. Os exercícios de respiração ou de meditação em movimento ajudam a potenciar o *shinrin-yoku*.

DORMIR BEM PARA FICAR DESPERTO

Imagine que você já voltou do seu banho de floresta. Você janta cedo para se deitar em um horário prudente, sincronizado com os ciclos da vida.

Mas o que acontece nos dias de trabalho, quando voltamos para casa tarde e com todo o estresse do trabalho? Muitas pessoas dormem pouco e mal, pelo fato de terem um sono superficial e pouco reparador. Em geral dormimos em ciclos de uns 90 minutos, nos quais ocorrem essas fases:

FASES I e II. Adormecimento que acontece nos primeiros 10 minutos, e sono leve, que ocupa cerca de 50 por cento de cada ciclo.

FASES III e IV. Relaxamento profundo e sono Delta, que ocupam 20 por cento do ciclo.

FASE V (REM). Representa cerca de 25 por cento do ciclo. Há muita atividade cerebral e é quando sonhamos. É vital para que a memória se consolide.

É muito importante prestar atenção em como vivemos as horas prévias antes de nos deitarmos. Qual é o seu nível de inquietude ou de agitação? Se for alto, uma pequena meditação ajudará a se acalmar um pouco antes de dormir.

FATORES QUE PREJUDICAM O SONO

Nas 2-3 horas que antecedem o descanso noturno, é importante resolver as tarefas simples de menos de um minuto e que roubem a nossa paz. E convém evitar:

- Discussões familiares ou laborais. É melhor deixá-las para outro horário, assim como os e-mails.

- Notícias catastróficas ou estressantes. Escolha outro tipo de conteúdo.

- Telas. Como sabemos, prejudicam a qualidade do nosso sono.

- Refeições tardias ou exageradas que possam causar uma baita indigestão.

50

VULNERÁVEL DE MANEIRA SAUDÁVEL

Brené Brown, a quem mencionamos em uma reflexão anterior, tem uma palestra e também um livro que se chama *O poder da vulnerabilidade*. Neles, ela nos convida para comemorar os benefícios de mostrar nosso lado menos conhecido, mas que precisamente nos ajuda a conectar com os demais de uma maneira mais próxima e emocional.

Vejamos como esta grande especialista define a vulnerabilidade:

> *Ser vulnerável é ter coragem de se expor e ser visto, mas é difícil quando estamos preocupados pelo que as pessoas possam ver ou pensar de nós. Ser perfeccionista não é o mesmo que tentar ser o melhor. O perfeccionismo não é uma conquista saudável, nem implica crescimento; é simplesmente um escudo.*

Quando abrimos caminhos para mostrar nossas dúvidas, temores e inseguranças, criamos um vínculo de confiança com o outro, além de promover o acompanhamento mútuo.

Longe de ser um sinal de fraqueza, a vulnerabilidade se torna um elo entre as pessoas.

A VULNERABILIDADE AJUDA A CRIAR VÍNCULOS

Sugiro que pense nos momentos nos quais tenha se sentido vulnerável.

- Você descobriu sua verdadeira essência?
- De que maneira ajudou você a ter empatia em relação a outras pessoas?
- Qual é a união mais profunda que você teve com alguém desde que compartilhou essa dor?

Ao mostrar que somos pessoas vulneráveis, os demais nos consideram mais humanos, autênticos e sinceros.

Nos mostrarmos como somos nos permite ser transparentes e conectar com os outros em um nível muito mais profundo e genuíno.

51

A MILHA EXTRA

Existe um conceito anglo-saxão muito poderoso, *The Extra Mile*, que poderíamos traduzir como *a milha extra* e se refere à superação de nossos próprios limites.

Quando vamos além desse teto de vidro que colocamos para nós mesmos, descobrimos talentos ocultos e novas oportunidades aparecem. A milha extra significa deixar de depender da sorte, das circunstâncias externas, e assumir cem por cento a responsabilidade do nosso destino.

Se quiser ampliar seu âmbito de aprendizagem, desenvolver suas capacidades e seus recursos a nível intelectual e emocional, é interessante recorrer à ideia da minha extra.

Primeiro, tenha consciência de quão longe você já chegou.

Depois, pense no que mais pode conseguir e contribuir.

A chave é ir pouco a pouco, com a ideia de melhorar a gestão de suas habilidades.

Pense, qual é essa milha extra a que você pode recorrer nesse momento da sua vida?

KAIZEN EMOCIONAL

Esta famosa expressão japonesa que é traduzida como *aprimoramento contínuo* também é aplicável na gestão de nossas emoções e capacidades.

Não podemos esperar uma mudança radical de um dia para o outro, mas conseguir, pouco a pouco, um progresso paulatino.

Algumas ideias:

- Tentar passar um dia sem ficar bravo ou fazer comentários negativos.

- Parabenizar a si mesmo ao fim do dia pelo que conseguiu, mesmo que tenha sido apenas um pequeno passo na direção correta.

- Concretizar de forma prática uma coisa que queria fazer e que até agora só estava em sua mente.

52

PREPARE-SE

Vou dar uma dica muito fácil para pararmos de adiar aquelas coisas que desejamos fazer, mas que, por algum motivo, temos dificuldade de começar.

Particularmente, aprendi que muitas vezes preparar a nossa mente, antes daquela atividade de que não gostamos ou que nos dá preguiça, é fundamental para o resultado que estamos buscando. Sem esquecer que devemos deixar uma margem para os imprevistos que podem modificar o resultado final. Essas etapas preliminares servem para preparar o terreno e assim não termos desculpas para não começar.

No meu caso, seja para a prática de esporte, para estudar ou para ir a um determinado lugar, o simples fato de ter minhas roupas, o café da manhã, ou o que for preciso, preparados desde o dia anterior, facilitará o meu processo.

Porém, a preparação deve estar relacionada ao indispensável, àquilo de que realmente precisamos, para não desequilibrar a balança entre os preparativos e a ação.

Vamos utilizar a frase típica dos corredores: *Aos seus lugares, pronto e atirar!*

O GUARDA-ROUPA DE STEVE JOBS

Para não perder tempo pelas manhãs pensando em como se vestir, Steve Jobs tomou uma decisão radical: utilizar uma mesma peça todos os dias: um mesmo suéter preto com gola rolê criado por Issey Miyake, o qual ele tinha centenas no guarda-roupa.

Sem chegar a esse minimalismo estremo, sugiro que identifique quais são as duas ou três peças, com as quais você se sente mais à vontade, para tê-las sempre à mão.

Outra opção é separar uma noite antes o que quer vestir e assim você não perde tempo pela manhã.

53

A ARMADILHA DE ESTAR SUPEROCUPADO

Estarmos ocupados o tempo todo é algo a que estamos acostumados. Entretanto, a pergunta que me faço é: toda essa atividade é mesmo necessária ou há compromissos dos quais poderíamos abrir mão?

E estar superocupado não é uma coisa exclusiva dos adultos, já que muitas vezes passamos para os nossos filhos. Como afirma a psiquiatra Marian Rojas: "As crianças de hoje têm agenda de ministros". E tudo isso por quê?

Acontece que, às vezes, mesmo que pareça mentira ou a princípio você não concorde com o que vou dizer, parece que nós adoramos estar ocupados.

A sociedade atual dá muita importância à atividade permanente, como se não houvesse outra forma de viver. E verbalizar esse fardo, que muitas vezes nós mesmos criamos, é uma maneira de estar na moda. A hiperatividade é sinônimo de sucesso. Porém, isso não significa que seja recomendável.

Pense com carinho se seu estilo de vida é sustentável, se é bom a longo prazo e que preço você está pagando por ele.

TOMA UM CAFÉ CONTIGO MESMO

Esse é o título de um famoso livro publicado há duas décadas pelo dr. Walter Dresel.

É um convite a dar uma pausa e, assim como você encontra tempo para todo mundo, conceda um horário exclusivo para você. Uma hora de tranquilidade, em casa ou até mesmo em um café em companhia de seu caderno, pode fazer milagres.

Como aconselha o médico uruguaio: "Não espere mais: abra um espaço na sua agenda lotada para conversar contigo mesmo".

54

NOSSOS ANTEPASSADOS, NOSSO LEGADO

Somos o que somos, em grande parte, graças a nossos antepassados e também apesar deles.

Porém, não os honramos como merecem, poucas vezes dizemos o quanto são importantes para nós e agradecemos muito pouco tudo que fizeram por nós.

Hoje, pode ser um bom momento para fazer isso. Sugiro que pense em uma pessoa a qual você sinta muita gratidão.

Avós, tios, pais… Eles são nossos mestres, porque além de nos passar sua experiência, nos ensinaram valores e aprendizados, nos acompanharam e nos incentivaram a ser quem somos.

Muitas vezes nós os deixamos de lado, seja pela correria ou porque olhamos mais para o futuro que para o passado.

Hoje é um dia perfeito para honrar a figura, a lembrança, a pessoa e a companhia de algum mestre ou alguma mestra de nossa vida.

GRATIDÃO POR TUDO!

Sugiro que escreva uma carta de agradecimento a alguém que tenha sido uma referência em sua vida. Se esse alguém ensinou valores que você seguiu, agradeça por isso e manifeste as mudanças e progressos que conseguiu através dessa inspiração.

55

AMAR NÃO É DEPENDER

Muitas relações amorosas se tornam tóxicas porque uma das partes responsabiliza a outra pela sua felicidade ou infelicidade. Caso eu precise que o outro faça ou seja determinada coisa para que eu me sinta bem, é porque perdi o domínio sobre mim mesma.

Esta é uma questão explorada pelo médico e psicoterapeuta Fritz Perls, criador da terapia Gestalt com sua esposa, Laura Posner, e que escreveu a seguinte declaração para reivindicar a autonomia:

Eu sou eu,
Você é você.
Não estou neste mundo para viver de acordo com as suas expectativas;
E nem você para viver de acordo com as minhas;
Você é você,
Eu sou eu.
Se por acaso nos encontrarmos, será lindo.
Se não, não há o que fazer.

FELICIDADE EM PRIMEIRA PESSOA DO SINGULAR

Não se trata de nos tornarmos egoístas, mas de deixarmos de depender do que façam ou digam os demais para nos sentirmos completos.

Para exercitar o desapego, você pode fazer este simples exercício:

- Enumere as coisas que pode fazer por si mesmo, sem a ajuda de ninguém, para que se sinta melhor;

- Sempre que se sentir desanimado ou sem energia, pegue essa lista e faça algo que carregue as baterias do entusiasmo, sem depender de terceiros.

COISAS QUE NÃO DÃO CERTO DE PRIMEIRA

A história de grandes mulheres e homens demonstra que há uma relação direta entre a tolerância à frustração e o sucesso. Se Edison tivesse desistido do seu objetivo por fracassar com os primeiros filamentos, o mundo teria demorado muito mais tempo para conhecer a luz elétrica.

Esse é um aprendizado que podemos aplicar em nosso dia a dia. Algumas vezes, as coisas não acontecem como desejamos, não conseguimos realizá-la ou apenas não são tão simples como esperamos. Quando isso acontece, eu sempre me digo que não é a hora certa. O melhor é não forçar.

Algumas vezes, deixar que as coisas *não* aconteçam é o mais inteligente que podemos fazer. Costumamos correr atrás dos resultados, mas muitas vezes o resultado também pode ser não chegar a nenhum resultado.

Sejamos como o bambu, cujas raízes crescem em silêncio durante anos e, quando já penetraram o suficiente na terra, de repente a planta cresce em questão de dias.

Se você sente que não consegue realizar algo, não seja impaciente. Confie que é o melhor que pode acontecer no momento.

TENHA METAS A MÉDIO PRAZO

Para superar a cultura do instantâneo, com a qual conseguimos tudo com um clique, concentre-se em propósitos que demorem certo tempo:

- Aprender um idioma que possa falar com fluência em dois ou três anos.
- Um plano de negócios para cinco anos ou mais.
- Introduzir hábitos que não dão frutos logo de cara, mas que a médio prazo irão transformar sua vida.

57

ESCULTOR DO SEU PRÓPRIO CÉREBRO

Ramón y Cajal dizia: "Todo homem pode, se assim se propuser, ser o escultor de seu próprio cérebro". E a boa notícia é que isso é algo que podemos fazer em qualquer idade.

A neuroplasticidade nos permite mudar nossa forma de adaptação a qualquer momento de nossa vida.

Nosso cérebro tende a economizar energia e, portanto, opta sempre pelo caminho mais fácil. Ou seja, erroneamente, recorre a respostas e conclusões que já sabe para resolver qualquer situação. Automatiza tudo que pode e, por isso, às vezes, é dito que funcionamos no piloto automático. Porém, sempre temos a liberdade de retomar o controle.

Podemos criar novas rotas neuronais mudando rotinas e hábitos que acabarão transformando nossa forma de pensar e viver.

Simplificando: se quiser que as coisas mudem, faça-as de maneira diferente.

REPROGRAME-SE

Ao incorporar novas rotinas à nossa vida, conectamos com novas possibilidades e criamos novas rotas neurais que nos permitem ser escultores de nosso próprio cérebro.

Com essa afirmação, pergunte-se:

- Que hábitos eu gostaria de mudar para viver de outra forma?

- O que devo fazer de forma repetida para estabelecer esse hábito?

- Que prêmio me darei quando tiver conseguido?

58

QUANDO A VIDA SE TORNA DIFÍCIL

á ocasiões em que conhecemos perfeitamente os momentos complicados que estão por vir e que precisaremos de uma porção extra de energia, audácia e coragem.

Reserve sempre uma boa dose de tudo isso para quando houver *uma pedra no caminho*. Igual quando se está dirigindo, você reduz a velocidade antes de uma curva, calcula o combustível que resta, reduz a marcha nas rampas e se senta de uma maneira correta para que possa dirigir da melhor maneira possível.

Você já está preparado para o que vier.

Alguém disse que as dificuldades são o café da manhã dos campeões. Veja como um ponto de referência para saber em que momento você está, quais capacidades tem desenvolvido, qual o seu nível de resistência e resiliência. E, sobretudo, entenda que cada dificuldade é temporária. Com o tempo você verá que tudo passa e que terá aprendido muitas coisas.

DO POÇO AO TÚNEL

A psiquiatra Marian Rojas disse que uma forma de ter esperança e energia é parando de pensar que você está em um poço. No poço há escuridão e não é possível sair de lá.

Em vez disso, pense que você está em um túnel e que, assim que terminar de atravessá-lo, haverá luz do outro lado.

59

DOR E SOFRIMENTO

Talvez a frase mais citada de Buda seja: "A dor é inevitável, o sofrimento é opcional". O que Sidarta Gautama quis dizer com isso há dois milênios e meio?

Basicamente, que a dor é uma coisa que faz parte da própria vida, e outra é o sofrimento, que obedece a nossa interpretação do ocorrido.

Ao longo de nossa existência, além de vivermos coisas muito agradáveis, vamos sofrer perdas, acidentes e crises de todos os tipos. Isso nós não podemos evitar, faz parte do caminho. O que depende de nós é a maneira como lidamos.

Uma coisa é o que vivemos e outra é o impacto emocional com o qual vivemos. A mesma situação pode causar reações muito diferentes devido ao grau de controle que tivermos sobre as próprias emoções. E isso depende em grande parte do autoconhecimento.

Entender como somos, quais são nossas fortalezas e debilidades, nos ajudará a ver e sentir esse acontecimento a partir de outros parâmetros e assim aliviar o sofrimento.

TERÁ IMPORTÂNCIA DAQUI A UM ANO?

Essa é uma pergunta que foi feita a seus pacientes pelo psicólogo Richard Carlson, autor do clássico: *Não faça tempestade em um copo d'água*. Todas as vezes que estiver sofrendo por algo que aconteceu, siga seu método:

1. Responda com sinceridade a esta pergunta: Isso terá importância daqui a um ano?

2. Se a resposta for não ou deixar você em dúvida, livre-se do problema agora mesmo e pare de sofrer.

60

MESTRES DO DIFÍCIL

Em uma de suas reflexões mais famosas, o Dalai Lama diz assim: "Seu inimigo é seu melhor mestre. Ao estar com um mestre, podemos aprender a importância da paciência, o controle e a tolerância, mas não temos a oportunidade real de exercitá-la. A verdadeira prática surge quando nos deparamos com um inimigo".

A variedade de personalidades e sensibilidades humanas é tão rica que, sem dúvidas, não haverá um dia no qual não tenhamos a oportunidade de praticar com esses singulares mestres de vida.

Em seu livro *Aprendendo a conviver com pessoas difíceis*, os psiquiatras Christophe André e François Lelord apontam que existe uma infinidade de personalidades complicadas que podem perturbar a vida cotidiana. Porém, todo mundo tem a capacidade de aprender a conviver com essas características desagradáveis, começando pelas próprias.

Se estivermos conscientes de que todos somos ou fomos difíceis para alguém, será mais fácil de entender os outros.

NÃO HÁ PESSOAS TÓXICAS, MAS RELAÇÕES TÓXICAS

O psicólogo Rafael Santandreu é avesso à ideia de que as pessoas são tóxicas, já que — ele afirma — o que existe são relações *tóxicas*, seja porque as diferentes partes não são compatíveis ou porque estabeleceram uma relação assimétrica.

Você tem uma relação desse tipo em sua vida?

Nesse caso, o aconselhável é que renuncie ao vínculo — ou diminua a convivência — para o bem de ambas as partes.

61

VOLTARÁ (O QUE TIVER QUE SER, SERÁ)

Há coisas que não devemos insistir em manter. É bom deixá-las ir e confiar que voltarão para nós quando for necessário.

Pode se tratar de um amigo que foi importante em uma época de nossa vida, mas que agora se comporta de maneira distante ou distraída. Não devemos ficar com raiva e nem forçar as coisas. Se nossos caminhos se cruzarem de novo, ele voltará.

Às vezes também perdemos temporariamente uma paixão. Algo de que antes gostávamos muito já não nos desperta interesse ou não nos seduz com a força de antes. Se estivermos destinados a retomar a paixão, ela voltará.

Inclusive quando nos esquecemos de um projeto ou de uma ideia... voltará! Talvez volte com mais intensidade, para lhe mostrar novas informações sobre você e sobre o mundo. Agora não é o momento.

Lembremos esta bela passagem de Eclesiastes:

> *Há tempo de chorar, e tempo de rir;*
> *Tempo de prantear e tempo de dançar;*
> *Tempo de espalhar pedras e tempo de ajuntar pedras (...)*
> *Tempo de buscar e tempo de perder.*

Ao deixar ir, criamos um espaço para que cheguem coisas novas, acreditando que o que tiver que voltar, voltará.

DEIXE IR E DEIXE VIR

A chamada teoria U, do professor do MIT Otto Scharmer, se baseia em dois princípios que em inglês são *Let it go & Let it come*: só quando você deixar o passado para trás (incluindo velhos preconceitos e ideias pré-concebidas), poderá criar espaço para que novas coisas possam chegar.

Nesse momento da sua vida, em que você está insistindo de que, na verdade, deveria abrir mão?

62

PURIFIQUE-SE

Para iniciar uma nova etapa em relação a um assunto que particularmente o machuca, você deve ter coragem de começar do zero, recomeçar de uma forma pura.

Como fazer isso?

Primeiro, deve se purificar, quer dizer, deixar de lado, tentar esquecer qualquer resquício de uma época ou situação que não pertence mais a você. Assim, poderá desfrutar do presente e preparar o futuro com um novo olhar.

Depois, entre uma etapa e outra, talvez seja necessário que atravesse desertos. Encare com um espírito aventureiro, com vontade de aprender. Para isso, você só tem que enfrentar a vida e entregar-se à experiência com mais disposição.

Como aconselhava o pintor do século XIX Eugène Delacroix, se trata de "desejar o melhor, temer o pior e aceitar o que está por vir".

AGRADEÇA E ADEUS

Um simples ritual de purificação para algo que considere que já não corresponde a você pode ser:

- Escreva em uma folha de papel aquilo que deixou de fazer sentido na sua vida;

- Coloque-o em um recipiente seguro e agradeça pelas lições que trouxe para sua vida;

- Em seguida, utilize um fósforo ou isqueiro para queimar o papel, e veja como ele se desfaz entre as chamas;

- Com gratidão, diga adeus ao que se foi e, assim que estiver todo queimado, entenda que está começando do zero sem esse peso.

63

EM FRENTE AO ESPELHO

Queria lhe dar um conselho. Ainda mais se você for mulher. Passe um tempo sozinha em frente ao espelho, se desnude com calma... Você está disposta a descobrir a beleza do seu corpo? Preste atenção no que ele é: seu motor para o resto da vida.

Seu corpo é um templo que contém sua divindade. É um presente incrível e, por isso, merece que, depois deste exercício de aprendizado, você se comprometa a mimá-lo o máximo possível.

Ele é o seu maior tesouro. Desde a cabeça até os pés; observe tudo: seus olhos, sua boca, seus braços, suas pernas, seus ombros, sua barriga...

Seu corpo e seu olhar sobre ele são uma ferramenta valiosa para que se comprometa com seu bem-estar e comemore o que você é, com todo amor e carinho.

O ESPELHO DA SUA AUTOESTIMA

Aproveitando que você está tendo um encontro com sua própria imagem, sugiro que faça o seguinte exercício:

- Respire fundo algumas vezes;
- Descreva em voz alta o que você vê no espelho, mas com um olhar de admiração;
- Como é a pessoa que está vendo no espelho? Você a conhece bem? O que você mais gosta nela? Que possibilidades ainda não realizadas você vê nela?

64

MUDE A PERSPECTIVA

Em 1985, o médico e psicólogo maltês Edward de Bono publicava *Os seis chapéus do pensamento*, baseado em uma ideia provocativa: e se pudéssemos ver — a nós e as coisas que nos preocupam — de distintas perspectivas, apenas trocando de chapéu?

Vamos imaginar que temos seis chapéus de diferentes cores, cada uma com um modo de pensar:

- *Branco*: pensamento neutro e objetivo. Nos apegamos aos fatos. O que aconteceu?
- *Vermelho*: pensamento emocional. Que sentimentos isso me causa?
- *Preto*: pensamento cauteloso. De que maneira isso pode me prejudicar?
- *Amarelo*: pensamento otimista. Que benefícios essa situação pode me trazer?
- *Verde*: pensamento criativo. Se trata de deixar a imaginação fluir. O que isso me proporciona, além do óbvio?
- *Azul*: pensamento integrativo. O que posso utilizar dos outros cinco chapéus para melhorar a minha vida?

TROQUE DE CHAPÉU

Pratique o que acabamos de ver todas as vezes que se sentir bloqueado.

Como as coisas são de outra perspectiva? O que cada chapéu que você coloca diz a você (de maneira figurativa)?

Atreva-se a pensar e sentir a partir de diferentes perspectivas.

65

OS CAMINHOS DO TAO

Com certeza você já se perguntou mais de uma vez se está indo pelo caminho correto, quando algo se torna difícil, mesmo que tenha tentado várias vezes.

Você pode chegar a se sentir esgotado e muito desmotivado. Por que insistir nesse caminho?

Vou dizer algo: se não flui, se não é fácil, se é necessário forçar para se encaixar, então não é o caminho.

Há uma frase misteriosa de Lao-Tsé, o fundador do taoísmo, que nos dá uma resposta em relação a isso: "Se você não mudar de direção, pode terminar onde começou".

O que o sábio que morou na China há dois milênios e meio queria dizer com isso? Basicamente, que os caminhos que não nos permitem avançar nos paralisam e nos fazem esgotar nossa energia em vão.

Quando você se sentir assim, mude de direção.

UM PASSO PARA TRÁS, UM SALTO PARA A FRENTE

Outra ideia poderosa de Lao-Tsé é: "Se não pode avançar uma polegada, retroceda um pé". Com essa frase ele se referia à coragem de reconhecermos os erros, sem nos envergonharmos ou nos sentirmos inferiores. Todo erro assumido pode parecer que estamos dando um passo para trás, mas se aprendermos a lição, estaremos dando um grande salto.

Que passo você deu para trás que depois resultou ser um salto para a frente?

66

A MELHOR PARTE

Assim como acontece com uma música, um filme ou um momento compartilhado, sempre lembramos a melhor parte das coisas.

Resgatamos aquilo que nos faz sentir mais vivos, mais conectados com nós mesmos.

Sugiro que faça o mesmo com a vida. Quando se sentir desanimado ou apático, pense em tudo de melhor que a vida oferece. Pode ser uma parte do seu trabalho da qual você gosta (mesmo que as outras sejam desagradáveis). Ou talvez um encontro semanal com amigos que você espera ansiosamente. Ou aquele livro que você vai lendo pouco a pouco, porque é tão bom que não quer que acabe.

Em vez de pensar naquilo que não dá certo, que causa inquietude, pense no que há de melhor em sua vida, pelo que vale a pena viver.

Qual é o seu pedaço favorito da torta da felicidade?

ICHIGO-ICHIE

Essa expressão japonesa significa, literalmente, *uma vez, uma oportunidade* e ela fica exposta em um quadrinho nos salões de chá para convidar as pessoas a utilizarem seus cinco sentidos na ocasião, já que o tal momento jamais se repetirá da mesma forma.

Se quiser transformar o que está vivendo na melhor parte de suas lembranças, dedique todo o seu amor e atenção.

67

O PRIVILÉGIO DE ESCOLHER

O pensador estadunidense William James disse uma vez que "quando devemos fazer uma escolha e não fazemos, isso já é uma escolha".

Sem dúvidas, não aproveitar nossa capacidade de escolha é uma postura vital que nos leva a agir no piloto automático. Apenas vamos deixando que as coisas aconteçam.

Ter o poder de escolha em qualquer aspecto da nossa vida é um privilégio que raramente percebemos. Porém, quando fazemos isso de maneira consciente e livre, é um presente que só nos traz satisfações. Mesmo quando a decisão acabe sendo a menos assertiva.

Porque toda decisão, seja ela a melhor ou não, nos brinda com o aprendizado.

O ato de escolher nos concede o comando de nossa vida. E o melhor é que não se trata de uma lei absoluta e inquebrantável. Sempre podemos retificar e mudar de direção, experimentar algo novo, algo melhor. Você decide!

DECIDIR MELHOR

Em seu livro *Decidiendo en tiempos de paz y de guerra*, David Cabero, que dirige a empresa BIC na Europa, traz inúmeras ideias para que possamos tomar as melhores decisões.

Algumas delas:

1. Pergunte-se quais são os motivos para não tomar essa decisão;

2. Traga o máximo de opções para escolher;

3. Não delegue para outra pessoa, se é você quem deve decidir.

Cabero acrescenta que "quem decide, não se equivoca" e que "se não nos arriscamos, não aprendemos". Por isso, vale a pena decidir.

68

O POTENCIAL QUE EXISTE EM VOCÊ

Ghandi sugeriu: "Seja a mudança que você quer ver no mundo". E eu acrescento que você não imagina a capacidade que tem de mudar o mundo.

Desde as pequenas coisas às mais transcendentais. Cada um dos seus atos, palavras e pensamentos tem um impacto nos outros, no mundo. Quando perceber isso, nada mais será igual.

Toda pessoa molda sua realidade e contribui para moldar a de todos. Dito de outra forma, seu potencial para a mudança é incrível, para sua vida e a dos outros.

Entenda isso. Seja a ponte, o canal entre as coisas pelas quais é apaixonado, que você conhece bem e com as quais pode ajudar a outros que precisam. Assim, o caminho só pode ser prazeroso.

Que marca você quer deixar no mundo? Em vez de adotar um estilo maximalista, entenda que cada decisão, ato ou palavra sua é importante.

O PODER DO PEQUENO

Anita Roddick, fundadora do The Body Shop, disse a seguinte frase:

"Se você se acha muito pequeno para ter qualquer impacto no mundo, tente dormir com um pernilongo no quarto."

Reformulando essa ideia em algo positivo, podemos concluir que qualquer coisa que você fizer por si mesmo e pelos outros, por menor que pareça, acaba tendo um impacto no seu presente e no seu futuro, assim como no dos outros.

Qual você quer que seja sua pequena contribuição no dia de hoje?

69

O CEGO E A LAMPARINA

Há uma história antiga do Oriente que conta que um homem, ao se despedir de seu amigo cego certa noite, lhe entregou uma lamparina.

— Eu não preciso de nenhuma lamparina — disse o cego —, porque para mim não há diferença entre o claro e o escuro.

— Certo! — disse o amigo. — Mas se você não a levar, outras pessoas podem trombar em você.

— Tem razão.

Depois de andar um tempo na escuridão, de repente, o cego trombou em alguém.

Ambos gritaram de dor:

— Você não viu a minha lamparina? — disse o cego muito bravo.

— Sua lamparina está apagada, amigo...

O PIOR CEGO É AQUELE QUE NÃO QUER VER

Essa fábula me faz pensar nas pessoas que consideram que todo mundo deveria ver o que eles veem, mesmo que a lamparina esteja apagada.

Sempre que achar que está com a razão, pergunte-se: pode existir mais de uma realidade ou versão sobre o mesmo fato?

Costumamos nos apegar à nossa versão, porque adoramos confirmar o que queremos acreditar e, por isso, recorremos a fontes que respaldam e confirmam isso...

E se você der o benefício da dúvida?

Atreva-se a questionar tudo, mesmo que seja uma brincadeira. Você vai relaxar e ampliar horizontes.

70

UMA INVENÇÃO DE MIL PASSOS

Vivemos na era do instantâneo, na qual tudo se consegue através de um clique. Porém, não podemos esquecer que a vida tem seu ritmo.

É fácil ser dominado pela impaciência, mas isso não levará você muito longe. O normal é querer agora, alcançar o objetivo já. Mas você não pode pular etapas... um passo de cada vez. Foi sempre assim em qualquer área da sua vida. Os atalhos não servem quando você procura a excelência.

Dizem que depois de inventar a luz elétrica, perguntaram a Edison como ele se sentiu ao ter fracassado várias vezes antes de descobrir o filamento correto, o inventor declarou: "Eu não falhei, apenas descobri dez mil maneiras que não funcionam".

Suas palavras também nos fazem lembrar da frase de Lao-Tsé: "Uma longa viagem começa com um único passo".

Dar esse primeiro passo já é um sucesso por si só.

A REGRA DAS 10 MIL HORAS

No seu livro Fora de série, o jornalista Malcolm Gladwell calcula que são necessárias 10 mil horas para se tornar um verdadeiro mestre em algo. Se você se propõe a alcançar esse nível, farei um simples cálculo do tempo que você pode levar para alcançá-lo:

8 horas diárias x 5 dias por semana = 5 anos.

4 horas diárias x 5 dias por semana = 10 anos.

2 horas diárias x 5 dias por semana = 20 anos

1 hora diária x 5 dias por semana = 40 anos.

RESILIÊNCIA

Há décadas a psicologia fala sobre a resiliência. Esse termo era usado originalmente para se referir aos materiais, em especial à sua capacidade de voltar a sua forma inicial depois que uma força foi aplicada sobre eles.

Tratando-se da vida humana, a pessoa resiliente não é apenas aquela que é capaz de superar as dificuldades, mas que também exerce o aprendizado adquirido através dessa experiência.

O neurologista francês Boris Cyrulnik é especialista nesse assunto. Sua própria vida é exemplo de resiliência: de família judia, seus pais foram assassinados no Holocausto e ele mesmo sofreu nos campos de concentração quando era criança. Conseguiu fugir e teve que passar o resto da sua infância em abrigos.

Em suas palavras: "A resiliência é a arte de navegar nas enxurradas. Às vezes, a vida nos fere e nos leva por caminhos que não gostaríamos. Siga em frente, mais sábio, humano e mais forte".

Sempre que superamos um obstáculo, levamos um aprendizado para o futuro e também demonstramos nossa capacidade de seguir em frente.

CONFIE EM SUAS CAPACIDADES

Os desafios que a vida nos coloca são a única forma que temos de conhecer nosso nível de resiliência.

Neste exercício, sugiro que analise a última grande prova que a vida colocou para você. Pergunte-se:

1. Qual foi a principal dificuldade que tive que superar?

2. Que recursos pessoais utilizei para lidar com isso?

3. De que maneira me senti mais forte depois?

Lembre-se de tudo isso da próxima vez que se deparar com um grande obstáculo.

AS PEDRAS E O ARCO

Conta-se que em uma das viagens de Marco Polo ao Oriente, em certa ocasião, ele quis descrever uma ponte muito bonita para o imperador Kublai Kan.

Sem entender por que o veneziano descrevia a construção pedra por pedra, o imperador lhe perguntou:

— Mas, então... qual é a pedra que sustenta a ponte?

— Ela não é sustentada por essa ou aquela pedra — explicou Marco Polo —, mas pelo arco que todas elas formam.

Kublai Kan refletiu em silêncio uns segundos e logo acrescentou:

— Por que então está me contando sobre as pedras, se é o arco que realmente importa?

— Sem pedras não existe arco — se limitou a dizer o viajante.

Essa história nos passa uma mensagem importante: cada um de nossos atos e decisões são uma pedra com a qual construímos nossa vida. Talvez não damos importância a cada uma separadamente, mas a somatória de todas elas é o nosso futuro.

QUAIS SÃO AS GRANDES PEDRAS DA SUA VIDA?

A gestão do tempo é como um frasco que vamos enchendo de pedras. Primeiro, temos que colocar as pedras maiores, depois as pequenas, e mesmo assim, caberia areia e, inclusive, água.

Se não colocarmos as pedras grandes no começo, depois não caberão. Ou seja, se pas-sarmos nossa vida perdendo tempo com atividades ou preocupações pouco relevantes, mais tarde não poderemos nos ocupar com coisas que são de fato importantes.

Quais são as grandes pedras da sua vida?

73

KINTSUGI

O *kintsugi* é uma técnica japonesa que consiste na arte de reparar um objeto de cerâmica quebrado em pedaços, unindo suas peças com verniz de resina às vezes misturado com pó de ouro, prata ou platina.

E o mais incrível é que, apesar do objeto não ser mais o mesmo, logo que restaurado, ele adquire mais valor. A que se deve isso? Os especialistas em *kintsugi* dizem que é porque, após a reconstrução, o objeto tem uma história a contar e brilha nos lugares quebrados.

Em relação às pessoas, as mais interessantes são aquelas que passaram por muitas aventuras e desventuras, aprenderam e têm muito a contar.

Quais são as rupturas ou feridas que fizeram você ser quem você é? Se você sente que sua alma está prestes a ser reparada, como gostaria de restaurá-la para que seja tão valiosa como sua experiência?

UM CV DE APRENDIZADOS

Nos Estados Unidos, quando uma pessoa se candidata a um cargo, ela manda um currículo, incluindo as coisas que não deram certo. Se foi despedido de uma empresa ou se faliu em algum projeto pessoal, tudo isso aparece no relatório, já que é considerado uma experiência. São erros que serviram como aprendizado e que ela não voltará a cometê-los.

Você se atreveria a escrever um CV com seus fracassos e aprendizados?

BE WATER, MY FRIEND...

À s vezes, não é necessário mudar o rumo das coisas nem intervir nele... É preferível fluir com elas. Já dizia Bruce Lee com sua frase: "*Be water, my friend*".

A frase foi utilizada em um anúncio de carros e pertence à entrevista mais longa que fizeram com Bruce Lee, no fim de sua vida. Porém, é muito interessante saber o que ele disse pouco antes:

> *Seja água, abra caminho pelas rachaduras. Não seja teimoso, não se coloque dentro de uma forma, adapte-se, construa a sua própria e deixe-a se expandir. Se nada dentro de você permanece rígido, as coisas externas irão se revelar.*
>
> *Esvazie sua mente, não tenha uma forma.*
>
> *Sem forma, como a água.*
>
> *Se você colocar água em uma xícara, ela se transformará em xícara.*
>
> *Se você colocar água em uma garrafa, ela se transformará em garrafa.*
>
> *Se você a colocar em uma chaleira, ela se transformará em chaleira.*
>
> *A água pode fluir ou pode se chocar.*
>
> *Seja água, meu amigo!*

ADAPTE-SE À VIDA

Em vez de lutar contra os elementos, darei algumas dicas para fluir:

- Não tente se posicionar quando alguém estiver muito alterado. Deixe que se expresse ou que fique com a raiva. Vocês terão tempo de conversar mais adiante.

- Perceba quando as pessoas estão abertas a conversar ou quando estão na defensiva e aja de acordo.

- Quando se sentir cansado, permita que seu corpo descanse em vez de forçá-lo, e canalize de forma inteligente sua energia quando se sentir pleno.

75

ÚTIL PARA A FELICIDADE

O escultor francês Auguste Rodin disse a seguinte frase: "Útil é tudo que nos traz felicidade".

Acho um interessante ponto de partida: deveríamos manter e nutrir tudo aquilo que nos traz felicidade, alegria, bem-estar ou calma à nossa vida.

Pode ser um determinado hábito ou atividade, uma pessoa que alimenta a sua alma, ou inclusive um lugar que faz você se sentir bem.

O que lhe traz a verdadeira felicidade, por menor que seja?

O poeta alemão Bertold Brecht fez essa pergunta a si mesmo e respondeu com a seguinte lista: o primeiro olhar pela janela ao despertar; o velho livro perdido e reencontrado; rostos animados; neve; a mudança das estações; jornais; cachorros; a dialética; tomar banho; nadar; música antiga; sapatos confortáveis; compreender; música nova; escrever; plantar; viajar; cantar; ser gentil.

MIL COISAS DE QUE GOSTO

Minha querida e admirada Sol Aguirre, que tanto me inspira, tem um desafio com toda sua comunidade que consiste em identificar mil coisas de que gosta (#1000cosasquemegustan), identificá-las e descobrir a grandeza das pequenas coisas de que gostamos e que nos ajudam a viver de uma forma mais plena. Convido você a participar.

FRAG MEN TAR

lguma vez você já pensou que pode *frag men tar* a sua vida em etapas para conseguir observá-la de fora e planejar o que vai fazer em cada fase?

O empresário chinês Jack Ma deu em uma palestra o seu ponto de vista sobre as etapas do que seria a vida ideal, em relação à carreira laboral.

- Até os 20 anos, cometa todos os erros possíveis, não tenha medo de errar e adquira experiência.
- Dos 20 aos 30, aprenda com alguém que você admira. Até os 30, não importa em qual empresa você trabalha, mas quem é o seu chefe.
- Dos 30 aos 40, você já deveria estar trabalhando para você, se o que quer é empreender.
- Dos 40 aos 50, é hora de se concentrar em fazer aquilo em que você é bom.
- Dos 50 aos 60, trabalhe com os jovens, porque sem dúvidas eles farão melhor que você.
- A partir dos 60, use o tempo para você. Você não sabe quanto tempo de vida lhe resta, aproveite cada dia.

UM EXCEL VITAL

Vamos transportar tudo isso à vida pessoal. Se você pretende chegar aos 100 anos, programe suas próximas etapas em um Excel ou outra tabela.

Anote em cada etapa tudo que considere indispensável, assim, poderá priorizá-lo.

ACREDITE E CRIE

O ser humano tende a antecipar os acontecimentos e a pensar em resultados concretos. Porém, felizmente, a vida não é uma ciência exata e as coisas não costumam acontecer como esperamos. Tal como cantava John Lennon em uma música que dedicava ao seu filho: "A vida é aquilo que acontece enquanto fazemos planos para o futuro".

Com certeza não há uma crença de vida estabelecida, mas a vida em si já é uma crença. Acreditar nela faz parte do exercício diário de conviver com os acontecimentos.

O que você acredita sobre si mesmo e sobre a existência? Em que você está disposto a acreditar para criar a vida que quer?

O QUE VOCÊ CRIA COM SUA MENTE?

Se a sua realidade estiver baseada pelas crenças, seria bom que você refletisse:

1. Que crenças tenho sobre o sucesso e o dinheiro?

2. O que acredito em relação ao amor e à minha relação com as outras pessoas?

3. Quais são as minhas crenças sobre a vida?

Se algumas dessas crenças forem negativas, comece a substituí-las por crenças a seu favor.

AS QUATRO CHAVES PARA UM BOM SEXO

Conversamos muito pouco sobre a importância do sexo em nossa vida. É uma questão muito pessoal e parte do conhecimento das próprias necessidades.

Porém, a nível geral, segundo o psicólogo Antoni Bolinches, há quatro chaves que devemos respeitar para termos um bom sexo:

1. *Não faça nada que você não queira.* Para agradar a outra pessoa, você não deve se submeter a práticas ou situações com as quais não se sinta à vontade;

2. *Faça tudo que quiser.* Desde que haja respeito e liberdade, o sexo é mais uma forma de se expressar e desfrutar a vida;

3. *Faça com desejo.* Saber do que realmente gosta é uma premissa essencial para o bom sexo;

4. *Faça de acordo com sua escala de valores.* Além de desejar o que deve ser feito, você deve ser fiel a si mesmo. Aproveite de uma forma saudável, bonita e alegre.

Não desperdice a oportunidade de se conhecer através do sexo. Escolha bem com quem quer compartilhar algo tão sagrado e valioso. É um presente da vida.

APROVEITE E CUIDE DO SEXO QUE VOCÊ FAZ

Se você tem um parceiro sexual, verbalize os desejos, as vontades e as fantasias que você tem e, se concordarem em alguma delas, segundo as quatro chaves que vimos, será possível torná-las realidade.

79

FIQUE EM PAZ CONSIGO MESMO

Acredito que esta seja uma das grandes lições que aprendemos tarde demais: *Não podemos agradar todo mundo.* Às vezes, até tentamos, mas com isso, só conseguimos que a situação se complique e fique pior do que imaginávamos a princípio.

Por isso, em qualquer interação com os outros, é importante não ir contra os próprios desejos, prioridades e valores.

Eu mesma, quando percebo que algo não está acontecendo como gostaria, ou não avança de maneira ágil e fluida, me faço a seguinte pergunta: você quer mesmo fazer isso ou está cumprindo as expectativas dos outros?

Uma crença que tem estado muito presente em minha vida, e é possível que na sua também, é a que *tenho que estar em paz com todo mundo.* Agora entendo com todo respeito e carinho que não posso viver outra vida que não seja a minha. E se isso implica ganhar a antipatia de alguém, não há problema. A autenticidade é muito mais importante que a opinião que possam ter sobre você.

O mais importante é que você fique em paz consigo mesmo.

OUÇA SEU CORPO

Muitas vezes, quando fazemos algo que intimamente não concordamos, o corpo nos comunica de forma sutil através de sensações incômodas. Se você estiver atento a esses sinais, conseguirá viver de maneira mais coerente consigo mesmo.

80

A ORAÇÃO DA SERENIDADE

É bem possível que você já tenha lido este texto breve e inspirador:

Concedei-nos, Senhor, a serenidade necessária para aceitar
as coisas que não podemos modificar,
coragem para modificar aquelas que podemos
e sabedoria para distinguir umas das outras.

Conhecida como a Oração da Serenidade, foi escrita pelo pastor Reinhold Niebuhr por volta de 1943, durante uma missa de domingo na cidade de Health, Massachusetts.

Essa oração se introduziu de tal maneira na cultura popular que, inclusive, passou a fazer parte dos doze passos do programa dos Alcoólicos Anônimos e Neil Young a incluiu — em latim — na capa de um disco seu em 1981.

Que significado tem para você neste momento da sua vida?

DUAS PERGUNTAS VITAIS

A partir da Oração da Serenidade, sugiro que você responda a essas duas perguntas:

1. O que não posso mudar, porque não depende de mim nesse momento vital? E como posso aceitar?

2. O que posso mudar, porque depende de mim, e devo mudar? Quando vou fazer isso?

81

O MELHOR DE VOCÊ

Dê o seu melhor em tudo. É tão simples como fazer as coisas direito, faça o melhor que puder e se convença de que é o correto.

Há pessoas que utilizam a lei do mínimo esforço e outras que nunca começam aquilo que deveriam fazer, porque elas têm medo de que não saia perfeito.

Sobre isso, o treinador de futebol americano Vince Lombardi dizia:

"A perfeição não é atingível, mas se perseguirmos a perfeição podemos alcançar a excelência."

É como a história do arqueiro que mirou na lua: ele jamais a acertou, mas se tornou o melhor arqueiro de sua terra.

Dê o seu melhor e irá superar os seus limites.

SEU KAIZEN COTIDIANO

A filosofia japonesa de melhoria contínua é uma ferramenta perfeita para "atingir a lua".

Em tudo que estiver fazendo, pense o que pode fazer um pouco melhor hoje em relação a ontem, para que possa subir mais um degrau rumo à excelência.

82

SER FELIZ OU APRENDER

O humorista britânico Marcus Brigstocke tem uma frase famosa que diz: "Prefiro ser feliz do que ter razão".

Porém, acredito que podemos ir um pouco além disso. Se pensarmos melhor nessa questão, poderíamos nos perguntar: o que prefiro: ser feliz ou aprender?

Às vezes nos sentimos tentados a nos calar, a não expressar o que sentimos, porque acreditamos que assim preservaremos a paz. Mas a felicidade que obtemos assim é temporária, porque, no fundo, não concordamos.

Embora quando nos pronunciamos sobre algo, corremos o risco de nos equivocarmos, e mesmo que isso aconteça, estaremos aprendendo. Sobre nós mesmos e sobre as outras pessoas.

Não há nada de errado em ter uma opinião diferente da dos outros. Também não há nada de errado em mudar de opinião se depois percebermos que não tínhamos razão. São aprendizados que nos levarão a uma felicidade muito mais duradoura que o breve alívio que sentimos ao ficarmos em silêncio.

COMO SUSTENTAR O CONFLITO

Às vezes não somos firmes em algumas situações porque temos medo de nos chatear com as outras pessoas e perdermos sua consideração.

Algumas chaves para pararmos de sofrer por esse motivo:

- Podemos nos comunicar com delicadeza e sermos claros ao mesmo tempo.
- Em geral, as pessoas que se mostram sinceras e assertivas são mais valorizadas e respeitadas que as outras.
- Se a outra pessoa ficar brava, porque esperava outra coisa, pense que a raiva pertence a ela, não a você.

83

ALÉM DO LIMITE

Se você já praticou ioga, sabe que ao realizar os *asanas* costumamos chegar ao limite da postura pouco a pouco. Cada sessão envolve um desafio consigo mesmo através da respiração e da consciência corporal.

Quando você chega a esse limite da postura, é quando começa a ficar interessante, porque aí está o ponto de inflexão, de aprendizagem e evolução.

Sempre sem forçar, mas entendendo esse trabalho que leva você além de suas supostas limitações.

Descobrir que podemos superar esse desafio é uma lição valiosa para qualquer situação da vida cotidiana. Quando superamos o limite, começamos a aprender e a nos conhecermos de verdade.

Que limitações você estabeleceu para si mesmo que está vivendo agora? Como pode ultrapassar esse limite, pouco a pouco e sem se machucar, assim como é feito na ioga?

A MURALHA DO MEDO

O escritor e palestrante David Fischman disse que "o medo é uma muralha que separa o que é do que pode chegar a ser". Se você quer motivação para derrubar esse muro, pergunte-se quantas vezes forem necessárias:

O que serei e farei quando superar esse medo?

84

VOLTAR A PASSAR PELO CORAÇÃO

Recordar é reviver. Aprender é recordar.

A palavra recordar vem do latim *recordare* e significa *voltar a passar pelo coração*. Voltar a sentir, a viver do jeito que aconteceu. Não é fascinante?

Nosso inconsciente não distingue tempo nem modo. Então, se você achar necessário, volte a passar pelo coração. Faça isso com aquilo que lhe dá vida, que também lhe dá coragem, a valentia de colocar o coração em primeiro lugar.

Um exercício que pode ajudar nisso é repescar momentos felizes que você acreditava ter esquecido. Você pode fazer isso através de fotos antigas ou mediante um exercício de indagação pessoal. Com os olhos fechados, traslade-se a uma época que foi incrível, a um encontro memorável ou a uma viagem que deixou marcada.

Tente resgatar cenas e momentos mágicos.

Volte a passar pelo coração.

UM CADERNO DE MEMÓRIAS INSPIRADORAS

Sugiro que trabalhe em um caderno no qual possa armazenar momentos felizes para recordá-los quando se sentir cabisbaixo. Nele, você pode colocar imagens, bilhetes, descobertas, partes de conversa, qualquer coisa que devolva os momentos mágicos.

O ideal é que esse caderno tenha muitas páginas para que fiquem repletas de momentos de felicidade.

A NOITE ESCURA

São João da Cruz fala em seu poema *A noite escura da alma* sobre uma nova visão da própria vida.

Acontece que muitas vezes, só depois de chegarmos ao fundo do poço, é que começamos a vislumbrar uma vida nova e melhor. Para sairmos vitoriosos da tristeza ou da ansiedade, às vezes temos que atravessar desertos, avançar por caminhos guiados por um coração que queima.

Assim como o deserto esconde vida e procura valiosas lições para o caminhante, na tristeza de hoje crescem sementes de nossa futura felicidade. Em 1953, o escritor existencialista Albert Camus escreveu sobre isso:

> *No meio do ódio descobri que havia dentro de mim um amor invencível. No meio das lágrimas, descobri que havia dentro de mim um sorriso invencível. No meio do caos, descobri que havia dentro de mim uma calma invencível.*
>
> *Descobri, apesar de tudo, no meio de um inverno, que havia dentro de mim, um verão invencível. E isso me faz feliz. Porque não importa a força com que o mundo se atira contra mim, pois dentro de mim há algo mais forte, algo melhor, empurrando de volta.*

QUAL É A SUA NOITE ESCURA?

É importante conhecer e reconhecer nossa própria *noite escura* para estarmos fortalecidos de esperança.

Você pode explicá-la a um bom amigo, a um terapeuta, ou inclusive a si mesmo através de um diário pessoal.

86

COMEMORAÇÕES

Quantas vezes já disseram que você não tinha feito as coisas direito ou que estavam mal feitas? Quantas vezes você não se recompensou por achar que não era merecedor?

Tantas que você até acreditou. Tantas que, inclusive, quando talvez tenha merecido um mínimo de reconhecimento, você nem tenha percebido.

Você sempre é merecedor de atenção, afeto, reconhecimento e carinho. Por que não começa a reconhecer suas qualidades e indicar as coisas que fazem bem?

Esteja consciente de tudo que você faz para que a vida se torne melhor — a sua e a dos outros — e, se achar pertinente, comece a comemorar sozinho.

Orientados a solucionar problemas ou tapar buracos, muitas vezes nos esquecemos de nos recompensar. Talvez seja porque esperamos grandes acontecimentos, sendo que a vida nos oferece pequenos presentes todos os dias.

COMEMORE AS PEQUENAS COISAS

Uma maneira de recarregar nossa vida com energia positiva é comemorando as pequenas coisas.

Cada gesto de comemoração, cada brinde, é um ritual que será lembrado, e isso fará com que o cérebro retenha por mais tempo o motivo da comemoração.

Como dizia Robert Brault: "Aprecie as pequenas coisas, pois um dia você pode olhar para trás e perceber que elas eram grandes coisas".

87

OS SETE MACACOS

A doutora em psicologia Jenny Moix publicou recentemente a fábula *La cueva del mono*, que trabalha com o conceito zen da *mente do macaco*, mostrando sete características sobre como pensamos:

1. *O macaco saltitante.* A mente tem a tendência de saltar ao passado e ao futuro, o que nos causa tristeza e medo.

2. *O macaco circular.* A mente sempre anda pelos mesmos lugares, e essa ação pode se tornar um buraco sem saída.

3. *O macaco juiz.* A mente tem um livro onde tem anotado como a realidade deveria ser.

4. *O macaco acusador.* Nesse livro está também a emoção que deveríamos sentir em cada situação.

5. *O macaco que cega.* A mente se interpõe entre nós e a beleza, não permitindo que a vejamos, já que ela não para de tagarelar.

6. *O macaco hipnotizador.* Nos faz acreditar em suas histórias. Muitas emoções não são consequência da realidade, mas dos nossos pensamentos.

7. *O macaco sonhador.* De dia e de noite, a mente cria nossa realidade. Nossa tarefa é despertar.

O CÃO NEGRO

Em seu livro anterior, *Minha mente sem mim*, Jenny Moix conta que Winston Churchill se referia aos seus momentos de depressão como o cão negro para se separar de suas emoções e estado de ânimo. Quando estava desanimado advertia seus colaboradores:

"Hoje o cão negro está caminhando mais uma vez ao meu lado".

Essa classe de metáfora ajudará você a entender algo muito libertador: você não é seus pensamentos. Pode parar de se identificar como o macaco.

88

O PRESENTE É UM PRESENTE

Um relato judaico conta que alguém perguntou a um sábio rabino:

— Qual foi o dia mais especial da sua vida e quem foi a pessoa mais importante?

— O dia mais especial da minha vida é HOJE — respondeu. — E a pessoa mais importante é com quem estou falando agora.

Pensar no passado ou no futuro muitas vezes nos causa emoções dolorosas, como vimos. No passado moram a tristeza, a culpa e o ressentimento. No futuro moram a ansiedade, o temor e a incerteza.

A alegria e a paz mental pertencem ao presente. Talvez por isso, essa palavra também signifique presente. O presente é um presente.

Quando quiser deixar para trás seus medos ou as lembranças que levam você à melancolia, ao apego ou à tristeza, concentre-se em viver com intensidade o que está acontecendo aqui e agora de maneira consciente com todos os seus sentidos.

Além de se libertar das suposições que fazem você sofrer, estará construindo boas lembranças.

EM QUE ÉPOCA VOCÊ VIVE?

Um exercício interessante para saber quanto de presente há em sua vida é observar, ao falar, se você utiliza mais o tempo passado, o futuro ou o presente. Isso lhe dará uma ideia de onde está e ajudará você a voltar ao aqui e agora.

89

SORRIA, POR FAVOR

Nenhum gesto é tão simples, nem tem o poder comparável ao de um sorriso. Em seu livro *Reír y vivir*, a atriz e coach Imma Rabasco o define da seguinte forma:

O sorriso arqueia nossos lábios para cima, um gesto cheio de beleza que pode ter várias origens. Talvez brote do desejo da alma de fazer parte de uma vida mais otimista, alegre e conciliadora. Ou pode corresponder a uma paixão — por uma pessoa ou pela vida. O importante é que não desapareça. Ou, se for embora, que volte.

Independentemente de onde venha, cada sorriso atrai mais sorrisos, porque esse gesto de bem-estar e felicidade evoca pensamentos agradáveis em nosso cérebro.

O sorriso constrói pontes e ajuda a expressar que viemos não apenas em *missão de paz*, mas também em *missão de amor*.

O SORRISO DO BUDA

No livro que dá título ao exercício, conta-se que um homem muito pobre disse a Buda que era totalmente infeliz. Diante disso, o iluminado lhe respondeu que, para ser feliz, ele deveria dar algo a outras pessoas, ser caridoso.

Surpreso, o homem disse que não tinha nada. O que podia oferecer?

Então Buda lhe disse:

— Você tem algo, sim, tem o seu sorriso. Ofereça-o às pessoas e começará a ser mais feliz.

Sugiro que ofereça seu sorriso e gentileza às pessoas que precisam dele. Além de iluminar a vida de cada uma delas, estará alegrando a sua.

90

INVEJA DA BOA

Com admiração e carinho, sempre tento seguir de exemplo alguém que me inspira. Assim como contei antes o que Benjamin Franklin fazia com as biografias que lia, já eu, faço anotações dos aspectos de que gosto das pessoas inspiradoras da minha vida e faço um planejamento para desenvolver essas qualidades em mim. Apesar de conhecer uma pessoa que termina seu banho com água bem fria, admito que é algo que ainda não consegui fazer...

Esse é o tipo de inveja que desperta curiosidade, motivação e admiração. Não me refiro à inveja maliciosa e destrutiva da história de Caim e Abel, mas a que nos faz descobrir algo que nasce dentro de nós ao nos compararmos com os outros, algo que nos permite situar nossas insatisfações internas e consertá-las.

É o que chamamos de *inveja da boa*. Aquela que é baseada na admiração e não na crítica, aquela que usamos para nossa formação e que nos ajuda a nos tornarmos pessoas melhores.

Então, vamos cultivar a inveja boa, vamos tirar esse valor negativo da palavra e darmos uma nova utilidade: que seja um detector de melhora, que nos ajude a descobrir pequenas rachaduras e poros em nossos cimentos para poder consertá-los, consolidar nossos pontos fortes e nos tornarmos nossa melhor versão.

QUEM VOCÊ QUER SER

O *best-seller* de James Clear, *Hábitos atômicos*, substitui as *to do lists*, as listas de afazeres, pelo desafio de decidir QUEM VOCÊ QUER SER a partir de agora. O mecanismo é simples:

1. Decida QUEM VOCÊ QUER SER a partir de agora (talvez inspirado em alguém que admire).
2. Comece a agir como esse ALGUÉM, com hábitos que confirmem sua nova identidade.

91

OS SÁBIOS DUVIDAM

C omo dizia sir Francis Bacon, um intelectual inglês do século XVI: "Quem começa com certezas, acaba com dúvidas, porém quem se contenta em começar com dúvidas, acaba com certezas".

Quem não conhece pessoas ignorantes que acham que sabem tudo e tentam impor sua opinião?

Se os sábios duvidam, permita que eu questione várias vezes como uma excelente forma de aprendizado. Quem vive de certezas, fecha as portas para as infinitas possibilidades que a vida nos oferece.

No entanto, para ser saudável, a dúvida deve ter um limite. É bom recorrermos a ela quando estivermos em uma encruzilhada, mas não podemos permitir que ela se acomode e fique ao nosso lado o tempo todo.

Afinal, temos que tomar decisões, mesmo que sejam errôneas, já que pelo menos elas nos permitirão descartar opções e seguir em frente.

AUTODÚVIDA E PROCRASTINAÇÃO

William Knaus, um dos assessores de Bill Clinton em seu mandato, afirmava que as pessoas que tem o hábito da procrastinação, padecem da chamada *síndrome de autodúvida*.

Acreditam que estão duvidando, mas, na verdade, se trata de uma desculpa para nunca começar as coisas, porque têm baixa tolerância à pressão que as grandes metas exigem.

Quando sentir que está hesitando muito, pergunte a si mesmo se isso não é apenas medo de começar.

92

PREPARE-SE PARA O MELHOR

Se aceitarmos a ideia de que *atraímos aquilo que acreditamos*, concluiremos que devemos estar sempre preparados para o que pode chegar, antecipando e acolhendo aquilo que pode ser digno de nossa vida.

Deixe um espaço para aquilo que chega sem avisar e sem espera. Prepare sua vida para acolher tudo que deseja.

Se o que deseja, por exemplo, é o amor, ele só chegará se as portas estiverem abertas. Há uma música de Daniel Johnston, *True Love Will Find You In The End*, que fala sobre isso.

Traduzida, significa:

> *O amor verdadeiro acabará encontrando você. Essa é uma promessa com uma armadilha. Só se você o estiver procurando, ele irá encontrar você. Porque o verdadeiro amor também está à procura. Mas como o amor poderá reconhecer você, se você não der um passo em direção à luz? (...) Por isso, não desista até que o verdadeiro amor acabe encontrando você.*

DEFINA POR ESCRITO O QUE PRECISA

Seja um amor verdadeiro, um emprego diferente ou qualquer outra coisa que você deseja, há mais possibilidades de encontrá-lo se você o definir em detalhes.

Se escrever em um papel as características concretas que o que você deseja deve ter, seu radar interior se orientará para encontrar exatamente isso.

93

OS DOIS MEDOS

É normal você ter medo de perder o que tem, e também não ser capaz de conseguir o que deseja. O primeiro temor causa insegurança e ansiedade; o segundo, mais medo, frustração e desolação.

Se esses dois tipos de medo não estivessem tão presentes em nossa vida, estaríamos no caminho rumo à felicidade.

Como podemos nos livrar deles?

Em relação ao primeiro medo, devemos entender que só possuímos o que temos de fato neste exato momento, já que a vida é uma mudança constante. Se você não é capaz de desfrutar algo que tem agora por medo da perdê-lo, então já o perdeu, porque você também não o tem agora.

Em relação ao segundo medo, é possível amenizá-lo, desejando só aquilo que depende de si mesmo. E se você conseguir com esforço e dedicação, seu único medo deve ser perder a vontade.

DEIXE O MEDO DE LADO E FAÇA O QUE FOR NECESSÁRIO

Todas as vezes que você sentir medo de perder ou não conseguir algo, deixe o *medo* de lado e faça o que for *necessário*.

1. Se você sentir *medo* de perder algo, faça o que for necessário para mantê-lo e, principalmente, saiba como desfrutá-lo aqui e agora.

2. Se você sentir *medo* de não realizar algo, faça o que for necessário para consegui-lo através de seu próprio esforço, vale a pena essa redundância.

94

ACEITE O QUE É

Os grandes mestres sabem que o amor e a sabedoria partem da aceitação: de si mesmo, das outras pessoas, do mundo, da natureza, da realidade.

Eckhart Tolle disse:

> *Quando você aceita o que "é", atinge um nível mais profundo (...). Quando diz "sim" para as situações da vida e aceita o momento presente como ele é, sente uma profunda paz interior. Superficialmente, você pode continuar feliz quando há sol e menos feliz quando chove; pode ficar contente por ganhar um milhão e triste por perder tudo que tem. Mas a felicidade e a infelicidade não passarão dessa superfície. São como ondas em volta do seu Ser. A paz que existe dentro de você permanece a mesma, não importa qual seja a situação externa.*

Quando abraçamos *o que é*, fluímos com a vida, com qualquer forma que tome, e nos adaptamos às mudanças — externas e internas — com a mesma naturalidade que aceitamos o nascer e o pôr do sol.

UM PASSEIO ADVAITA

Para experimentar *o que é*, sugiro que dê um passeio sem julgar absolutamente nada, nem o que há ao seu redor e nem você mesmo. Limite-se a caminhar, sinta a gravidade com cada passo, sinta a temperatura, a brisa, a luz, mas não classifique como *bom, ruim, bonito* ou *feio*. Experimente a dualidade que define a espiritualidade advaita. Abrace *o que é* a cada momento.

95

VÍCIOS INCONSCIENTES

S e entendêssemos a verdadeira causa da nossa inquietude, sorriríamos com a mesma compaixão com a qual olhamos para uma criança que se assusta ao ver uma faísca pela primeira vez, antes de abraçá-la com ternura.

No documentário *A sabedoria do trauma*, o professor Gabor Maté afirma que debaixo de muitas formas de sofrimento há um vício: agradar os outros, trabalhar sem descanso, preocupar-se de maneira constante... Para reconhecê-los e diagnosticá-los, ele sugere que respondamos a seguinte pergunta: *Quem está no comando, o indivíduo ou o comportamento?*

Ou podemos nos fazer uma pergunta ainda mais simples: se você percebe que está prejudicando a si mesmo ou aos outros, está disposto a parar?

Se você não pode renunciar a esse comportamento ou manter a promessa que fez a si mesmo, é um vício, afirma Maté em seu livro *No Reino dos fantasmas famintos*.

PAIXÃO OU VÍCIO

Seguindo a linha de raciocínio desse médico e autor de origem húngara, quando você não souber discernir entre algo que ama fazer e um vício, faça a si mesmo as seguintes perguntas:

- Sinto que tenho o controle dos meus atos? Tenho a liberdade de parar quando quiser?
- Domino essa conduta sem que essa conduta me domine?

- Cumpro minha promessa quando decido fazer algo diferente ao que essa paixão me leva a fazer?

Se a resposta for *não* a uma ou mais de uma dessas perguntas, trata-se de um vício do qual você deve se livrar.

96

A CARRUAGEM VAZIA

Existe um conto sobre uma menina que passeava com a avó por um campo sossegado e elas pararam em uma curva do caminho.

Sua avó então lhe perguntou:

— Está ouvindo o mesmo que eu?

A menina aguçou os ouvidos e logo disse:

— Ouço o barulho de uma carruagem.

— Isso mesmo — disse a avó. — É uma carruagem vazia.

— E como a senhora sabe? — perguntou a menina. — Ela ainda não passou aqui para que pudéssemos vê-la...

Nesse momento, a anciã sorriu e disse:

— É fácil saber se uma carruagem está vazia. Quanto mais vazia a carruagem, maior o seu barulho.

Esse conto é uma alegoria perfeita das pessoas que falam muito e interrompem a conversa das demais, mesmo que não tenham nada de importante a dizer. Quanto mais vazia a carruagem, mais estridente seu barulho.

COMPARTILHAR O SILÊNCIO

Um provérbio hindu diz: "Quando falares, cuida para que tuas palavras sejam melhores que o teu silêncio". Isso é algo que podemos fazer ao estarmos acompanhados.

Aliás, um traço de intimidade e harmonia entre duas ou mais pessoas é quando elas são capazes de compartilhar o silêncio sem se sentirem mal por isso.

ESPERAR FELIZ

A paciência parte do convencimento de que cada coisa tem seu momento e que na espera também descobrimos a importância daquilo que há de chegar.

Costumo dizer aos meus filhos que *paciência é esperar feliz.*

Brincando com a palavra paciência, um jornalista dizia que é *a ciência da paz.* Sem paciência, a cultura do imediato nos torna ansiosos, irritáveis, e nos sentimos esgotados facilmente. Com paciência, evitamos nos precipitar e não colocamos um *prazo* ao que deve acontecer.

Quando deixamos a pressa e as exigências para trás, o mundo se torna um lugar muito mais agradável e prazeroso. De repente, sentimos que temos mais tempo, porque aproveitamos cada minuto e cada hora.

Esperar feliz significa não perder a paciência, porque as coisas não acontecem hoje, e simplesmente desfrutar o caminho.

EXERCÍCIOS DE PACIÊNCIA

Há muitas práticas que nos ajudam a exercitar a paciência.

Vejamos três delas:

- Encomende um livro em uma pequena livraria e espere que entreguem, ao invés de pedi-lo pela internet com um simples clique.

- Vá a restaurantes de *slow food* onde tudo demora mais, porque cozinham alimentos frescos.

- Ouça com atenção o que estão dizendo a você ao invés de interromper ou começar a pensar no que vai responder. Isso também requer paciência.

98

SE EU NASCESSE DE NOVO...

Uma espécie de epitáfio falsamente atribuído a Borges começava assim:

> *Se eu pudesse viver novamente a minha vida, na próxima tentaria cometer mais erros. Não tentaria ser tão perfeito. Relaxaria mais. Seria ainda mais tolo do que tenho sido. Aliás, levaria pouquíssimas coisas a sério.*

Independentemente de quem tenha escrito esse texto, quero fazer uma pergunta: o que você faria de diferente se nascesse de novo?

Particularmente, acho que se voltasse no tempo, dedicaria mais tardes e noites convidando pessoas para conversarmos ao redor da minha mesa.

Desfrutar da companhia de pessoas bacanas, de seres humanos ricos em experiência, é um presente incrível que muitas vezes não damos o valor que merece.

A boa notícia é que você não precisa nascer de novo para fazer tudo isso. Você pode começar a desfrutar o melhor da vida a partir de agora.

QUANTO TEMPO LEVA PARA MUDAR?

No documentário *Eu não sou seu guru*, Tony Robbins se dirige à grande audiência e diz algo mais ou menos assim: mesmo que você esteja tentando mudar há dez anos, isso não significa que a mudança levará dez anos.

Mudar é uma questão de instante, só que, às vezes, demoramos dez anos para tomarmos essa decisão.

Que mudança você deseja introduzir em sua vida agora?

99

OS FILHOS COMO ESPELHO

Nossos filhos são um espelho daquilo que somos. Nos moldam com seus ensinamentos vitais e também nos mostram muito de nós mesmos.

Se você é pai ou mãe, com certeza mais de uma vez já reconheceu em seus filhos gestos ou atitudes que você tinha ou tem.

Caso não tenha tido filhos, é possível fazer o mesmo exercício observando os seus pais. O que herdamos deles, independentemente de gostarmos pouco ou muito?

A relação entre pais e filhos é um caminho de ida e volta cheio de autoconhecimento. Tanto se nos refletirmos no espelho de nossos pais como no de nossos filhos, ver no outro aquilo que somos nos engrandece e, justamente, nos permite mudar de perspectiva.

AJUDAR NOS AJUDA

Bert Hellinger, o criador das *Constelações Familiares*, dizia: "Nós, seres humanos, dependemos, sob todos os aspectos, da ajuda dos outros, como condição de nosso desenvolvimento. Ao mesmo tempo, precisamos também ajudar outras pessoas".

Se para crescer é necessário oferecer e receber ajuda, por um lado, você deve se perguntar como ajudar seu filho, seu pai, sua mãe, um irmão ou um parente para que possa desenvolver suas habilidades. Por outro, você deve aprender a pedir ajuda todas as vezes de que precisar.

100
COISAS PARA FAZER
ANTES DE MORRER

Você já deve ter ouvido falar de uma obra ou artigo sobre as coisas que devemos fazer antes de morrer, os 100 livros que todo mundo deveria ler ou os 100 filmes que não podemos perder de jeito nenhum.

Porém, essas listas são de outras pessoas e não há por que coincidir com seus gostos e prioridades. Considero mais interessante que você escreva sua própria lista sobre o que deseja fazer nesta vida.

Talvez se trate de uma viagem, de escrever um livro, de aprender um novo idioma ou de tocar um novo instrumento. Qualquer coisa que faça você se emocionar e mereça estar na sua lista. E você deveria colocar os meios para tentar cumpri-la.

Como dizia o escritor Mark Twain: "Daqui a vinte anos você estará mais decepcionado pelas coisas que não fez do que pelas coisas que fez. Então jogue fora as amarras, navegue para longe do porto seguro. Agarre o vento em suas velas. Explore. Sonhe. Descubra".

O que acha de começar colocando tudo por escrito?

PROCURE SUA TESTEMUNHA

Além de planejar por escrito, uma maneira de tornar realidade um determinado sonho de sua lista é nomear um amigo, parceiro ou parente como testemunha do seu propósito.

Conte-lhe a data de início e o que se compromete a fazer para realizá-lo. Seu papel será supervisar se você está cumprindo e repreender carinhosamente se for necessário.

101

UMA BELA SOLIDÃO

Você é uma boa companhia para si mesmo?

A solidão é um sentimento, um estado e, ao mesmo tempo, um espaço de liberdade. Um vazio e um todo a quem recorrer para acalmá-lo e preenchê-lo com sua essência.

Nessa quietude solitária, você apreciará os presentes que vêm de dentro e que, talvez, a companhia de elementos externos (não somente pessoas) impeça de identificar.

A solidão conecta você com o mais profundo de si mesmo e, ao mesmo tempo, com tudo que existe fora. Os japoneses chamam de *Yugen* esses momentos em que percebemos que não somos algo separado do universo, mas que *somos o universo*.

Da observação à integração do externo, é necessário passar momentos de solidão para depois caminhar com leveza em direção àqueles que precisam de você.

O existencialista Jean-Paul Sartre disse esta frase: "Se você sente tédio quando está sozinho, é porque está em péssima companhia".

PRATIQUE A SOLOSOFIA

O último livro da psicóloga Nika Vázquez, *Solosofia*, cria uma palavra nova para designar a arte de se estar sozinho em boa companhia consigo mesmo. O *solósofo* ou *solósofa* sabe desfrutar de atividades solitárias, com ou sem um companheiro ou uma família.

Sugiro algumas:

- Ir ao cinema sozinho, com a liberdade de se levantar e ir embora se o filme não for bom.

- Ir sozinho a um café ou a um parque para pensar, talvez com um caderno e uma caneta, sobre as questões da sua vida que agora mesmo interessam você.

- Inclusive, atreva-se a fazer uma viagem sozinho, na qual você descobrirá muitas coisas sobre si mesmo. Pode haver uma aventura maior?

102

ESQUEÇA O PASSADO

Há pessoas que não conseguem viver o presente com plenitude e fazer planos para o futuro, porque continuam presas ao passado.

Há muitas formas nas quais o passado pode nos reter, inclusive sem percebermos: velhos rancores dos quais não nos livramos, sentimento de culpa por coisas que poderíamos ter feito melhor ou de maneira diferente, uma nostalgia excessiva por uma época em que fomos felizes...

Para se livrar dessas amarras, você só tem que entender que o passado já passou. O que você aprendeu graças a ele e o que ama dessa época ficou para trás.

Você pode desejar com todas as suas forças voltar a esses lugares felizes, assim como foge dos lugares pouco agradáveis que fizeram você sofrer. Mas todos, todos eles, fazem parte do passado.

Solte-o e sentirá que sua vida vai avançar.

O CONSELHO DE PABLO D'ORS

Em sua exitosa *Biografia do silêncio*, esse padre e escritor espanhol nos dá uma dica para nos livrarmos da culpa em relação ao que fizemos ou fomos no passado:

No meu presente (...) não posso condenar quem fui no passado pelo simples motivo de que aquele que agora julgo e reprovo é outra pessoa. Agimos sempre de acordo com a sabedoria que temos em cada momento, se agimos mal é porque, pelo menos naquele momento, havia ignorância.

Portanto, perdoe-se. Com o que já aprendeu, você fará o melhor a partir de agora.

103

DESPREOCUPE-SE

Segundo um estudo realizado na Universidade Estadual da Pensilvânia, 90 por cento das coisas que nos preocupam nunca se tornam realidade.

Essa porcentagem aproximada foi obtida a partir de um grupo de pessoas que padeciam de ansiedade e que, durante um mês, foram escrevendo tudo que lhes preocupava.

Foi constatado que de 9 em cada 10 casos, seus temores eram totalmente injustificados, já que não ocorreram de fato. Portanto, se tratava de fantasias, projeções infundadas da mente.

Perceber isso lhes ajudou a desativar os ataques de ansiedade.

Se você é uma pessoa com tendência a se preocupar, leia sobre esse estudo e comece a utilizar seu tempo se ocupando, e não se *pre-ocupando*.

TERAPIA OCUPACIONAL

O psicólogo e escritor Antoni Bolinches garante que a melhor maneira de desativar as preocupações é tendo ocupações. Estar ocupado nos permite somatizar menos, diminui nosso nível de tensão, temos menos hipocondria...

Sempre que se sentir preocupado, você pode utilizar a terapia ocupacional. Ocupe-se bem, faça coisas de que goste ou que lhe interessem.

O lema deve ser: fazer mais e pensar menos.

104

AUTOCONHECIMENTO

A boa gestão educacional tem a ver com o conhecimento de si mesmo. Assim como não se pode amar uma pessoa sem conhecê-la e aceitar quem ela é, sem desejar que seja outra coisa, o amor-próprio também começa pela aceitação.

Ao reconhecer e aceitar suas emoções, sua forma de se relacionar com o mundo, seus sonhos e prioridades, você passa a se aceitar melhor.

Isso lhe dará paz mental, ao mesmo tempo em que permitirá que você evolua e viva com mais liberdade.

Invista seu valioso tempo em saber quem você é, o que é, e decida o que quer fazer com a sua vida. Faça de maneira honesta e comemore cada avanço, porque só as pessoas corajosas como você viverão de maneira plena e consciente.

QUEM SOU EU?

Em um *ashram*[2] em Arunachala, no sul da Índia, um místico fazia essa mesma pergunta a todos os seus estudantes, mas a resposta não podia ser o próprio nome, nem a profissão, nem a procedência familiar, nem qualquer outra convencionalidade.

Você se atreve a se questionar dessa maneira? Justamente um provérbio indiano diz que "só possuímos aquilo que não podemos perder em um naufrágio". O que você não poderia perder em um naufrágio? Nessa resposta, você encontrará a si mesmo.

---

2 Comunidade formada com o intuito de promover a evolução espiritual de seus membros, frequentemente orientada por um místico ou líder religioso.

105

DENTRO DAS SUAS POSSIBILIDADES

Em uma reflexão anterior, vimos como as pessoas que admiramos podem nos servir de inspiração para o autoaperfeiçoamento. Basta prestarmos atenção em suas virtudes e nos perguntarmos: o que essa pessoa faz que eu não faço?

Porém, é muito provável que o que você vê em outra pessoa já esteja em você. Acontece que ver em outra pessoa é mais fácil para você.

Quando identificar algo extraordinário em alguém, pergunte-se quanto dessa qualidade há em você. Seja positiva ou não tão agradável, pela lei do espelho, se você vê em outras pessoas, é bem possível que também esteja em você, por menor que seja.

Você só pode ver aquilo que conhece e só é possível trabalhar nisso quando o reconhece.

Sobre isso, o imperador e filósofo Marco Aurélio dizia:

> *Ainda que tuas forças pareçam insuficientes para a tarefa que tens diante de ti, não assumas que está fora do alcance dos poderes humanos. Se algo está dentro da capacidade do homem, crê: também está dentro de tuas possibilidades.*

O QUE FARIA EM SEU LUGAR?

Quando se sentir angustiado diante de uma situação incômoda, imagine que você é alguém que considera uma referência para você mesmo. Inclusive, pode ser um personagem histórico ou fictício. Pergunte-se: o que tal pessoa faria na minha situação? Assim que tiver a resposta, aja de acordo.

106

NADA ESTÁ PERDIDO

Quando você acredita que perdeu tudo, a vida vai surpreendê-lo. Talvez por conta própria, você descubra qualidades que não sabia que tinha, ou algumas pessoas lhe mostram como você é valioso.

Às vezes, temos que chegar ao fundo do poço para percebermos que somos como a ave Fênix, capazes de renascer das próprias cinzas.

Julio Cortázar explicou isso de uma maneira muito linda, ao dizer que "nada está perdido se tivermos coragem para proclamar que tudo está perdido e que devemos começar de novo".

Como em um processo alquímico, esse *tudo* que o escritor argentino menciona se transforma e cria novos *todos*, novas capacidades e prioridades.

AGORA POSSO VER A LUA

Há um aforismo às vezes atribuído ao zen, mas que parece pertencer a Karl Marx, diz: "Meu celeiro queimou. Agora eu posso ver a lua".

Quando você tiver algum contratempo, pergunte-se:

- O que ganho com essa perda?

- O que posso ver agora que antes não via?
- Que força eu tenho que só agora tenho consciência?
- Quais pessoas demonstraram ser importantes nesse momento difícil da minha vida?

107

DISCIPLINA

À medida que aprendo sobre mim mesma, percebo que preciso tanto de disciplina e ordem quanto de relaxamento e naturalidade.

Posso explicar com uma imagem gráfica: para mim, a disciplina é como soltar a linha da vara de pescar e esticá-la apenas o suficiente para que sempre esteja pronta para a vida. Não muito solta no carretel, para que a linha esteja firme e visível no horizonte. Assim, com a boia de pesca visível e flutuando, me deixo levar pelas correntes mais agradáveis que vêm de outros mares. Quero descobrir e aprender com elas.

Assim como o pescador à captura do inesperado, preciso das rotinas, que fazem de mim alguém constante e com essa capacidade de ver o novo para aprender com a vida.

PRIMEIRO O CORPO

Com frequência relacionamos as rotinas com o mental: atividades que têm a ver com a organização, a criatividade ou a boa gestão de tempo. Porém, uma rotina saudável deve começar pelo nosso veículo para a vida, e isso implica:

- Uma alimentação equilibrada e saudável;
- Exercício leve para tonificar o corpo;
- Não poupar horas de sono;
- Ter vida social e atividades de lazer para relaxar.

108

O QUE DEPENDE DE VOCÊ

Diante uma crise ou um dilema, você vai perceber que há situações que não dependem diretamente de você para serem solucionadas. Se você gastar energia com isso, será em vão.

Em vez disso, pergunte-se o que pode fazer com as questões que dependem de você e coloque a mão na massa o quanto antes.

Alguns milênios atrás, o filósofo estoico Epiteto explicou da seguinte forma:

> De todas as coisas existentes, algumas estão sob nosso poder e outras não (...)
>
> As coisas sob nosso poder são, por natureza, livres, nada podem detê-las nem limitá-las; já as coisas que não estão debaixo do nosso poder são fracas, servis, sujeitas a mil limitações, dependentes de outros fatores.

Essas sábias palavras nos mostram que devemos nos preocupar com o que de fato depende de nós e não desperdiçar energia naquilo em que não temos influência.

QUATRO VIRTUDES ESTOICAS

Para essa escola filosófica, há quatro virtudes cuja prática nos ajudará na arte de viver bem. São as seguintes:

1. *Sabedoria*. Para saber o que depende de nós e o que não.

2. *Temperança*. Para não levarmos a ferro e fogo o que acontece nem agirmos sem pensar.

3. *Justiça*. Para melhorar a forma de tratarmos as pessoas e a nós mesmos.

4. *Coragem*. Para não nos intimidarmos diante das mudanças e dos desafios e agir de acordo com aquilo que depende de nós.

109

NOSSA PEDRA DE TOQUE

As coisas mais difíceis também são as que mais nos ensinam, porque nos mostram qual é nosso ponto a ser trabalhado. Nesse sentido, as dificuldades são nossa *pedra de toque*.

Ao pé da letra, a pedra de toque é uma pedra dura e escura que serve para conhecer a pureza de um material. Por exemplo, ao esfregar o ouro e a prata. Em um segundo sentido, a pedra de toque é aquilo que nos permite avaliar nosso exato valor. Por exemplo, a de um navegador será a primeira grande tempestade que irá enfrentar ao comando do navio.

Ninguém gosta de que as coisas deem errado, mas com o tempo, vamos acabar agradecendo o fato de termos passado por determinadas situações.

O grande presente dos obstáculos é que, depois de superá-los, nos tornamos conscientes do que somos capazes, de qual é o nosso valor.

QUAL É O SEU PRÓXIMO DESAFIO?

O escritor e palestrante Álex Rovira disse que a coragem não é ausência do medo, mas a consciência de que vale a pena correr riscos.

Neste exercício, peço que se pergunte qual desafio você tem à sua frente que incentiva você a superar o seu medo.

110

AUTOGENTILEZA

Embora não seja um termo o qual estamos acostumados a ouvir, a *autogentileza* é um ritual excelente e comprovado para o bem-estar emocional.

Você vai se permitir ser gentil consigo mesmo ou quer continuar se questionando, se julgando e se castigando, como talvez tenha feito desde pequeno?

Há pouco tempo Nazareth Castellanos compartilhou um estudo feito em 2021 sobre o cérebro e a autogentileza. Em especial sobre as alterações cerebrais e as alterações psicológicas associadas e produzidas sobre o cultivo da autocompaixão.

E foi concluído que graças a autogentileza:

- Diminuímos nossa autocrítica e autojulgamento;
- Diminuímos o isolamento e nos relacionamos mais e melhor com os outros;
- Melhoramos nossa capacidade de ter plena atenção.

Em resumo, ser gentil consigo mesmo traz paz mental, concentração e bons relacionamentos.

O EFEITO PIGMALEÃO

De acordo com o Efeito Pigmaleão, a visão negativa sobre uma pessoa condiciona que tenhamos uma resposta igualmente negativa, se você quer beleza e gentileza para sua vida, comece cultivando essa visão sobre você mesmo.

Quando perceber que está sendo muito severo consigo mesmo, faça essa mudança de perspectiva.

111

O QUE A ÁRVORE DAVA

Há uma história sobre um rei que sempre mostrava seu jardim com orgulho. Até que um nobre visitante se atreveu a perguntar:

— É muito bonito, mas essa árvore solitária bem ali, ao lado do lago... que fruto ela dá?

Depois de pensar um instante, o rei admitiu:

— Temo que nenhum.

— Nenhum? Que árvore mais imprestável!

Consternado, ele pediu que chamassem o jardineiro e então lhe disse:

— Não é possível que essa árvore não dê frutos. Não quero nada imprestável em meu reino. Corte-a!

O jardineiro cumpriu a ordem com muita tristeza, já que sentia carinho por aquela árvore.

Naquele dia, o rei saiu para passear pelo lago. Fazia tanto calor que desejou parar para descansar, mas não soube onde. Então, percebeu que, apesar de a árvore não dar frutos, ela dava algo mais importante: sombra.

Todos e tudo ao nosso redor nos dão algo, e depende de nós sabermos valorizar e apreciar.

A GRATIDÃO NOS TORNA AMIGOS

Está provado que as pessoas que demonstram sua gratidão aos outros têm mais facilidade para fazer amigos e suas relações são mais duradouras. A quem e pelo que você pode agradecer hoje?

112

NÃO TENHA PRESSA

Não permita que apressem você. Às vezes é necessária uma pausa para decidir as coisas, sejam elas importantes ou não. Aliás, nosso próprio corpo nos informa quando precisamos desacelerar ou parar para admirarmos a paisagem; outra coisa é se iremos ouvi-lo.

Quando sentir que está cansado e confuso, se dê o tempo que achar necessário. Ninguém deveria pressionar você.

O romancista Marcel Proust dizia sobre o ritmo de cada pessoa:

> Os dias talvez sejam iguais para um relógio, mas não para um homem. Há dias acidentados e incômodos, e a gente leva um tempo infinito a transpor, e dias em declive pelos quais passamos a toda velocidade cantando. Para percorrer os dias, os temperamentos — particularmente aqueles que são um pouco nervosos — dispõem de automóveis, de velocidades diferentes.

RELAXE EM UM MINUTO

- Se você se sente cansado ou estressado, respire devagar e prenda o ar por 4 ou 5 segundos.
- Em seguida, solte-o de uma vez. Pode emitir um suspiro.
- Enquanto você exala, relaxe a mandíbula a os ombros.
- Repita essa série seis ou sete vezes e você se sentirá muito melhor.

113

REVEJA SEUS RELACIONAMENTOS

Você tem relações que alimentam a sua alma? Observe com atenção quem são seus amigos e as pessoas com quem você mantém contato nesse momento de sua vida, com as quais você troca mensagens e convive todos os dias. Com quem você mais interage e de que maneira? Que tipo de energia você envia e recebe e como você se sente durante o dia? Você sente falta de outro tipo de relacionamento, de outro tipo de conexão? Como poderia estabelecer esses tipos de relacionamentos de alta qualidade?

Somos o que vivemos, mas principalmente como e com quem vivemos. Portanto, nosso bem-estar, energia e inclusive nosso sucesso dependem do tipo de vínculos que criamos com as outras pessoas. Chamo isso de *criar belas conexões*.

TRÊS TIPOS DE VÍNCULO

Josep Pla, um escritor catalão da segunda metade do século XX, muito admirado por suas crônicas e ensaios, dizia que há três tipos de pessoas com as quais nos relacionamos: *amigos, conhecidos e as que apenas cumprimentamos*.

Uma forma de manejar nossos vínculos de uma maneira saudável é não confundirmos essas categorias e sermos seletivos ao escolhermos um amigo, já que são as pessoas que mais influenciam em nossa felicidade.

114

FEITO É MELHOR QUE PERFEITO

sso costuma ser dito àquelas pessoas que, de tão perfeccionistas, costumam prolongar ou adiar tudo, inclusive chegando ao que se conhece como *paralisia por análise*.

Às vezes, nosso ideal de excelência é tão complexo e ambicioso que acabamos não fazendo nada. Nesse caso, o perfeccionismo é só uma desculpa para não avançar.

Contra essa síndrome, as pessoas especialistas em produtividade recomendam começar pelo que se conhece como *mínimo viável*.

O mínimo viável é o mínimo de que você precisa para seguir em frente. Porém, você não deve ficar parado aí. A partir desse ponto, pode ir melhorando o que faz, porque já estará em movimento.

Portanto, a chave está no equilíbrio: nem ficarmos parados por medo de não fazer algo perfeito nem nos conformarmos com a primeira coisa que fizermos. Devemos sempre partir do mínimo viável como primeiro passo rumo à excelência.

TRÊS PERGUNTAS PARA PROGREDIR

Quando você se sentir paralisado, sugiro estas três perguntas para que siga em frente:

1. Por que é importante para mim o que estou fazendo?

2. Que nível ou meta desejo alcançar?

3. Qual é o próximo passo nessa direção?

A UTILIDADE DO MEDO

O medo tem muitos difamadores no âmbito do bem-estar emocional. E é verdade que, com frequência, ele nos impede de avançar e nos limita, mas também é uma defesa contra possíveis ameaças.

Inclusive, quando temos um temor injustificado, se o examinarmos com atenção, ele nos dará pistas de sua origem. Portanto, será útil para nos conhecermos melhor. Se nos aliarmos a ele, uma vez compreendido, pode ser uma catapulta para ir um pouco além de nós mesmos.

Mas como fazer isso? Agradecendo ao medo por tudo que ele nos ensinou e nos protegeu até agora, inclusive, desafiando-o a ficar durante um tempo para explorar outras áreas que desconhecemos.

Em relação a isso, a admirável Marie Curie se expressava dessa forma: "Nada na vida deve ser temido, somente compreendido. Agora é hora de compreender mais para temer menos".

TERAPIA DE EXPOSIÇÃO PROGRESSIVA

Segundo a psicologia condutista, em vez de evitar o que tememos — isso só reforça o medo —, a melhor maneira de superá-lo é nos expormos de forma progressiva ao que o causa. Por exemplo, alguém com fobia de andar de metrô, pode começar descendo com alguém até a plataforma por alguns minutos; logo deve fazer isso sozinho e depois pegar o metrô e percorrer uma estação. E assim, sucessivamente, até que a sensação positiva substitua a que causava a fobia.

Com o que você experimentaria esta terapia em sua vida?

116

AGORA EU

Francisco de Quevedo dizia: "Se puderes, vive para ti, pois ao morreres, morrerá apenas para ti".

E ele tinha razão, afinal, ninguém pode viver nossa existência por nós.

Por isso mesmo, não significa ser egoísta nem egocêntrico dizer *agora eu*. Não corresponde a mais ninguém escrever a nossa história. Quando percebermos isso, começamos de verdade a sermos os roteiristas, os atores e os diretores da nossa vida.

Pense... você é mesmo o diretor da sua vida ou vive de inércia e influências externas na hora de tomar suas decisões?

O *agora eu* implica escolher, assumir riscos, mudar de direção quando for necessário, começar de novo. Em resumo: viver.

SEU PRÓXIMO PONTO DE INFLEXÃO

Visualize sua biografia como se fosse um filme. Perceba todos os momentos nos quais você tomou decisões que causaram um giro em sua história. Quando chegar ao momento atual, pergunte-se qual será o próximo giro. Coloque as mãos na massa e acompanhe-o com seus atos e pensamentos.

O CAMINHO DO CORAÇÃO

Muitas vezes nos encontramos em uma encruzilhada vital e não temos certeza de qual caminho devemos seguir. Nesses momentos, há uma bússola que todos temos incorporada e que pode nos ajudar a definir o rumo.

Em seu clássico *Os ensinamentos de Don Juan*, Carlos Castaneda recebia do índio yaqui o seguinte aprendizado:

> *Esse caminho tem um coração? Se tiver, o caminho é bom, se não tiver, não serve. Ambos os caminhos não conduzem a parte alguma, mas um tem coração e o outro não. Um torna a viagem alegre, enquanto você o seguir, será um com ele. O outro o fará maldizer sua vida. Um o torna forte, o outro o enfraquece.*

O que o coração diz costuma ser o mais autêntico, um impulso que lhe dá força para empreender qualquer viagem ou projeto com coragem e determinação.

Não deixe de prestar atenção às mensagens que o seu coração manda para você todas as vezes que ele bate e afaste qualquer distração que impeça você de ouvi-lo em alto e bom tom.

DÊ OUVIDOS À SUA INTUIÇÃO

Definida como *a sensação ou suspeita de que algo vai acontecer*, a intuição é um sinal que surge do inconsciente, quando ele possui uma informação superior àquela manipulada pela mente consciente. É importante ouvir essas mensagens da intuição, porque muitas vezes são certeiras. Ouça-as.

118

O RIO DA MUDANÇA

Joe Dispenza, doutor em quiropraxia e estudioso da neurociência e da epigenética, ensina em seus cursos como criar novas redes neurais através da meditação.

Quando essas novas redes já estão formadas, chega o momento de levar essas redes à realidade. É aí que está o verdadeiro desafio. Dispenza explica dizendo que a rede é um rio, e ao atravessá-lo, você enfrentará dois perigos:

1. *As outras pessoas*, aquelas que estão acostumadas a nos ver agir e ser de determinada maneira, nossa mudança lhes causa inquietude. Por isso, enquanto você estiver nadando em direção a outra margem, alguns gritarão: *Aonde você vai, louco? Volta!*

2. *Seus próprios medos*. Mudar é tão incômodo como mergulhar em um rio de água gelada. É possível que quando chegue à metade do rio, você pense: *Como está fria*, e se sinta tentado a voltar à sua zona de conforto.

Dispenza aconselha que você não ouça a ninguém e muito menos seus próprios temores quando decidir mudar.

QUEM VOCÊ É SEM O SEU MEDO?

Nossos temores limitam e determinam o espaço que podemos ocupar, as coisas que podemos chegar a fazer. Por isso, quando decidimos desafiá-los e vamos com tudo, descobrimos quem somos de verdade. Você se atreve a experimentar?

119

O MOMENTO ADEQUADO

Estamos sempre esperando o momento adequado para fazer algo, mas parece que esse momento nunca chega. Aliás, é bem provável que você acredite que ele nunca chegue.

Vamos deixar essa ideia de lado.

Às vezes é o próprio momento que está esperando você. E há muito tempo. Você sabe e intui. Só tem que dar o próximo passo.

Aproveite esse momento que está olhando com vontade para você — talvez seja precisamente este — e está lhe dizendo que você não deve esperar mais.

A vida não espera.

Não espere o momento adequado e vá em frente.

Faça tudo aquilo que está destinado a fazer antes de morrer.

OS QUATRO CONSELHOS DE ELIZABETH KÜBLER-ROSS

Essa psiquiatra e escritora que trabalhou a maior parte da vida com moribundos nos dá estes valiosos conselhos para a vida:

1. Viva de tal forma que, ao olhar para trás, você não lamente ter desperdiçado sua existência;

2. Viva de tal forma que não se lamente pelas coisas que fez nem deseje ter agido de outra maneira;

3. Viva com sinceridade e plenitude.

4. Viva.

120

CADA INSTANTE VIVIDO

Como podemos medir a qualidade e a intensidade de nossa vida? Talvez a melhor maneira de fazer isso seja com a consciência de cada instante vivido.

Cada respiração, cada olhar, cada sentir corresponde ao poder de se ter uma vida plena e de aprendizagem que não é comparável a nenhuma outra.

Quando vivemos o presente com esse grau de consciência e realização, então o caminho em direção ao futuro se torna uma viagem agradável cheia de descobertas. Em relação a isso, Mihály Csíkszentmihályi, quem já mencionamos, acrescenta:

> Cada um tem uma imagem, por mais vaga que seja, do que gostaria de fazer antes de morrer. Até que ponto atingimos essa meta se torna a métrica para nossa qualidade de vida.

Porém, esse caminho rumo ao futuro é composto de milhões de instantes vividos, cada um deles é único e irrepetível. Você está aproveitando o momento presente?

PRATIQUE O FOCO

Aproveite o que vai fazer agora mesmo para exercitar a atenção plena. Coloque os cinco sentidos nessa atividade, por mais cotidiana, inclusive chata, que possa parecer. Transforme-a em uma meditação, provando a você mesmo que é capaz de transformar essa ação e esse momento no centro do seu universo.

121

O BOM DE SER BOM

Apesar de não serem abundantes nos meios de comunicação, devo admitir que as boas notícias me emocionam. Me comovo com a bondade, com a generosidade, com a empatia e com o amor do ser humano por tudo aquilo que está ao seu redor: pessoas, animais, natureza...

Descobrir heróis cotidianos que se preocupam com o bem-estar dos outros me devolve a fé na humanidade. Me faz sentir viva e me faz lembrar de que, no fundo, sou uma menina que acredita na capacidade do ser humano de amar, reparar e acompanhar na dor.

Se você também às vezes sente esta agradável sensação, sugiro um desafio: o que acha de assumir o papel de herói cotidiano, mesmo que seja com uma pequena ação, para dar esperança aos outros?

QUAL É O SEU GRÃO DE AREIA?

Madre Teresa de Calcutá dizia que muitas vezes sentimos que podemos contribuir apenas com um grão de areia no deserto, mas que o deserto seria menos sem esse grão. A partir dessa filosofia, sugiro os seguintes desafios:

- Com o que você pode contribuir no seu âmbito familiar para que tudo seja um pouco melhor?

- Qual pode ser o seu grão de areia em sua profissão para facilitar a vida dos outros?

- E, não menos importante, que pequena melhoria você pode fazer para se cuidar e se sentir melhor?

122

ESTRELAS INVISÍVEIS

Certo dia, pela primeira vez, vi o amanhecer com meu filho. Estávamos voltando do hospital, onde passamos a noite. Enquanto voltávamos de carro, só podíamos ver uma estrela no céu. Então, o sábio menino disse:

— Há estrelas que não vemos no céu, não é mesmo, mãe?

Me emocionei ao ouvi-lo, porque ele tinha toda razão: quantas coisas faltam para descobrirmos!

Paramos o carro à beira da estrada e descemos em um campo para observar melhor o céu noturno.

Graças a um aplicativo no celular que dá o nome dos astros, descobrimos uma quantidade infinita de constelações.

Todas estavam ali, também as que não podíamos ver. Luzes que nos faltam descobrir que podem nos servir de guia no momento menos esperado.

O mesmo acontece na vida cotidiana: há maravilhas que estão aí, mesmo que não as vejamos, esperando para serem descobertas.

O SOLVENTE UNIVERSAL DOS PROBLEMAS

A doutora em física quântica Sonia Fernández-Vidal, autora de muitas obras de divulgação científica, afirma que estudar o cosmos — através de um livro, de um documentário ou da simples observação — nos abstrai dos pequenos problemas da vida diária. Além disso, alimenta nossa curiosidade e capacidade de surpresa, sendo um incentivo a mais para levantarmos a cabeça e olharmos para o céu.

123

A VIDA ETERNA É AGORA

O jesuíta e terapeuta Anthony de Mello, grande conhecedor da Índia e autor de vários livros de relatos, nos deu esta reflexão sobre a velocidade:

No dia em que parar de correr, você chegará. (...) A vida eterna é agora, está aqui, e fomos confundidos quando nos falaram de um futuro esperado, enquanto vamos perdendo a maravilha da vida que está aqui neste momento. Perdemos a verdade.

De Mello disse que "o medo do futuro ou a esperança no futuro são os mesmos", são projeções do passado, e acrescenta:

Passo a passo, deixe tudo acontecer. (...) Viva livremente o agora, separado das lembranças que estão mortas; só há vida no presente e no que nele vamos descobrindo como realidade.

VOLTE

O grande inimigo do agora são as projeções. Quando sua consciência viaja ao passado ou ao futuro, pelo motivo que for, você deixa de aproveitar o que o presente está lhe oferecendo.

Sempre que perceber que isso está acontecendo, você pode dizer: *volte!*. E dedique-se ao que está acontecendo aqui e agora. A princípio, pode ser difícil, mas conforme você for praticando, será mais fácil voltar ao presente.

124

ÚNICO

Pode ser que ninguém tenha dito quando você era criança, mas venho lembrá-lo de uma coisa: você é um ser único. Único em tudo que faz, sente e pensa. Não é extraordinário?

Quando você se der conta de que é um ser fora de série, passa a protagonizar sua própria história.

Em sua autenticidade e personalidade genuína está a força para evoluir e dar o melhor de si em cada fase da vida, com os desafios propostos. Para isso, você deve praticar o autoconhecimento e a compreensão de suas capacidades.

O que pretende fazer com sua vida? Vai ficar só na vontade de descobrir tudo de autêntico que há em você e como poderia mudar o mundo?

PARA DESCOBRIR A AUTENTICIDADE EM VOCÊ

- Todas as manhãs, quando você se levantar, lembre-se de que não há ninguém como você e que você é o responsável por conduzir essa vida única.

- Quando perceber que está admirando uma qualidade em alguém que falta em você, mude o pensamento e pergunte-se o que você tem que a outra pessoa não tem.

- Entenda que aquilo que é seu é só seu. Admire sua personalidade única!

125

DAFO

No mundo empresarial se utiliza o que é denominado como *Análise DAFO*. Se trata de uma ferramenta para saber a situação de uma empresa ou projeto, mas também pode ser aplicada à pessoa. Vejamos o significado destas siglas:

- **D**ebilidades
- **A**meaças
- **F**ortalezas
- **O**portunidades

Algo que diferencia as pessoas de sucesso das outras é o hábito de revisar periodicamente sua situação. Para elas, a análise é também parte da tomada de decisões. Algumas vezes nem tudo vem do *universo*.

Estabeleça um DAFO de vez em quando para saber onde você está e como está. Ao fazer isso, investigue e procure pontos de vista alternativos sobre o assunto. Sem dúvida, encontrará informações que podem levar você a novos caminhos e soluções que nem sequer imagina.

SUAS PERGUNTAS DAFO

Escolha uma determinada pergunta ou assunto que o preocupa atualmente e faça as seguintes perguntas a si mesmo:

1. Quais são meus pontos fracos nesta situação? Como posso compensá-los?

2. Que ameaças poderão surgir se eu não fizer algo para evitar? Qual a primeira coisa que eu deveria fazer?

3. Quais são meus pontos fortes que devo potencializar a meu favor? Por onde devo começar?

4. Quais oportunidades essa situação me oferece?

126

SINCERICÍDIO

Talvez você já tenha ouvido falar da expressão *sincericídio*, que se refere a uma situação na qual queremos ser tão sinceros que acaba sendo um homicídio na autoestima e no orgulho das outras pessoas.

Pode ser ofensivo dar nossa opinião àquela pessoa que não nos pediu.

Muitas vezes damos a nossa opinião sobre as decisões ou circunstâncias alheias, pelo simples fato de reafirmar o que pensamos. Porém, o problema é que não se trata de nós, mas de outra pessoa com uma experiência e perspectiva sobre a vida totalmente diferentes da nossa.

Se ninguém pediu para você ser sincero, cuidado com a forma e a quem você dá opiniões e conselhos sobre a vida. Porque você pode causar um dano à pessoa, em vez de fazer o bem.

Na dúvida, ofereça um olhar gentil, o silêncio ou sua presença em vez de palavras *oniscientes*.

PEDIR AUTORIZAÇÃO

Dizem que os japoneses, antes de contar um problema, pedem autorização ao interlocutor para perturbar sua paz mental. Podemos utilizar essa mesma ação na hora de nos metermos na intimidade da outra pessoa.

Antes de falarmos algo, é prudente perguntar: *Você gostaria de saber a minha opinião sobre o que está vivendo?* Ou então: *Se em algum momento você quiser saber o que acho de tudo isso, é só me perguntar.*

127

SEJAMOS GRATOS

Contra a síndrome de pensar que tudo dá errado e que não há nada para se alegrar, um olhar positivo é capaz de desmontar qualquer fatalismo.

Um viajante que atravessou a Rússia inteira quase sem dinheiro explicou que seu segredo era não ter expectativas. Se tocava em uma casa e permitissem que ele dormisse na varanda, ele comemorava. Se abrissem a porta do estábulo, era uma verdadeira festa. E se, além disso, oferecessem algo para ele beber ou comer, ele se sentia abençoado pelos deuses.

Tudo tem a ver com as expectativas.

O simples fato de estarmos vivos, com todas as possibilidades ao nosso alcance, deveria nos inspirar gratidão.

Há dois milênios e meio, Buda se expressava dessa maneira aos monges que o acompanhavam em sua peregrinação:

Sejamos gratos, porque se nós não aprendemos muito,
pelo menos aprendemos um pouco,
e se não aprendemos um pouco, pelo menos não ficamos doentes,
e se ficamos doentes, pelo menos não morremos,
então, sejamos todos gratos.

WORST CASE SCENARIO

Há uma estratégia utilizada pelos estadunidenses quando enfrentam uma dificuldade. Eles se perguntam: *Qual é a pior coisa que poderia acontecer?* Depois de imaginar o pior cenário possível, qualquer coisa que aconteça relacionado a isso parecerá positivo.

128

COM O QUE VOCÊ SE IDENTIFICA?

A cada dia que passa, a vida profissional e a pessoal passam a ter uma relação mais próxima, fazendo com que muitos possam escolher trabalhos que os satisfaçam, os tornam mais felizes, transformando as horas de trabalho em algo criativo e gratificante. Nem sempre é assim, mas, felizmente, em muitas ocasiões, sim.

É bastante conhecida a passagem bíblica que diz: "Por seus frutos os conhecereis". E a partir disso faço as seguintes perguntas: *Somos o que fazemos? Como nos apegamos à nossa identidade profissional?*

Muitas vezes associamos identidade e ocupação. Sobre isso, a escritora afro-americana Toni Morrison explicou na revista *New Yorker* as conclusões às quais chegou depois de passar por empregos que lhe resultaram frustrantes:

1. *Você faz o trabalho, e não o contrário;*
2. *Sua vida real é com sua família;*
3. *Você não é seu trabalho. Você é a pessoa que você é.*

Muitas vezes nos apegamos ao que fazemos e muito pouco ao que somos e sentimos. Esse apego não deveria limitá-lo a ter consciência daquilo que você é

MODO ATUANTE E MODO EXISTENTE

Em seu livro *Atenção Plena: Mindfulness*, o dr. Mark Williams e a dra. Danny Penman resumem assim o que acontece em ambas as atitudes vitais:

Modo Atuante	Modo Existente
• Automatismo	• Capacidade de escolha
• Pensar, analisar	• Sentir
• Lutar, julgar, comparar	• Aceitar, observar
• Você se identifica com o pensamento	• Você se desidentifica dele
• Você evita emoções dolorosas	• Você se aproxima delas e as reconhece
• Seu tempo: o passado e o futuro	• Seu tempo: o presente
• Perda de energia	• Recarga de energia

129

O CREDO DO LOBO

Há nove leis para a vida, atribuídas aos indígenas norte-americanos, que foram inspiradas pelos lobos. São as seguintes:

1. *Respeite os mais velhos;*
2. *Ensine os mais novos;*
3. *Coopere com a alcateia;*
4. *Brinque quando puder;*
5. *Cace quando deve;*
6. *Descanse, entretanto;*
7. *Partilhe seus afetos;*
8. *Exprima seus sentimentos;*
9. *Deixe a sua marca.*

Sugiro que reflita sobre cada uma delas, entendendo como estão relacionadas à sua vida atual. De que maneira os lobos nos ensinam a viver melhor?

A PERGUNTA DE CLARISSA PINKOLA ESTÉS

Em uma das obras mais famosas da literatura inspiracional, a autora de *Mulheres que correm com os lobos*, recorre simbolicamente a esse animal para despertar a intuição e a criatividade inata em nós. Compartilho com você, para que tente responder uma das perguntas mais provocativas que encontramos no livro: "Ao que eu preciso dar mais morte hoje para gerar mais vida?".

130

FAÇA POR VOCÊ

Quando vivemos no piloto automático em vez de ouvir nossos próprios impulsos e prioridades, acabamos fazendo as coisas para agradar as outras pessoas.

Desde pequenos, procuramos o reconhecimento de nossos antecedentes, a aprovação para termos certeza de que estamos fazendo o certo. O problema é quando, de maneira inconsciente, seguimos alimentando essa conduta na vida adulta.

Para evitar sermos escravos da aprovação alheia, devemos nos reafirmar e reforçar os passos que damos sem dar importância demais ao que os outros possam dizer.

Para quem você faz o que faz? Espero e desejo que seja para você.

Por mais que consiga o reconhecimento externo, o importante é que você sempre caminhe em direção àquilo que o completa. Quando você faz isso, tudo faz sentido.

EXERCÍCIO DO ESPELHO

Olhe-se no espelho e pergunte a si mesmo:

1. Sou sincero e consequente com meus desejos, planos e prioridades?

2. Me coloco em primeiro lugar ou vivo em função do que as outras pessoas esperam?

3. Como posso ser mais eu e menos o que esperam que eu seja?

131

O TEMPO É RELATIVO

O tempo é uma mera percepção e, por isso, cada pessoa o vivencia de maneira distinta, mesmo parecendo que é igual para todos.

Dizem que uma vez pediram a Albert Einstein para que explicasse a teoria da relatividade de uma maneira simples, e ele respondeu que quando uma pessoa realiza uma tarefa que a desagrada, um minuto pode parecer uma hora, mas que, ao contrário, quando fluímos com algo pelo qual somos apaixonados e nos traz felicidade, uma hora parece um minuto.

Desse exemplo, deduzimos que há um tempo cronológico e outro psicológico. Se escolhemos atividades que nos façam desfrutar, o tempo adquire outra qualidade.

Somos o tempo em que vivemos e como o vivemos.

A PROVA DO MINUTO

Para que entenda como a percepção do tempo é subjetiva, se você tiver em suas mãos um relógio de ponteiros, sugiro que acompanhe com os olhos uma volta completa do ponteiro mais fino. Será o minuto mais demorado da sua vida.

Isso demonstra que a atenção influi na percepção e na qualidade do tempo.

132

SOU SUFICIENTE

Afaste de você a autoexigência por um instante. Se dê de presente a possibilidade de sentir que você é suficiente, independentemente do que faça ou deixe de fazer. Talvez assim você se liberte dos obstáculos que o impedem de avançar em suas relações e objetivos almejados.

Esteja ciente. Afirme-se com este mantra: *sou suficiente*.

Comemore o que fez e não lamente o que não pôde fazer.

O filósofo do século XIX Ralph Waldo Emerson, pioneiro dos livros de desenvolvimento pessoal, recomendava: "Termine cada dia e esteja contente com ele. Você fez o que pôde e amanhã é um novo dia".

Não seja duro consigo mesmo. Em vez de focar naquilo que ainda não foi feito ou naquilo que falta, comemore cada coisa que tenha conquistado. Isso dará a você motivação para seguir em frente.

A FÓRMULA DE CARY GRANT

Uma vez perguntaram a esse ator de Hollywood qual era seu segredo para se sentir feliz com a própria vida. Sua resposta, que podemos considerar um princípio vital foi a seguinte: "Minha fórmula para a vida é bastante simples. Eu me levanto de manhã e vou para a cama à noite. Nesse meio-tempo, me ocupo da melhor forma que posso".

133

O COMEÇO DA MUDANÇA

A possibilidade de mudar sua vida começa no mesmo instante em que você decide fazer isso.

Como você vai fazer é pessoal e dependerá das ferramentas que tiver em mãos. De qualquer forma, é uma aventura fascinante e cheia de descobertas e progressos.

Não adie aquilo que você deve ou quer fazer. Faça agora mesmo, já que você decidiu o que quer mudar e está se questionando sobre isso.

Esse já é o começo da mudança. Não se detenha.

Toda mudança exige uma determinação e força de vontade. Para conseguir essa força, questione-se até chegar ao motivo profundo que move você a essa mudança. Quanto mais claro estiver o motivo pelo qual você quer mudar, mais fácil será dar esse passo.

QUEM E O QUE SERÁ QUANDO VOCÊ CONSEGUIR?

Essa é uma boa pergunta que você pode fazer a si mesmo todas as vezes que sentir que sua motivação para enfrentar a mudança está decaindo. Pense em quem você se tornará e em que nova situação você estará quando tiver cumprido o que deseja alcançar. Com esse objetivo em mente, siga em frente.

134

A RAIVA DO BARQUEIRO

O monge vietnamita Thích Nhất Hạnh, que faleceu durante a pandemia, gostava de contar esta história:

Um homem estava remando em seu bote rio acima, em uma manhã muito nublada. De repente, viu que outro bote vinha rio abaixo sem tentar se esquivar.

Avançava bem em sua direção, então ele gritou: *Cuidado! Cuidado!* Mas o bote o atingiu em cheio e quase o fez naufragar.

Furioso, o homem começou a gritar grosserias ao outro navegante para que soubesse o que pensava dele. Porém, quando observou o bote mais de perto, percebeu que ele estava vazio.

A mensagem dessa fábula é que muitas vezes sentimos raiva de coisas que não são culpa de ninguém, elas simplesmente acontecem por azar. Se entendermos isso, evitaremos gritar à toa para um barco vazio.

O CARVÃO ARDENTE DA RAIVA

Sempre que sentir que a fúria está se apoderando de você, lembre-se da frase de Buda: "Persistir na raiva é como apanhar um pedaço de carvão quente com a intenção de o atirar em alguém. É sempre quem levanta a pedra que se queima".

Para preservar a calma e não *se queimar,* não prolongue a raiva e vire a página.

135

HÁBITOS

Para muitas pessoas, a simples ideia de criar novas rotinas e hábitos apresenta certa dificuldade, sendo um compromisso difícil de assumir. Como romper esse bloqueio que às vezes nos impede de transformar nossa vida?

Por um lado, temos a motivação de como você se sentirá quando tiver conseguido. Essa motivação lhe dará forças para seguir em frente, porque esses novos hábitos são os que levarão você a ter uma vida nova e livre.

Por outro lado, substituir hábitos por outros é uma questão de prioridades. É como encher seu carrinho de compras e deixar de fora os alimentos que são tentadores, mas que não lhe convêm. Mantenha longe aqueles hábitos que não levam você a lugar nenhum. Aqueles que só conseguem desestabilizá-lo e o afastam daquilo que você quer ser e conseguir.

UM DIÁRIO DE HÁBITOS

1. Separe um caderno exclusivo para trabalhar os hábitos que você quer eliminar.

2. Em todas as páginas, do lado esquerdo, anote os hábitos negativos dos quais quer se livrar e seus avanços nesse sentido.

3. Do lado direito, escreva aqueles novos hábitos que quer incorporar.

4. Não queira mudar tudo ao mesmo tempo. Concentre-se em um só tema e não passe para o próximo enquanto não tiver consolidado tal mudança.

136

VOCÊ TEM TALENTO

Todos temos algum talento. O que acontece é que podemos não estar cientes disso, podemos tê-lo escondido sob o medo, sob as dúvidas e os julgamentos externos e internos.

Sir Ken Robinson dizia que é absurdo ensinar todas as crianças da mesma forma, em uma educação uniforme, sem averiguarmos antes qual é a capacidade especial de cada pequenino.

Como desvendar, mesmo na idade adulta, esses dons que mostrarão a você o caminho original de quem você é?

Segundo Robinson, um caminho é a tentativa e erro da ciência: "Se você não estiver preparado para errar, nunca fará nada original".

Atreva-se a experimentar novos caminhos, assim você descobrirá seu talento especial, aquilo que sempre quis ser.

NUNCA É TARDE

É possível que você ainda não tenha desenvolvido sua genialidade, porque alguém o convenceu de que aquilo que queria era apenas um sonho inalcançável. Você acreditou, quase se convenceu. Essa pessoa fez com que você acreditasse nisso, porque no fundo, ela também tinha os próprios medos, dúvidas e julgamentos.

E se você se der uma nova oportunidade?

Como afirmava a romancista George Eliot: "Nunca é tarde demais para ser o que você poderia ter sido".

137

A CATEDRAL

Há uma história que se conta sobre a construção da catedral de Londres que considero muito relevante, porque fala da força do propósito.

Seu arquiteto, Christopher Wren, decidiu visitar a pedreira de forma anônima para observar os empregados. Ele prestou atenção em três deles. Um trabalhava de forma deficiente, o outro do jeito certo e o terceiro com uma força e uma paixão extraordinárias. Intrigado, ele se aproximou do primeiro e perguntou:

— Bom dia, a que o senhor se dedica?

— Não está vendo? Trabalho se sol a sol picando pedra. Não vejo a hora de terminar!

Então, o arquiteto repetiu a pergunta para o segundo, que respondeu:

— Ganho meu salário de forma honesta para sustentar minha esposa e meus filhos. Faço o melhor que posso.

Finalmente se dirigiu ao terceiro:

— Bom dia, a que o senhor se dedica?

O empregado levantou a cabeça e, cheio de orgulho, respondeu:

— Estou construindo a catedral de Londres, cavalheiro.

O QUE, COMO E POR QUÊ

O palestrante Simon Sinek disse que há três níveis de excelência naquilo que fazemos:

1. Há pessoas que sabem O QUE fazem. É o nível mais baixo.

2. Outras sabem COMO fazem. É uma etapa intermediária.

3. A excelência pertence àquelas que sabem POR QUE fazem.

Sempre que fizer algo muito importante, se pergunte em qual dos três níveis está operando.

138

LET IT BE

Na escola nos ensinam a adquirir conhecimentos, a passar nas provas e a nos relacionarmos com outras pessoas, mas também deveriam nos ensinar a perder, a deixar ir aquilo que já não nos faz bem.

Ao longo da vida, percebemos que há pessoas ao nosso redor que não são as mais adequadas para se viver em harmonia. Talvez seja porque nos alteram em nosso dia a dia ou porque precisam seguir seu caminho para crescer.

Às vezes, devemos deixar ir alguém que amamos, nos afastarmos dessa pessoa, mesmo sabendo que sentiremos sua falta. Será bom para ambas as partes. Ainda mais se expressarmos esse desejo com carinho.

Paul McCartney escreveu *Let it be* depois de sonhar com sua mãe, que o aconselhou a *deixar ir* aquilo que, depois de anos de felicidade, estava incomodando a ele e a seus companheiros. Seria o fim dos Beatles.

TRÊS PASSOS PARA TERMINAR

Se sente que deve dar por terminada uma relação, uma amizade ou um projeto compartilhado, você pode fazer isso de uma maneira bonita e saudável, mesmo que a princípio não seja compreendido:

1. Explique com serenidade os motivos pelos quais não deseja seguir em frente;

2. Agradeça tudo que viveram e aprenderam juntos;

3. Deseje de coração boa sorte à outra pessoa naquilo a que ela estiver se dedicando.

139

AUTOLIDERANÇA

Gosto de dizer que um líder é generoso quando compartilha seus conhecimentos e inquietações e influencia aqueles que o cercam através da empatia e do entusiasmo. •

Isso não é exclusivo do mundo empresarial. Todos tivemos algum professor ou professora que nos contagiou com o amor pela sua matéria dessa maneira.

Porém, a liderança não termina aí. Você pode aplicá-la em sua própria vida. Praticar a autoliderança significa ser generoso, empático e entusiasta com você mesmo. Desse modo, você poderá viver cheio de inspiração.

Trate-se como aquilo que você é: o mestre e o guia de sua própria vida.

Quem não sabe liderar a si mesmo também não poderá liderar os outros. Portanto, comece assumindo as rédeas da própria vida.

A LIDERANÇA SEGUNDO JACINDA ARDERN

A neozelandesa que, com 37 anos, se tornou a ministra mais jovem da história foi considerada pela imprensa internacional como *a líder mais eficiente do mundo*. Esta é sua definição de liderança:

Para mim, liderança não se trata necessariamente de ser a pessoa mais barulhenta da ala, mas de ser a ponte, ou ser o que está faltando na discussão e tentar construir um consenso a partir daí.

140

MATURIDADE

O professor Juan José Zacarés, cujo doutorado se referia à maturidade psicológica, afirma que o verdadeiro sentido do crescimento é a transformação naquilo que cada um é de verdade.

Isso implica o desenvolvimento de nossas potencialidades, de tudo aquilo que nos torna únicos e irrepetíveis. Em suas palavras:

> *A maturidade como plenitude da existência não é mais uma fase ou etapa do desenvolvimento, mas uma conquista individual. Todos os indivíduos atingem a idade adulta, mas nem todos atingem a maturidade pessoal.*

Alcançar essa maturidade implica agir com liberdade e responsabilidade, tendo consciência dos resultados de nossas decisões.

Além disso, uma pessoa madura não depende da aprovação dos demais e sabe manter a calma em meio às tempestades.

AS CINCO CHAVES DA MATURIDADE

Para avaliar o grau de maturidade de uma pessoa, começando por si mesma, segundo um estudo publicado na revista *Annals of Psychology*, essas cinco qualidades devem estar presentes:

1. *Realismo.* Ser capaz de encarar os acontecimentos de frente sem se deixar levar por interpretações;

2. *Equilíbrio.* As emoções não sobem e descem como uma montanha-russa;

3. *Naturalidade.* Mostre-se como você é, sem querer aparentar outra coisa;

4. *Entusiasmo.* Facilidade para se motivar diante de um projeto;

5. *Capacidade de adaptação.* Ser flexível e saber improvisar.

141

O PASSADO PRESENTE

Você é daqueles que vive apegado ao passado ou, ao contrário, tende a focar no futuro? Neste segundo caso, sua energia mental se projeta naquilo que você desejaria criar. Você foca bastante em um futuro promissor. Porém, tem certeza de que se desprendeu do passado?

Talvez você faça planos se baseando em um conhecimento antigo, a partir de resultados que já conseguiu. Nesse caso, devo dizer que talvez você não tenha deixado o passado completamente de lado.

Lembre-se: o futuro nunca chega se o passado estiver presente.

Para se projetar no futuro, a partir de agora, livre-se de fardos e expectativas, imagine que sua vida é uma folha em branco, o primeiro capítulo de um livro novo.

Livre-se de tudo aquilo que tem sido um impedimento para que você possa avançar. Afinal de contas, o futuro se constrói a partir do presente, com cada pequena ação, palavra e pensamento.

METAS *SMART*

É um modelo iniciado na década de 1980 por George T. Doran, a palavra que em português significa esperto ou inteligente serve para definir as cinco características para se alcançar os objetivos:

ESPECÍFICO (em inglês, *specific*). Quer dizer, o mais concreto possível.

MENSURÁVEL. Nosso progresso em relação a esse objetivo deve ser quantificado.

ATINGÍVEL. Entendido como realista e assumível.

RELEVANTE. Deve ser motivador, importante e até desafiador.

TEMPORAL. Deve ter data de início e finalização.

142

APONTE PARA SI MESMO

Para aqueles que vivem empenhados na impossível tarefa de mudar as pessoas, há um livro zen que dá uma dica importante sobre onde devemos focar nossa excelência.

Se chama *A arte cavalheiresca do arqueiro zen* e seu autor, o alemão Eugen Herrigel, que publicou em 1948 as principais lições aprendidas como discípulo de um grande mestre de *kyudo*, nome dado a essa disciplina no Japão.

Esta é a conclusão a que o autor chegou, após viver vários anos no país nipônico:

> *O atirador aponta para si mesmo e talvez em si mesmo consiga acertar. Arco e flecha são apenas auxiliares para o arqueiro dar o salto último e decisivo. (...) Então se dá o último e excelso fato; a arte deixa de ser arte, o tiro deixa de ser tiro, pois será um tiro sem arco e sem flecha; o mestre volta a ser discípulo, o iniciado, um principiante, o fim, um começo e o começo, consumação.*

Assim, ele nos ensinou que o verdadeiro alvo a quem devemos apontar é a nós mesmos, se quisermos um mundo melhor.

QUAL É O SEU ALVO PARTICULAR?

De todos os âmbitos da sua vida — econômico, familiar, cuidado pessoal, carreira, espiritualidade... — determine qual você deixou mais de lado. Guie seu alvo através das flechas dos hábitos, até o centro dessa área que você quer melhorar.

143

ESCOLHA O MAIS DIFÍCIL

Em momentos de mudança, você terá que tomar decisões complicadas. São momentos nos quais o que você fizer determinará o novo rumo da sua vida.

Por esse motivo, se você iniciar uma nova jornada, se vai criar outra vida, de todas as metas que traçou, escolha primeiro a mais difícil de ser realizada. Só assim você acostumará a se superar e seus limites se ampliarão cada vez mais.

Há uma frase atribuída ao corpo de engenheiros dos Estados Unidos que diz: "O difícil fazemos de imediato, o impossível leva mais tempo".

Considero um lema esplêndido para os momentos de grande exigência que a vida nos traz, já que o *difícil* é considerado dentro da normalidade, e o *impossível*, dentro da normalidade com um pouco mais de tempo e experiência.

DESMONTE A DIFICULDADE

Imagine que o desafio que você está enfrentando agora esteja sentado no divã e você possa questioná-lo dessa maneira:

1. Quem decidiu que isso é *difícil*?

2. É difícil para qualquer pessoa ou é difícil só para mim?

3. De que maneira uma pessoa que não o considera difícil agiria?

4. O que preciso para agir do mesmo modo e tornar fácil o que é considerado difícil?

144

UM OLHAR AMPLO

Conjugar o mundo em primeira pessoa do singular é algo perverso. Lamento ser tão direta. A essa altura da vida, você vai permitir que sua mente dê apenas uma olhada ao seu redor?

Olhar a realidade de uma única perspectiva é como ouvir uma sinfonia que tem múltiplas matizes e texturas em áudio mono.

No fundo, todos sabemos que se trata de outra coisa. Se trata de observar, entender, integrar e evoluir com o aprendizado. Diga à sua mente que você é muito mais que suas circunstâncias, que você tem capacidade de escolha e um olhar amplo sobre todas as perspectivas possíveis.

SE COLOQUE NO LUGAR DO OUTRO

Segundo Ken Wilber, escritor e pioneiro da psicologia transpessoal, "a pessoa mais evoluída é aquela capaz de se colocar no lugar de qualquer tipo de pessoa".

Sempre que você se sentir irritado ou decepcionado com uma pessoa, pense em sua vida e em sua situação. Isso permitirá que você compreenda por que ela pensa, fala e age dessa forma.

145

O DOM DE INSPIRAR

Você tem o dom de influenciar tudo ao seu redor. Mais pessoas do que imagina. Você tem a capacidade de expandir seus talentos e inspirar os demais.

Porém, para compartilhar tudo isso que lhe foi dado, primeiro você deve saber como se conectar de maneira inteligente com os outros. Em seu clássico *Como fazer amigos e influenciar pessoas*, que vem sendo reeditado desde 1936, Dale Carnegie nos dá algumas recomendações:

- Nos relacionamentos, os melhores resultados são conquistados mais com elogios do que com repreensões;
- Se quiser corrigir alguém, comece por você mesmo;
- Deixe a outra pessoa falar, demonstrar interesse pelos problemas das pessoas é a chave para o coração delas;
- É mais fácil fazer amizades se interessando mais pelas outras pessoas do que tentando fazer com que as pessoas se interessem por você.

EVITE CRITICAR

Uma regra de ouro no método Carnegie é nunca censurar os outros, já que a única coisa que vai conseguir é que a outra pessoa se coloque na defensiva e se justifique, além de causar ressentimento. Segundo suas próprias palavras: "Qualquer tonto pode criticar, condenar e se queixar, e a maioria dos idiotas faz isso".

146

ENERGIA QUE SE TRANSFORMA

Seja o que for que estiver sentindo, entenda que é temporário. Este é o momento para começar a soltar. Pode deixar ir, e ao fazer isso, você vai se sentir melhor.

As emoções são uma energia que se transforma e você deve acolhê-las. Se você simplesmente tirá-las da sua vida, ignorando-as, elas voltarão para o *acerto de contas*, igual a um vizinho reclamão que precisa ser ouvido.

Dê atenção a elas e lembre-se de que é você quem manda.

Seja o que for que esteja doendo nesse instante, vai passar. Sorria, não desanime e siga em frente! Como dizia Marilyn Monroe: "Mantenha a cabeça erguida e o mais importante, sempre sorria, porque a vida é linda e há muitos motivos para sorrir".

DOZE MÚSCULOS MILAGROSOS

Sempre que sorrimos, movemos doze músculos que ativam uma verdadeira alquimia no estado de ânimo. Segundo diferentes estudos realizados, ao sorrir, diminuímos o estresse e a dor, promovemos a confiança e aumentamos, inclusive, nossa própria imunidade.

Portanto, sorria, por favor!

147

QUAL É O SEGREDO DA FELICIDADE?

Essa é a pergunta feita pelo protagonista de *A viagem de Heitor*, um livro escrito por François Lelord, no qual um jovem psicoterapeuta se propõe a descobrir por que seus pacientes não conseguem ser felizes.

Com esse objetivo, ele começa a viajar e conversar com todo tipo de pessoas que parecem viver com alegria. E é assim que descobre que a felicidade, entre outras coisas, é…

- algo que muitas vezes chega de surpresa;
- uma caminhada por montanhas desconhecidas;
- estar junto às pessoas queridas;
- ter um trabalho de que se gosta;
- simplesmente se divertir;
- uma forma de ver as coisas;
- fazer os outros felizes.

Talvez esta última dica seja a mais importante, e além disso, todos podemos realizá-la de diferentes maneiras.

UMA PESSOA POR DIA

Se fazer os outros felizes nos traz felicidade, sugiro que todos os dias você procure de forma consciente uma oportunidade para fazer alguém feliz. Você tem mil maneiras ao seu alcance, lhe darei quatro exemplos:

- Ouvir e animar alguém que está passando por um momento difícil;

- Dar um livro de presente para quem precisa de inspiração;
- Fazer as pessoas ao seu redor rirem com uma história engraçada;
- Dizer a uma pessoa próxima o que lhe agrada nela e como ela é importante para você.

148

SUA CAPACIDADE DE PENSAR

Meu admirado Sergi Torres nos convida a refletir sobre esta ideia por um instante: "Sua capacidade de pensar é muito maior do que você pensa".

E acrescenta: "O ser humano desconhece sua capacidade de pensar, porque está preso em sua forma de pensar. Sua capacidade de pensar é diferente dos seus pensamentos".

Uma coisa é aquilo que somos, outra, o que podemos ser, e o mesmo acontece na esfera do pensamento. O fato de até agora termos agido de uma determinada maneira, não significa que não possamos agir de outra.

Podemos agir de forma mais brilhante e mais profunda.

Só me resta dizer *Amém* e continuar minha existência, agindo com o máximo de consciência.

AS TRÊS PERGUNTAS DE SERGI TORRES

Em seu livro *Saltar no vazio*, esse jovem professor diz que "aparentamos saber muito sobre a vida, mas não passamos nem nas três primeiras perguntas do teste". São elas:

1. Quem é você?

2. Por que você está vivo neste mundo?

3. Qual é a sua função dentro da vida?

Faça o exercício de respondê-las para expandir seu pensamento.

149

ENTRAR NA ZONA

Ao executar qualquer tarefa, podemos chegar a um grau de excelência em que tudo parece fluir de maneira impecável. Você não quer parar, porque percebe como está progredindo nesse momento.

Chamo isso de *entrar na zona*.

Gosto de identificá-lo, aproveitá-lo e, se possível, me agarro a esse instante, integrando as sensações que chegam a mim, tanto física como mentalmente.

Tento descobrir o que pode ter acontecido. O que aconteceu para eu ter entrado nessa zona tão produtiva?

Incentivo você a também descobrir o que o faz *entrar na zona*, do que você precisa para conseguir esse excelente grau de concentração e fluidez naquilo que está fazendo.

DEDIQUE TODA A SUA ATENÇÃO

Segundo Mihály Csíkszentmihályi, o autor de *Flow* de quem já falamos, "é impossível desfrutar de uma partida de tênis, de um livro ou de uma conversa, a menos que a atenção esteja totalmente na atividade".

Essa também é uma das chaves para *entrar na zona*. Portanto, afaste qualquer distração (coloque seu celular no modo *silencioso*) quando for fazer algo importante para você.

150

O PROPÓSITO DA VIDA

Ultimamente muito tem se falado da importância de encontrar o propósito da vida. Talvez, por isso, aqueles que não conseguem encontrá-lo acabam se frustrando e não se sentem de todo realizados.

Para consegui-lo, podemos começar do pequeno para o grande, dar ao momento presente a possibilidade de que nos inspire desde as coisas cotidianas mais simples. O propósito da vida começa, muitas vezes, com pequenas coisas que podemos fazer todos os dias.

Em vez de se preocupar pensando em metas inatingíveis, permita que o que está próximo seja o ponto de partida.

Por si, viver já é uma grande motivação. É se expandir e se surpreender todos os dias. Portanto, entenda que o propósito já foi dado a você, embora talvez ainda o esteja procurando.

Talvez se você parar de procurá-lo, o encontrará nas coisas mais simples. Permita que o propósito pegue você pela mão, e enquanto isso, aproxime-se do que mais o inspira.

CINCO DICAS PARA DESCOBRIR SEU *IKIGAI*

Francesc Miralles e Héctor García, coautores do best-seller *Ikigai: Os segredos dos japoneses para uma vida longa e feliz*, sugerem diferentes caminhos para encontrar o propósito da vida:

1. Faça um ranking das atividades nas quais você flui. A que estiver no topo pode ser seu *ikigai*;

2. Determine qual é seu elemento, a atividade ou situação na qual você dá o melhor de si mesmo;

3. Escreva todas as coisas que você detesta fazer. O que elas têm em comum? Vá ao oposto. Através do que não gosta, você chega ao que gosta;

4. Lembre quem você era e o que sonhava na sua infância, já que as crianças estão naturalmente unidas ao seu *ikigai*;

5. Pratique o *método de tentativa e erro*. Esteja aberto ao máximo de experiências e conheça novas pessoas.

RECUPERAR OS SONHOS DE INFÂNCIA

Em uma das palestras mais emocionantes e inspiradoras dos últimos tempos, junto a de Steve Jobs em Stanford, o professor de ciência da computação Randy Pausch se dirigiu aos estudantes da Universidade Carnegie Mellon para lhes oferecer uma última lição.

Depois de explicar que padecia de um câncer terminal, sua palestra se referia a como tornar realidade os sonhos de infância, ao que Pausch dedicou os últimos meses de sua vida. Em suas palavras:

> *A primeira vez que fiz uma lista com meus sonhos, eu tinha apenas 8 anos. Trinta anos depois, essa lista continua me servindo para muitos propósitos. E sei qual é o truque: não se trata de saber como tornar seus sonhos realidades, mas de viver sua própria vida. Se você conduz a vida de maneira correta, não terá que perseguir nada, porque os sonhos virão até você.*

RESGATE UM SONHO DE INFÂNCIA

Seguindo o emocionante exemplo do autor de *A lição final*, título dado ao livro sobre sua última palestra, sugiro que faça a lista dos sonhos que tinha em sua infância. Escolha pelo menos um, o que considere mais motivador, para realizá-lo nesse momento da sua vida.

152

A TERAPIA DOS ARMÁRIOS

É esse o nome que dou quando organizo meus armários, porque quando arrumo, planejo, decido, priorizo, seleciono, retiro, separo, arrumo, limpo e recoloco, sinto que faço o mesmo com minha vida. Como dois vasos em comunicação, a ordem exterior propicia a interior.

Já mencionei Marie Kondo em outra parte do livro ao falar de ordem e arrumação, mas com a terapia dos armários, vamos colocá-la em prática.

Sei que é algo muito pessoal, mas colocando as coisas em seu lugar, retirando o que já não uso, consigo apreciar o que valorizo. Dou a cada coisa a importância devida e, em muitas ocasiões, essa atividade me permite abrir espaço para as coisas que estão por vir.

Sem medo, atreva-se a dar sentido a esses cabides, gavetas e prateleiras em todos os aspectos da sua vida. Seja a Marie Kondo da sua própria vida.

O MÉTODO DAVE PARA LIBERAR ESPAÇO

Em seu livro *Simplifique sua vida*, Elaine St. James, compartilha este truque para parar de acumular e criar novos espaços:

Nosso amigo Dave menciona a utilidade deste método para nos livrarmos de coisas de que não precisamos mais, mas que somos incapazes de jogar fora. Guarde-as com uma etiqueta indicando uma data posterior, dois ou três anos, mas não especifique o conteúdo. Guarde a caixa no sótão, no porão, ou onde você achar conveniente. Uma vez por ano, verifique as etiquetas. Quando perceber que a data de validade de uma caixa já passou, jogue-a fora sem abri-la. Como você não sabe o que tem dentro, nunca sentirá falta.

153

ATÉ QUE A MORTE NOS SEPARE

As obras românticas clássicas falam de amor eterno entre dois seres humanos. Mas e quanto ao amor que devemos sentir por nós mesmos?

Oscar Wilde dizia que "amar a si mesmo é o começo de uma aventura que dura a vida inteira". Aliás, sem esse tipo de amor também não é possível existir relacionamentos saudáveis com as outras pessoas.

Portanto, ame-se pelo resto da vida, é um acordo que deve ser feito com você mesmo.

No jogo da vida, esta é uma regra fundamental: se você vai viver consigo mesmo (com seu corpo, sua mente e seu espírito) até que a morte os separe, na saúde e na doença, na alegria e na tristeza, você promete se cuidar e se amar para sempre?

TRÊS CUIDADOS PARA A AUTOESTIMA

Para realizar esse propósito, o bom seria que a cada certo tempo, fizéssemos uma análise de como estamos tratando nossas três dimensões como ser humano:

1. CORPO. Estou me nutrindo de forma saudável e consciente? Exercito meu corpo e dou a ele o descanso que merece?

2. MENTE. Mantenho o músculo da curiosidade ativo? Me dou tempo e espaço para aprender coisas novas?

3. ESPÍRITO. Procuro espaços para cultivar o silêncio e a conexão com a natureza, com o universo?

154

ENVELHECER E CRESCER

Em um de seus vários textos, Osho fez a seguinte reflexão:

Envelhecer, qualquer animal é capaz; desenvolver-se é prerrogativa dos seres humanos. (...) Crescer significa penetrar, a cada momento mais fundo, nos princípios da vida.

Sem dúvidas, um dos privilégios de envelhecer é que adquirimos um olhar mais sábio sobre a vida e sobre nós mesmos. Esse mestre polêmico e, ao mesmo tempo, um brilhante escritor hindu nos explica:

Para crescer, apenas observe uma árvore. À medida que a árvore cresce, suas raízes se aprofundam. Existe um equilíbrio: quanto mais alto a árvore cresce, mais fundo suas raízes crescerão. Você não pode ter uma árvore de cinquenta metros de altura com raízes pequenas, elas não poderiam sustentar uma árvore tão imensa. Na vida, crescer significa aprofundar-se dentro de si mesmo; é aí que suas raízes se encontram.

OS PRESENTES DA MATURIDADE

Para que perceba como você está crescendo por dentro, faça a si mesmo as seguintes perguntas:

1. Que coisas você temia ou o preocupavam quando era mais jovem e que agora não preocupam mais?

2. Quais eram suas prioridades antes e quais são agora?

3. O que você aprendeu de mais importante com a maturidade?

155

A SABEDORIA DE ACOMPANHAR

Com certeza você deve procurar seu próprio caminho e entender a si mesmo. Estar a sós consigo e crescer de forma consciente. Mas o que o mundo espera de você?

A sabedoria é a interseção entre o que você espera da vida e o que a vida espera de você.

Você já deve ter percorrido um longo caminho e sabe que não se trata apenas de se sentir bem e *se encontrar*. Também se trata de acompanhar outras pessoas para entender o caminho delas e, assim, sentir-se útil, para entender o seu.

Um mestre zen dizia que se retirar do mundo, viver no topo de uma montanha como ermitão, é muito mais fácil que se misturar com as pessoas da cidade. Seu nível de consciência marca como são suas relações, sua compreensão e capacidade de ajuda, já que os outros são um espelho de quem você é hoje.

SEU CÍRCULO SOCIAL

O especialista em comunicação Ferran Ramon-Cortés sugere o seguinte filtro para saber que pessoas fazem parte do seu círculo mais íntimo e quais são as amizades ou relações para outro tipo de situações.

Segundo o autor de *A ilha dos 5 faróis*, seu círculo social é formado pelas pessoas que você convidaria para comer na cozinha da sua casa.

Quantas amizades desse tipo você tem agora?

156

O SENTIDO DA VIDA

S e há um autor no século XX que falou com profundidade sobre o sentido da vida foi Viktor Frankl.

Depois de perder quase toda a sua família no Holocausto, ele deu início a logoterapia, convencido do poder curativo de encontrar um sentido à existência. Como ele mesmo escreveu em 1942, no campo de concentração de Theresienstadt:

> *Nada proporciona melhor capacidade de superação e resistência aos problemas e dificuldades em geral do que a consciência de ter uma missão a cumprir na vida.*

Talvez por isso a pergunta mais importante que podemos nos fazer seja: qual é minha missão na vida?

Frankl afirmava que "a autorrealização é um efeito secundário, aquilo que se denomina felicidade, que só pode ser alcançada como efeito, e não como meta".

O autor do livro *Em busca de sentido* encontrou o significado de sua vida ao ajudar as pessoas a encontrarem sentido à delas. O que dá sentido à sua existência nessa altura da vida?

COMO SE VIVESSE PELA SEGUNDA VEZ

Para desenvolver a própria responsabilidade e coragem, Viktor Frankl aconselhava o seguinte: "Viva como se já estivesse vivendo pela segunda vez, e como se na primeira vez você tivesse agido tão errado como está prestes a agir agora".

Como você quer que seja essa nova vida que você se dispõe a começar?

157

NÔMADE

á épocas em que sentimos que nossa existência está estancada, como se a energia não fluísse, e não sabemos por qual motivo as coisas *não acontecem*.

Um erro comum é pensar que o mundo virá a nosso encontro, que as coisas acontecerão enquanto permanecemos sentados no sofá. Não é assim que a dinâmica da transformação funciona. A energia flui com o movimento. Torne-se um pouco nômade para permitir as mudanças que deseja e que não sabe exatamente de onde deveriam vir.

Quando digo para se tornar nômade, não me refiro a que deva deixar sua casa, sua cidade, seu trabalho, para levar uma vida boêmia e itinerante. Se trata apenas de abrir a mente para outras possibilidades, de mover-se para novas direções para trazer frescor e espontaneidade ao seu dia a dia.

IDEIAS PARA TRAZER O NOMADISMO À SUA VIDA

1. Evite fazer as coisas sempre da mesma maneira. Mude o caminho para ir ao trabalho ou para visitar sua família e amigos.

2. Permita que novas pessoas com pontos de vista diferentes entrem na sua vida.

3. Descubra novos livros e filmes, participe de exposições e palestras. Inclusive sem sair do lugar onde você mora, a vida pode se tornar uma aventura.

158

UMA ESTRELA INTERIOR

A filósofa e escritora Ayn Rand, nascida em San Petersburgo e nacionalizada estadunidense em 1931, nos deixou em meados do século passado poderosas inspirações sobre a arte de viver.

Quero compartilhar esta reflexão sua sobre o destino de cada um e a busca da felicidade:

> Qualquer que seja o caminho escolhido, a estrela-guia está dentro de mim; a estrela-guia e a bússola apontam numa só direção. Apontam para mim.
>
> Não sei se o planeta em que estou é o centro do universo ou apenas um grão de poeira perdido na eternidade. Não sei e não me importo. Porque sei que a felicidade é possível aqui na Terra. Minha felicidade não precisa de nenhum objetivo superior para ser justificada. Ela é seu próprio fim. Ela é seu próprio objetivo. Ela é seu próprio propósito.

FAÇA BRILHAR SUA ESTRELA INTERIOR

Para poder seguir essa estrela interior que guia e que mostra o caminho, você deve afastá-la de tudo aquilo que diminua seu brilho:

1. Ideias limitantes sobre o que *não pode ser* ou o que *deve ser* a sua vida;

2. Opiniões e expectativas alheias;

3. Medos irracionais;

4. Previsões sobre o que vai acontecer, inclusive antes de tê-lo vivido;

5. Outras estratégias (muitas vezes inconscientes) de autossabotagem.

159

GRAUS DE INDEPENDÊNCIA EMOCIONAL

Ser feliz por você mesmo não significa deixar de lado as pessoas ao seu redor. Significa se relacionar com elas com autonomia e poder pessoal. É estar consciente de sua própria grandeza, independentemente do que acontece aí fora.

Segundo o mestre em psicologia transpessoal José María Doria, há cinco graus de dependência emocional em relação ao parceiro:

Dependência pura. Quando não somos correspondidos pela outra pessoa, pela qual desenvolvemos uma dependência doentia.

Codependência. Duas pessoas que dependem entre si com todos seus controles, ciúmes e censuras.

Independência. Acontece em relações baseadas na autonomia emocional, com intimidade, mas sem vínculos exclusivos.

Coindependência. Um nível acima, ocorre entre pessoas totalmente independentes que compartilham seu amor.

Interindependência. Vai além do âmbito do casal, já que há relações de afeto e cooperação a todo momento, inclusive com aqueles que não conhecemos intimamente.

PEQUENO TESTE DE DEPENDÊNCIA EMOCIONAL

1. Você precisa que ele ou ela confirme seu amor com frequência para ter a certeza de que está com você?

2. Você vigia o tipo de relações que a pessoa estabelece com os outros?

3. Você se pergunta com frequência o que estará fazendo quando não estão juntos?

4. Você costuma sentir ciúmes ou frustração por não ser a pessoa mais importante na vida da outra pessoa?

Se sua resposta foi *sim* a uma ou mais perguntas, você deve refletir sobre sua dependência emocional e encontrar algumas maneiras de se livrar dela.

160

PONTOS DE VISTA

É curioso. Não sei se acontece com você, mas algumas pessoas me dizem que sou distante ou que inclusive pareço fria. Para minha surpresa, é o que costumam comentar.

Na verdade, não é exatamente assim. Apenas sou muito respeitosa e prudente nos primeiros contatos.

Tampouco estão corretas as pessoas que dizem que sou sempre muito carinhosa e gentil com todos. Apenas presto atenção ao que está ao meu redor e dou o que acredito ser necessário.

Se você oferece ao mundo o melhor que pode dar, sem se importar com o que os outros pensam, tenho certeza de que está no caminho certo, independentemente da imagem que as pessoas têm de você, porque, além disso, nunca será a mesma para todos.

DIZER E FAZER

Assim como conclui Álex Rovira em uma de suas obras, no território do amor há pessoas que dizem e não fazem, suas palavras são em vão; outras fazem, mas não dizem, têm dificuldades na hora de expressar seu amor. O grau mais saudável de integração seria *dizer e fazer* de uma maneira honesta em nossas relações com os outros.

161

ESTAR PRESENTE

Eu me lembro de cada dia e quero dividi-lo com você. Talvez seja a chave de quase tudo que tem a ver com a arte de ser feliz: *a vida é o que está acontecendo aqui e agora. No presente.*

Por um instante, observe tudo que está ao seu redor. Depois feche os olhos e respire fundo.

De novo.

É isso. É agora.

Muitas coisas acontecem e nos escapam, porque estamos olhando para o passado ou para o futuro, além do horizonte.

Quando você vive o aqui e agora, tempo e espaço se convergem em uma linha vertical imaginária que atravessa você de cima a baixo para que você possa ser e sentir.

EXERCÍCIO DE ESCRITA NO AQUI E AGORA

John Cheever, professor e contista norte-americano, propunha aos seus alunos um exercício que nunca falha para escapar da dispersão que nos causa nos projetar no passado ou no futuro.

Em sua oficina de literatura, ele sugeria o seguinte: *Escreva uma carta de amor dentro de um edifício em chamas.*

Você se atreve a se colocar nessa situação e escrever essa carta, aqui e agora, para a pessoa ou pessoas que mais ama?

162

ENCONTRAR E PROCURAR

Com o romance *Sidarta*, prêmio Nobel de Literatura, Hermann Hesse divulgou o orientalismo no mundo inteiro.

Seu protagonista, que tem o mesmo nome da pessoa que se tornaria Buda, sai de viagem para encontrar a sabedoria, algo que resulta ser mais difícil do que acredita, como vemos neste fragmento:

> *Quando alguém procura muito — explicou Sidarta —, pode facilmente acontecer que seus olhos se concentrem apenas no objeto procurado; e esse alguém acaba incapaz de achar o que quer que seja, tornando-se inacessível a tudo e a qualquer coisa, porque sempre pensa naquele objeto, e porque há uma meta que o obceca por completo. Procurar significa: ter uma meta. Mas achar significa: estar livre, estar aberto a tudo, não ter meta alguma.*

SURPREENDA-SE

Seguindo essa reflexão de *Sidarta*, de vez em quando, deixe de lado o modo procurar para poder encontrar de verdade. Alguns exemplos:

- Se estiver em um restaurante novo, ao invés de procurar no cardápio aquilo de que você possa gostar, permita que o garçom o surpreenda com o prato favorito dele.

- De vez em quando, peça a um amigo, no qual confia, que recomende o que você deveria assistir na televisão. Deixe o julgamento de lado e permita que as surpresas encontrem você.

163

UM PRESENTE DO PASSADO

À s vezes um instante se torna um presente. A lembrança do que foi vivido contém um universo de sensações e aprendizados que voltam como um bálsamo.

Esse momento felizmente não foi perdido. Ficou de lado, assim como uma pedra linda que você pegou na praia e que, ao secar, deixou de ser interessante. Mas está de volta para que você se lembre daquela praia, daquele momento no qual *você* viu beleza nesse pedaço minúsculo de mar e quis guardá-lo no bolso.

Aqui está de novo em sua mão, pedindo que você o molhe na onda do presente para enriquecer o ser humano que você se tornou hoje.

Como disse: um presente cheio de sentimento que faz você sorrir sem dizer uma palavra.

SUA MADELEINE DE PROUST

A monumental obra do escritor francês: *Em busca do tempo perdido*, se desenvolve a partir da lembrança causada no narrador ao tomar um pouco de chá com uma madeleine oferecida por sua mãe.

Que cheiros, sabores ou lugares causam em você o poder de recuperar tesouros do passado?

Utilize-os para desfrutar esses presentes memoráveis que são pura felicidade.

164

BOOMERANG

Uma das frases mais lúcidas de Carl Gustav Jung é: "O que aceitas, te transforma, o que negas, te subordina". Durante toda a sua carreira, o médico e psicólogo suíço insistiu em integrar a sombra, tornar nossa aquela parte que não queremos ver.

Aquela parte que você está sempre desprezando e que volta várias vezes, lembrando que há assuntos que devem ser resolvidos. E enquanto você não os solucionar, eles voltarão igual a um *boomerang*.

Essa parte sua não vai parar de bater à porta até que você lhe dê atenção, que a compreenda e que lhe dê as boas-vindas. Assim que entender o porquê de sua visita, poderá agradecer pelo aprendizado oferecido.

Feito isso, você finalmente poderá deixá-la ir para sempre.

FAÇA AMIZADE COM SUA SOMBRA

Segundo C. G. Jung, a sombra faz parte da nossa personalidade que está oculta e reprimida. Não aceitamos que faça parte de nós, já que queremos sempre ser considerados seres bondosos e nobres.

Duas dicas para fazer as pazes com sua sombra:

1. Quando sentir emoções que não lhe deem orgulho — raiva, ódio, desejos inconfessáveis —, em vez de desprezá-las, acolha-as para entender qual é sua origem. Faça com que se sentem no divã.

2. Quando algo irritá-lo muito em outra pessoa, mais do que o normal, pergunte-se se esse defeito ou essa atitude está relacionada a uma zona de sombra em relação a você mesmo.

165

NÃO DESISTA

Mario Benedetti é um dos autores mais cativantes e motivadores da literatura hispano-americana. Além de escrever romances cheios de beleza como *Primavera num espelho partido*, é também um maravilhoso poeta. Este texto tão inspirador, do qual compartilharei alguns fragmentos, foi popularmente e por engano atribuído a ele, apesar de não ser seu, mas do argentino Guillermo Mayer, que o escreveu para si mesmo em um momento difícil de sua vida:

> *Não te rendas, por favor, não cedas, ainda que o frio queime, ainda que o medo morda, ainda que o sol se esconda, e o vento se cale. Ainda existe fogo na tua alma. Ainda existe vida nos teus sonhos. Porque a vida é tua e teu também é o desejo. (...)*
>
> *Porque não existem feridas que o tempo não cure. Abrir as portas. Tirar as trancas. Abandonar as muralhas que te protegeram. Viver a vida e aceitar o desafio. Recuperar o sorriso, ensaiar um canto, baixar a guarda e estender as mãos, abrir as asas e tentar de novo. (...)*
>
> *Ainda existe fogo na tua alma. Ainda existe vida nos teus sonhos. Porque cada dia é um começo. Porque esta é a hora e o melhor momento.*

TRÊS FIGURAS GEOMÉTRICAS PARA EVITAR NA VIDA

Além de poeta e romancista, Benedetti tinha uma constante conexão com os problemas existenciais do ser humano. Em uma de suas reflexões mais famosas, Benedetti disse:

"Na vida, temos que evitar três figuras geométricas: os círculos viciosos, os triângulos amorosos e as mentes quadradas".

166

MAIS E MELHOR

*N*ão posso fazer mais nada com o que me foi dado. Alguma vez você já disse algo parecido?

Achar que você recebeu menos do que precisava em dado momento tem uma vantagem: permite que você entenda que, talvez, você tenha tomado as melhores decisões possíveis.

Mas e agora? O que você tem em suas mãos para melhorar?

Um provérbio árabe diz que não importa o que você foi, mas o que será a partir de agora.

Surpreenda-se com tudo que aprendeu, principalmente com seus erros e fracassos, quase sem perceber. Aplique toda a sabedoria de sua maturidade no momento presente, sem se lamentar mais nem um segundo.

Talvez no passado tenham faltado recursos e experiência para você ter feito de uma maneira diferente, mas agora você é mais e melhor.

INOVAR E APRENDER

Os especialistas dizem que não é possível inovar sem cometer erros. Porém, para progredir, é necessário não voltar a cometer *os mesmos erros*, porque isso significa que não aprendemos.

Há erros que você continua repetindo? Pergunte-se por que você não sai desse círculo vicioso? Do que precisa para sair disso?

Veja qualquer novo fracasso como uma oportunidade de aprendizado, mas aprenda a lição o quanto antes.

167

INFINITAS POSSIBILIDADES

Sempre digo a mim mesma que seria uma tolice achar que tudo começa e acaba onde eu imagino. Porque a vida é muito mais, há uma infinidade de coisas para descobrir.

Nosso mundo não começa nem acaba no metro quadrado no qual estamos agora. Na verdade, nem este espaço nem este tempo pertencem a você. Eles estão sempre mudando. Você é muito mais que isso.

Permita que a vida surpreenda você e aceite o que mundo quiser lhe dar.

Os parâmetros que utilizamos para entender o universo não passam de instrumentos limitados para conhecer um pouco melhor nossa passagem por este espaço e tempo.

Além do que vemos e acreditamos, abrigamos infinitas possibilidades. Celebremos essa riqueza que ainda estamos descobrindo.

O MITO DOS 10 POR CENTO

Uma frase atribuída a Einstein, provavelmente de forma errônea, é que usamos apenas 10 por cento do nosso cérebro. Mas de um ponto de vista puramente físico, as ressonâncias magnéticas não julgam que, exceto por um acidente ou doença, exista áreas de nosso cérebro que estejam inutilizadas. Outra coisa é como usamos nosso cérebro. Podemos aumentar seu rendimento:

- Nos focando em uma coisa de cada vez, em vez de dispersar nossa atenção;
- Evitando distrações, como o *scrolling* nas redes sociais, que não nos contribui em nada, nem mesmo dá prazer;
- Mudando os pensamentos recorrentes e não produtivos por uma atenção que esteja orientada às soluções e ao aqui e agora.

168

PALAVRAS PARA JULIA

Há um poema que José Agustín Goytisolo escreveu para sua filha e que meu pai cantava para mim, na versão de Paco Ibáñez. Se chama *Palavras para Julia*, me emociona desde criança e agora muito mais.

É uma ode ao amor para que se lembre que alguém pensa em você e que, no final das contas, todos nos encontramos pelo caminho. Nunca estamos completamente sós.

Tem sido minha crença em muitas ocasiões. Aqui compartilho um fragmento:

> *Nunca se entregue nem se afaste*
> *Do caminho, nunca diga*
> *Não aguento mais e aqui ficarei.*
>
> *A vida é bela, você verá*
> *Que apesar dos pesares*
> *Você terá amor, terá amigos.*

VOCÊ SÓ PODE VIVER AVANÇANDO

O poema original de Goytisolo, começa dizendo: "Você não pode voltar atrás / porque a vida já empurra você / como um grito interminável".

Nesse início cheio de beleza se encontra a sabedoria de Søren Kierkegaard, o filósofo dinamarquês considerado pai do existencialismo. Ele dizia: "A vida só pode ser compreendida ao se olhar para trás, mas só pode ser vivida ao se olhar para a frente".

Portanto, compreendamos o que fomos e aprendemos, e vivamos na única direção possível: a que nos leva a partir deste momento rumo ao futuro.

169

A VERDADEIRA ABUNDÂNCIA

Aqueles que não têm uma visão restrita da abundância, limitada à riqueza econômica, têm mais facilidade de alcançar a plenitude e o sucesso em todos os sentidos da vida, incluindo a prosperidade material de que precisam.

Aliás, os diretores de felicidade das empresas — o de *recursos humanos* começa a ficar obsoleto — sabem que o salário emocional é tão ou mais importante que o puramente financeiro. Isso inclui:

- O reconhecimento profissional e humano que recebem na organização;
- A capacidade de crescer como seres humanos pelos desafios que a empresa lhes oferece;
- A contribuição que dão ao mundo graças à sua atividade.

Os profissionais mais valorizados só permanecem em uma empresa se sentem que são *bem pagos* emocional e espiritualmente.

CALCULE SUAS RIQUEZAS

Não importa o quanto você recebe todos os meses ou tenha no banco, neste exercício sugiro que calcule:

- Quantos bons amigos e pessoas queridas você tem;
- Quantas ideias você é capaz de gerar, o número de projetos que você tem em mente;
- Os sonhos que você espera realizar.

170

TÃO PERTO

Há uma história em que um peixe muito jovem perguntou para outro mais velho o seguinte:

— O que é o mar? Faz tempo que ouço falar dele, mas não sei onde está nem o que é exatamente.

O peixe mais velho sorriu e lhe respondeu:

— O mar é justamente o que está ao seu redor, garoto.

— Nossa! Mas, então, por que não posso vê-lo? — perguntou o peixe pequeno.

— Porque ele está ao seu redor e em todas as partes. Aliás, você faz parte do mar, porque nasceu aqui e vai morrer aqui. Você sempre nada nele. Com certeza é por isso, por estar tão perto, que você tem dificuldade em vê-lo.

A mensagem dessa pequena fábula é bem clara: muitas vezes procuramos longe coisas que, na realidade, estão bem perto de nós.

O CONSELHO DE PAUL AUSTER

O autor de *A trilogia de Nova York*, entre outras obras, e marido da escritora Siri Husvedt, comenta o seguinte em sintonia com a história que acabamos de conhecer: *"Diz-se que é preciso viajar para conhecer o mundo. Por vezes, penso que, se estiveres quieto num único sítio e com os olhos bem abertos, verás tudo que podes controlar".*

171

PERSPECTIVA

Há quase trinta anos olho para uma câmera, sabendo que há pessoas do outro lado, reconhecendo o poder de difusão de uma imagem na tela.

A maneira mais eficiente de relativizar e entender que sou um mero canal, uma ponte para *contar histórias*, é observar o monitor de referência que há em um canto do estúdio.

Nele, eu me observo a distância para ter consciência do que estou sendo naquele momento e, assim, posso relativizar tudo.

Ter perspectiva é uma ferramenta muito poderosa para entender quem somos em cada momento de nossa vida.

PERGUNTAS PARA SE CONHECER E SE REINICIAR

Você já observou a si mesmo alguma vez? O que vê?

Como você lida quando observa a si mesmo?

O que aprende?

Do que gosta em você mesmo? O que mudaria?

Por onde vai começar?

172

FORA DA CELA

Há ocasiões em que não encontramos recursos para sair de uma determinada situação ou ciclo emocional. Nesses casos, podemos sentir que estamos em uma cela escura, impossível de abrir. No entanto, será que é real?

Temos a chave da fechadura, mas nem sempre é fácil encontrá-la.

Comece admitindo que as circunstâncias levaram você aí. E agora você já sabe que essas circunstâncias estão relacionadas à sua interpretação dos fatos. Por isso, longe de querer castigá-lo ainda mais, convido você a procurar essa chave.

Pense que talvez a porta nem sequer esteja fechada e é você quem acredita nisso. Já tentou abri-la?

Para sair de onde se sente bloqueado, será muito útil diminuir o nível de autoexigência e recuperar a certeza de que sua vida pertence a você. Fora da prisão, um mundo quase infinito o espera, assim como você. Como todos nós que um dia estivemos nessa cela.

SEMÁFORO VERMELHO, SEMÁFORO VERDE

Há um momento do livro *Luz Verde*, a biografia de Matthew McConaughey, no qual o ator diz que muitas pessoas ficam paradas nos semáforos vermelhos de sua vida, ignorando que há outros verdes que as convidam a seguir em frente.

A partir dessa reflexão, duas perguntas muitos simples e diretas:

- O que você sente que é o *semáforo vermelho* da sua vida agora?
- Qual é o *semáforo verde* em forma de caminho ou oportunidade que você não está aproveitando?

173

NADA PERMANECE

Uma das maiores fontes de sofrimento, segundo o budismo, é nos empenharmos em tornar permanentes coisas que não são. Para entendermos que todos, pessoas e coisas, estamos aqui de passagem, quero compartilhar um conto zen:

Um discípulo quebrou por acidente um vaso de muito valor que pertencia ao seu mestre. Antes que ele visse, o discípulo juntou os cacos depressa e os escondeu em seu hábito.

Quando o mestre chegou para compartilhar seus ensinamentos, o discípulo lhe perguntou:

— Por que morremos, mestre?

— É natural — respondeu. — Tudo que existe tem um princípio e um fim. Cada coisa e pessoa deve viver o tempo que lhe foi dado. Depois, terá que morrer.

Ao ouvir isso, o estudante deixou cair os cacos do vaso no chão e declarou:

— Mestre, chegou a hora de seu vaso morrer.

MORTES E RENASCIMENTOS

Ao longo da vida, experimentamos diferentes mortes e renascimentos. Termina uma época e começa outra.

Alguns amigos não estão mais presentes e outros chegam com novas propostas.

Ao percebermos isso, não sentimos a tristeza da *perda*, já que estamos perdemos umas coisas e ganhando outras o tempo todo.

Qual foi a sua última morte? E o seu atual ou próximo renascimento?

174

A TEORIA DE DUNBAR

O ser humano é eminentemente social. Precisa ter conexão com os demais e assim se projeta, através das pessoas que o cercam.

Segundo a teoria do antropologista britânico Robin Dunbar, para o ser humano desenvolver sua dimensão social, ele tem no máximo:

- Cinco pessoas importantes;
- Quinze bons amigos;
- Cento e cinquenta conhecidos.

Para calcular essa última cifra, Dunbar se baseou no número máximo de pessoas em sociedades de caçadores-coletores. Porém, é algo transferível para os grupos atuais que compõem um escritório, uma fábrica ou até mesmo uma comunidade.

Acima dessa cifra, o número de conhecidos deixa de ser controlado.

Esses cálculos podem nos ajudar a revisar aqueles que compõem nosso círculo social e que hierarquia ocupam em nossas prioridades.

CHEGADAS E PARTIDAS

Apesar desses dados, que são estatísticos, as pessoas que integram esses três grupos vão mudando. Há chegadas e partidas, como nos aeroportos. Este é um exercício interessante que você pode fazer todos os anos ou no fim de curso:

- Que pessoas importantes saíram da minha vida?
- Quais entraram?

COMPROMISSO

S e você estiver motivado com algo, talvez já tenha claro alguns de seus objetivos imediatos. Porém, para alcançá-los, você não precisa apenas de um plano de ação ou um roteiro a seguir. Também deverá considerar até que ponto irá se comprometer com esse objetivo e se está disposto a realizar o esforço que ele requer.

Sobre isso, Abraham Lincoln dizia que "o compromisso é o que transforma uma promessa em realidade".

Sem compromisso, é difícil que os planos ultrapassem os limites mentais, ou que, uma vez em andamento, não desistamos diante da primeira dificuldade.

O *coach* Tony Robbins diz: "O único limite para o seu impacto é a sua imaginação e a sua dedicação".

Converse com seriedade sobre isso com você mesmo. Só assim, comprometendo-se com aquilo que deseja empreender, você poderá superar os obstáculos que encontrará pelo caminho.

UM CONTRATO COM VOCÊ

Para formalizar seu compromisso com aquilo que decidiu fazer, sugiro que faça um contrato consigo mesmo em que seja estabelecido:

1. O que se propõe a fazer;

2. Quando começará de forma efetiva;

3. O que deverá fazer todos os dias para conquistar seu objetivo;

4. Data em que finalizará seu projeto.

Ao finalizar o contrato, assine-o. Afinal, é um compromisso que está fazendo consigo mesmo.

176

PERMITA-SE SENTIR RAIVA

Permita-se sentir raiva de vez em quando e não guarde só para você o que o corrói por dentro. Há ocasiões em que devemos explodir.

Acaba sendo terapêutico, porque depois da tempestade vem a bonança.

Permita-se um pouco de veemência caso seja necessário. Se você estiver acompanhado, conte para a pessoa como está se sentindo para que esteja ciente desse desequilíbrio são.

Se estiver bravo com outra pessoa e precisar se expressar, anote o que Aristóteles dizia em *Ética a Nicômaco*:

> *Qualquer um pode ficar bravo, isso é fácil. Mas ficar bravo com a pessoa certa, no grau correto, no momento adequado, pela razão correta e do jeito certo; isso não é fácil.*

CAMINHAR LIBERA A RAIVA

Sair para caminhar ou correr é um grande bálsamo para processar a raiva. Sobre isso, a escritora estadunidense Lucy R. Lippard descreve em seu livro Overlay: *Contemporary Art and the Art of Prehistory* um ritual das pessoas do norte, citado por Anna Sólyom em seu livro *Pequenas magias para todos os dias*:

Um costume dos esquimós para acalmar a raiva consiste em que essa pessoa caminhe seguindo uma linha reta pelo campo. O ponto em que a raiva é dominada é marcada com uma vara, como testemunho da força ou duração da raiva.

177

DESERTO E OÁSIS

Walt Whitman, o grande poeta da modernidade dos Estados Unidos, tem um texto que é um incrível roteiro para seguirmos dia a dia. Começa assim:

Aproveita o dia, não deixe que ele termine sem teres crescido um pouco, sem teres sido feliz, sem teres alimentado teus sonhos. Não te deixes vencer pelo desalento. Não permitas que alguém te negue o direito de expressar-te, que é quase um dever. Não abandones tua ânsia de fazer de tua vida algo extraordinário.

O autor de *Folhas de relva* é consciente de que "a vida é o deserto e o oásis". Ser humano é aceitar que a vida nos machuca e nos ensina, mas isso não nos abaterá enquanto formos protagonistas da nossa própria história. Whitman conclui:

Aproveite o pânico que causa em ti ter a vida pela frente. Viva intensamente, sem mediocridade. Pense que em ti está o futuro e enfrenta a tarefa com orgulho e sem medo. (...) Não deixes a vida passar sem vivê-la.

O CLUBE DOS POETAS VIVOS

Você deve se lembrar do filme *Sociedade dos poetas mortos*, estrelado por Robin Williams como um professor que contagia os alunos com seu amor pela poesia.

Como exercício para esta reflexão, sugiro que compartilhe seus poemas favoritos com as pessoas que você ama. Que tal um encontro em que cada participante leve seu texto preferido?

SEJA COMO UM CAMALEÃO

Sou camaleônica e você?

Me adapto ao ambiente de uma maneira bastante ágil e efetiva. E confesso que isso me diverte. Nem sempre foi assim, mas quando deixei a insegurança de lado e aceitei o meu valor, percebi que esta qualidade me ajuda muitíssimo a me conectar de verdade com as pessoas. Consigo compreender as que tiveram experiências diferentes às minhas e têm muito a me oferecer.

A boa notícia é que este dom camaleônico pode ser treinado com estes ingredientes:

Curiosidade. Tudo começa com um olhar além do mundo que conhecemos, além da nossa zona de conforto.

Observação. O que os outros fazem que eu não faço? O que posso aprender com aqueles que não são como eu?

Empatia. O terceiro passo é nos colocarmos no lugar do outro, para contemplar a vida através de outra perspectiva.

ZELIG E OS ROMANOS

Ser camaleônico em excesso pode nos levar às situações que Woody Allen vive em *Zelig*, a história de um homem sem personalidade própria que se confunde com quem está ao seu lado. O ponto de equilíbrio seria a reformulação de um velho ditado latino: "Quando em Roma, faça como os romanos, mas sem deixar de ser você mesmo".

179

TRILOGIA DA COERÊNCIA

Ghandi dizia que "felicidade é quando o que você pensa, o que você diz e o que você faz estão em harmonia".

Chamo isso de *trilogia da coerência*, esse fio vermelho da serenidade que une tudo quando, com efeito, falamos e agimos como pensamos.

Se você pensa numa coisa e diz outra, está enganando o outro e a você mesmo. Se diz uma coisa e faz outra, você vive de falsas promessas.

As três partes devem estar em perfeita harmonia para sentir que temos uma vida coerente.

E, para mim, esse fio condutor leva uma frase gravada em toda sua extensão: *sempre coloque amor*. O mais importante é que essa coerência seja construída com amor.

UM BARÔMETRO PARA AS AMIZADES

Você pode aplicar a trilogia da coerência para medir a qualidade das pessoas que o cercam.

Você não pode saber como pensam, mas entre todas as virtudes que possam ter, aquelas que fazem o que dizem pertencem a uma elite que vale a pena cultivar.

180

INTELIGÊNCIA EMOCIONAL

Há três décadas começou a se espalhar pelo mundo a importância da inteligência emocional (conhecida pela sigla IE), chegando a todos os âmbitos. Daniel Goleman a definia assim: "Conhecer a si mesmo, quer dizer, a capacidade de identificar os nossos próprios sentimentos, é a pedra angular da inteligência emocional".

Aquele que não é capaz de controlar as emoções e estados de ânimo, de identificar o que está acontecendo — assim como o que o outro sente —, terá muito mais dificuldade em progredir na vida.

Hoje é algo considerado mais do cotidiano e, pouco a pouco, começa a ser ensinado nas escolas e estará ao alcance de todos. A IE deve ser praticada principalmente em situações de dificuldade, como adverte o próprio Goleman:

> Dominar o mundo emocional é muito difícil, porque essas habilidades devem ser exercidas nos momentos em que as pessoas se encontram nas piores condições para assimilar informação e aprender hábitos de resposta novos, quer dizer, quando elas estão com problemas.

EXERCÍCIO BÁSICO DE IE

Quando você tiver divergências com alguém e não conseguir compreender por que ele age dessa forma, faça a si mesmo as seguintes perguntas:

- Como essa pessoa está se sentindo neste momento?
- Como eu me sinto diante de sua ação ou reação?
- De que maneira posso ajudá-la para que me conte como se sente e por que se sente assim?

Aplicando a IE, os conflitos duram muito menos ou se desativam diretamente, e assim todos se sentirão melhor.

181

A ARTE DE ESCUTAR

hamam muito a minha atenção aquelas pessoas que além de não ouvirem os outros, falam muitíssimo e costumam mudar o rumo da conversa para si mesmas. Confesso que nesse tipo de situação, acabo me desconectando.

Tento nunca fazer a mesma coisa. Sei que não há nada mais bonito e agradável para um ser humano que se sentir ouvido, acompanhado e compreendido, inclusive no silêncio.

Segundo o filósofo hindu Jiddu Krishnamurti, há poucas pessoas que dominam essa arte devido ao seguinte:

> Nosso ouvir é sempre uma preconcepção, ou a partir de um ponto de vista particular. Nós não ouvimos apenas; há sempre a barreira da interferência de nossos próprios pensamentos, conclusões e preconceitos (...). Para ouvir, deve haver uma quietude interior, uma liberdade da tensão de adquirir, uma atenção relaxada.

APROFUNDE SUA ESCUTA

A natureza nos oferece um bom campo de prática para essa arte da qual Krishnamurti nos fala. Se nos acostumarmos a prestar atenção no que acontece ao nosso redor, será mais fácil ouvir as outras pessoas ou a nós mesmos. É simples assim:

- Vá para um lugar o mais longe possível de qualquer barulho;
- Fique calado, feche os olhos e capte os sons ao seu redor;
- Interrompa seu pensamento para prestar atenção a tudo que passar pelos seus ouvidos. Escuta o vento? Escuta também a fricção das folhas? Há pássaros e insetos cantando? Entregue-se a isso;
- Dedique pelo menos alguns minutos a esses sons antes de voltar ao barulho rotineiro.

182

CHANOYU

Henri Brunel, que foi professor de ioga durante mais de trinta anos e divulgador da cultura japonesa, descreve a cerimônia do chá, *chanoyu*, da seguinte forma:

O mestre do chá realiza o ritual com eficiência, lentidão, cuidado e amor. Enquanto isso, se conversa de maneira pacífica sobre poesia, história, arquitetura. Muito suavemente o som das vozes vai diminuindo, e todos contemplam em silêncio as louças tão familiares, uma flor do campo; se ouve de longe o canto de um pássaro. O tempo se detém; há harmonia, serenidade.

Não é necessário morar no Japão, nem ao menos gostar de chá, para compartilhar a beleza do *chanoyu*. O essencial desse ato é fazê-lo com plena atenção para transformar o encontro em um oásis de calmaria e harmonia.

REGRAS PARA UMA CERIMÔNIA DO CHÁ

1. O lugar deve ser silencioso, livre do barulho de trânsito, televisores ou conversas alheias;

2. As pessoas que participam do *chanoyu* deixarão seus problemas e preocupações do lado de fora, o que significa se desconectar de aparelhos celulares;

3. Na conversação deve-se evitar temas que possam causar desconforto, como política, rivalidades esportivas ou conflitos do mundo;

4. Ao invés disso, a conversa deve ser sobre qualquer tema relacionado à arte, à natureza ou a qualidade do chá;

5. A reunião deve ter um espírito *Ichigo-i-chie*, isso significa ter consciência de que o encontro não vai mais se repetir.

183

NÃO TÃO A SÉRIO

Sou a primeira a levar tudo muito a sério. Assumo obrigações e considero todos os trabalhos e compromissos importantes.

Mas de um tempo para cá, tenho modificado o tal gesto que faço de vez em quando, que é ficar com o aspecto carrancudo e cara de concentração. Paro e dou uma piscadinha e jogo um beijo para mim mesma em frente ao espelho. Como se fosse uma adolescente tirando uma *selfie*, enquanto digo a mim mesma: *não exagera, mulher*.

Permita-se relaxar e diminuir a tensão com a qual você está acostumado. Não é recomendável levar tudo tão a sério. Comprometer-se sim, mas com alegria e dando algumas risadas, por favor.

Eduardo Galeano dizia o seguinte em relação isso:

> *O humor tem a capacidade de devolver a certeza de que a vida vale a pena. E às vezes, nos salvamos pela piada, pelo som mágico da risada, que pode até não ser sua; pela capacidade escondida de zombar de si mesmo, de se ver de fora e rir de si mesmo.*

ATIVE O HUMOR

Voltando a Eduardo Galeano, quando as coisas ficarem muito sérias, utilize este lema dele: "Não leve a sério nada que não faça você rir".

Uma boa risada a tempo ajudará você a liberar a tensão, a se distanciar e, assim, encontrar melhores soluções para a situação que está enfrentando.

MUDAR OS OUTROS

Quase todos tentamos em algum momento mudar alguém, com a esperança de que seja como nós gostaríamos de que fosse.

Mesmo que seja com a melhor das intenções, porque estamos vendo que as escolhas estão sendo prejudiciais, não nos corresponde liderar a mudança dos outros. Como disse Andy Warhol com clareza:

> *Quando as pessoas estiverem preparadas, elas mudam. Nunca farão antes, e às vezes morrem antes de dar o primeiro passo. Você não pode obrigar alguém a mudar se a pessoa não quiser, do mesmo modo que, quando alguém quiser mudar, será impossível detê-lo.*

Cada pessoa muda quando quer e pode. Além disso, quem sou eu para esperar que você deixe de ser você, se não me pediu para que eu deixasse de ser eu?

Quando entendi que é mais fácil assumir o que acontece sem forçar nada nem ninguém, minha vida seguiu por caminhos por onde as coisas passaram a acontecer de forma natural e orgânica.

INSPIRAR EM VEZ DE MUDAR

Como acabamos de ver, não é possível mudar ninguém que não tenha decidido fazer isso por si mesmo, mas nós podemos inspirar com nosso exemplo.

Um caso típico seria o de pais que querem que seus filhos deixem as telas de lado, sendo que eles mesmos passam o dia inteiro de olho no celular.

O mesmo acontece com a leitura: não podemos obrigar uma criança a gostar de ler. Porém, se nossa casa estiver cheia de livros e eles nos virem lendo com frequência, mais cedo ou mais tarde adquirirão esse hábito.

185

UM POEMA PARA VIVER

Roberto Abadie Soriano, um professor muito querido no Uruguai e autor de diversos livros lidos por crianças em seu país, aos noventa e dois anos, redigiu esta receita para a longevidade em forma de poema:

> *Vida saudável e organizada.*
> *A comida, moderada.*
> *Não abusar dos remédios.*
> *Tentar de todas as formas.*
> *Não se alterar por nada.*
> *Exercício e diversão.*
> *Não ter nunca apreensão.*
> *Pouco confinamento, muitos relacionamentos*
> *e contínua ocupação.*

Vale a pena utilizarmos esses conselhos como resumo da sabedoria para uma vida longa. Quais dessas dicas você segue em sua rotina?

A ARTE DE ESTAR FELIZMENTE OCUPADO

Esta é uma tradução livre que vem do termo *Ikigai*, que vimos algumas páginas atrás. Agora, o que significa estar felizmente ocupado? Algumas pistas:

- A decisão de manter-se ativo vem de você, não é uma imposição;
- Esta atividade produz o *flow* em você, não é demorada nem pesada;
- O que você faz tem um propósito, ajuda você a se sentir melhor e contribui em algo para o mundo.

186

O RITMO DOS OUTROS

Quando você está preparado para desempenhar um projeto em equipe e parece que tudo está fluindo, que você se sente motivado e totalmente enérgico, cuidado!

Verifique se a outra pessoa está preparada e se também é um bom momento para ela. Como você sabe, os tempos de cada um são diferentes. Caso o momento coincida, essa é a chave para o sucesso dos assuntos em comum.

Observe, calibre, procure a maneira de que todos estejam no mesmo ritmo. Nem sempre seu momento coincidirá com o resto da equipe.

Isso também se aplica a uma relação. Talvez, por exemplo, você sinta que é hora de deixar a cidade para ir morar no campo, mas seu parceiro de vida precisa de um pouco mais de tempo para amadurecer a ideia de uma mudança tão significativa.

A DIAGONAL DA EVOLUÇÃO

Quando você se sentir desesperado com alguém por sua falta de iniciativa, pela sua lerdeza ou por qualquer outro motivo, pense que cada pessoa está em um ponto diferente de evolução pessoal.

Imagine que a vida seja uma inclinação em crescimento. Algumas pessoas ainda estão na parte baixa, por isso agem e reagem de onde estão. Porém, quem está na parte superior da diagonal, age e reage com uma sabedoria e maturidade muito maiores.

187

ENCONTRAR A DIREÇÃO

embro que quando eu era criança, ia para as montanhas com meu pai. Naquela época, ainda não havia navegadores no celular. Um mapa cartográfico, uma bússola e descobrir a direção era um verdadeiro desafio para mim, que sou muito desligada e não me oriento muito bem.

Passar um tempo juntos e olhar para o mapa era suficiente para saber onde deveria ir para descobrir essa direção tão importante.

Sempre conseguia, mas confesso que grande parte disso era pela confiança que meu pai depositava em mim.

Agora, várias décadas depois, gosto de saber que a direção da minha vida pode mudar. Sou capaz de seguir meu rumo graças à confiança em mim mesma e à confiança que me depositaram aquelas pessoas que me amaram e a quem amo.

UM MAPA PESSOAL

Há anos era moda criar um *mural particular* para que a mente se orientasse naquilo que a pessoa deseja alcançar. Basicamente, é necessária uma cartolina para que nela a pessoa vá colando imagens daquilo que representa conquistas importantes neste momento da vida.

O mural particular deve ser pendurado em um lugar que esteja à vista, de modo que todos os dias estejamos em contato com essa direção que queremos seguir.

188

É POSSÍVEL DECIDIR O DESTINO?

Há um conto típico japonês que diz que durante uma batalha, um general ordenou atacar, mesmo que seu exército contasse com bem menos homens que o do exército inimigo.

Temerosos, enquanto iam rumo à guerra, os soldados quiseram parar em um templo. Depois de rezar com eles, o general tirou uma moeda de seu bolso e anunciou:

— Vou jogar esta moeda para o alto. Se der cara, ganhamos a batalha. Se der coroa, perdemos. Vamos deixar que o destino decida!

Em seguida, jogou a moeda para o alto e os soldados olharam com muita tensão para ver o qual seria o resultado. Deu cara. Felizes e confiantes, atacaram o inimigo cheios de moral e conquistaram a vitória.

Terminada a batalha, um oficial comentou com o general:

— Não é possível mudar o destino.

— É verdade — respondeu o general.

Em seguida, ele mostrou a moeda ao oficial: tinha cara em ambos os lados.

Esse conto ilustra o poder da convicção em tudo que empreendemos. Aquilo que queremos tornar realidade, primeiro deve se tornar real em nossa mente.

EXERCÍCIO DE ANTECIPAÇÃO

Entre as técnicas de projeção para conseguir resultados, uma das mais simples e de fato efetivas é a seguinte:

1. Decida de maneira clara o que quer conseguir;

2. Em seguida, visualize como alcançar seu objetivo e como se sente por isso;

3. Fique com a sensação de que já conseguiu para começar a caminhar nessa direção.

189

A ZONA CINZENTA

Existe o que chamo de *zona cinzenta* para designar esses momentos em que não estamos nem na luz, nem na escuridão. É uma penumbra tênue na qual você pode permanecer quase de forma despercebida *ad eternum*.

Sabe a que me refiro? A esse estado intermediário no qual você não se posiciona, nem toma decisão alguma para não se equivocar.

A zona cinzenta pode até ser cômoda, mas, acredite, a longo prazo, além de esgotá-lo, vai acomodar e limitar você a um estado de mediocridade do qual será cada vez mais difícil de sair.

Você se conforma em ser uma pessoa cinzenta em uma zona cinzenta e abrir mão do arco-íris?

Sobre isso, Renoir disse uma vez: "Uma manhã, um de nós esgotou a tinta preta; e foi o nascimento do Impressionismo".

E se você decidir tirar o preto e o cinza da paleta de cores com a qual você pinta sua vida?

MELHOR TOMAR UMA DECISÃO RUIM QUE NENHUMA

Os especialistas em tomada de decisões afirmam que, muitas vezes, uma decisão ruim é melhor que nenhuma, quando nos encontramos em um momento de crise. Se nos equivocarmos, em seguida, saberemos que esse caminho não é válido e veremos outras opções eficazes para sair do buraco.

190

DO JEITO QUE VOCÊ É

Quando levamos muito tempo escondendo quem somos, podemos esquecer quem éramos e, pior ainda, quem estamos destinados a ser.

Pode ser que, a princípio, tenha sido por timidez. Ou no caso de ser extrovertido, você tenha escondido suas inseguranças com sorrisos e conversas banais que o afastavam de sua essência, sem perceber o que estava perdendo ao não se perguntar em silêncio se estava indo pelo melhor caminho.

Muitos nos afastamos do próprio caminho, porque a sociedade nos mandou a mensagem de que destacar, perguntar, questionar, duvidar e se equivocar não eram recomendáveis.

A boa notícia é que você sempre está a tempo de se redescobrir, de se conectar com sua autenticidade e se mostrar para o mundo do jeito que você é.

O LEMA DE FRIDA KHALO

A pintora mais brilhante do século XX teve que lidar com os preconceitos e com a rigidez de sua época. Mesmo assim, ela decidiu sempre seguir o próprio caminho. Em suas palavras:

Nossa passagem pelo mundo é tão absurda e fugaz que o que me tranquiliza é saber que fui autêntica, que consegui ser o mais parecida possível comigo mesma.

O que você pode fazer para viver de forma mais autêntica e fiel consigo mesmo?

191

TRÊS PRINCÍPIOS PARA A VIDA

Kyong Ho foi um famoso mestre espiritual que, no final do século XIX, renovou o budismo na Coreia. Nos ensinou esses três princípios sobre a arte de viver:

1. Não deseje uma saúde perfeita. Na saúde perfeita há ganância e exigência. Como disse um velho mestre: *faça do sofrimento da doença, um bom medicamento.*

2. Não deseje viver sem problemas. Uma vida fácil leva a uma mente preguiçosa que emite julgamentos. Como disse um velho mestre: *aceite as ansiedades e dificuldades da vida.*

3. Não espere que sua prática esteja sempre livre de obstáculos. Sem impedimentos, a mente que procura a iluminação pode se queimar. Como disse um velho mestre: *alcance a libertação através dos transtornos.*

OS OBSTÁCULOS COMO TRAMPOLINS

Pelo ponto de vista desse mestre, as dificuldades e os problemas são trampolins que nos permitem ir além de nós mesmos. Sempre que a vida colocar um obstáculo em seu caminho, pergunte-se: de que maneira o que estou vivendo é uma oportunidade para ser melhor?

192

ABRIR O LEQUE DE POSSIBILIDADES

Durante minha formação de *coaching* para acompanhar pessoas em mudanças vitais, tive um professor que me deu pautas muito interessantes para aplicar em momentos de dúvida.

Alfonso Medina foi meu tutor na fase da certificação MCC de ICF (International Coaching Federation) e eu me impressionava com sua gentileza na hora de ouvir e prestar atenção nesse acompanhamento.

Lembro que insistia na importância de abrir o leque das possibilidades ao *coachee*, o cliente, para depois concretizar e ir fechando esse leque a uma solução mais detalhada.

Ao abrir o espectro de possibilidades que temos diante nós, nossa mente pode criar novas opções na hora de tomar decisões.

Convido você para que indague a fundo sobre elas, já que muitas vezes você tem muito mais poder de escolha do que pensa.

INVESTIMENTO CRIATIVO

Nos cursos de escrita criativa dos Estados Unidos, quando um romancista se bloqueia na metade da história, pede-se que ele escreva tudo que *não vai acontecer* nessa história.

Você pode aplicar essa técnica na sua própria vida quando se sentir paralisado diante de uma encruzilhada:

- O que eu não vou fazer?
- O que não vai acontecer?

Através da inversão criativa, por eliminação, você vai começar a esclarecer seu leque de possibilidades.

193

NÃO DEIXE DE SE DIVERTIR

Repassando meus valores fundamentais, um dia descobri que queria incluir mais diversão em meu presente.

Se não havia feito isso antes era porque tinha a crença de que uma pessoa divertida carece de credibilidade. Quando percebi que isso era preconceito, soube que estava perdendo muitas coisas e que precisava de diversão mais do que nunca.

A partir daí, me desafiei a incluir de forma cotidiana algo divertido e que me tirasse da minha zona de conforto.

Nós que somos pais temos nossos filhos como grandes aliados! Foi pensando neles que comecei a fazer várias atividades: pular na piscina vestida, tomar banho de chuva até ficar toda encharcada, entre várias outras coisas.

Fico feliz por ter feito tudo isso, porque agora estou consciente de que a criatividade e a mudança de atitude perante a vida significa trabalhar a diversão.

E se começarmos a nos divertir um pouco mais?

OS TRÊS SUPERPODERES HUMANOS

Segundo a atriz e *coach* Imma Rabasco, autora do livro *Reír y vivir*, "nós mortais temos três superpoderes e sabemos (ou intuímos) que sem eles estaríamos perdidos: o riso, o sorriso e o humor. O riso relaxa, o sorriso une e o humor relativiza".

O que você pode fazer hoje para dar mais espaço a esses três superpoderes em sua vida?

194

UM GRANDE PENSAMENTO

Assim como as árvores mais altas nascem de uma semente, de um broto, as grandes transformações da nossa vida têm como ponto de partida uma ideia, um pensamento.

Se soubermos regá-lo e cultivá-lo, poderá nos levar a alturas inimagináveis.

Sobre isso, o escritor e motivador John F. Demartini diz:

> Quase todas as histórias de pessoas que venceram começam com apenas um grande pensamento que foi alimentado pela fé. E muitas das que alcançaram as maiores conquistas também enfrentaram as maiores adversidades. Quando Walt Disney se apresentou para pedir trabalho como desenhista nos jornais, ele foi rejeitado de cara. Inclusive, um diretor disse que ele não tinha talento e que deveria procurar outra coisa para fazer na vida. Mas ele tinha uma ideia que transformou em visão, perseverou e continuou acreditando em si mesmo.

SUA FONTE DE IDEIAS

Para cultivar seu futuro, seria útil se você tivesse um caderno para anotar essas ideias e projetos que podem crescer com o tempo. Anote aí qualquer iniciativa que vá surgindo e repasse as anteriores para ver qual está exigindo sua atenção e cuidados nesse momento.

195

A MAGIA DA ÁGUA

Poucas maravilhas da natureza têm o poder da água, que além de nos dar vida, tem a capacidade de polir e dar forma às pedras mais duras.

Você percebe que não poderíamos viver sem ela, assim como acontece com o ar? Você de fato celebra esse elemento que refresca e revitaliza?

Aproveitemos o que nos é oferecido de maneira natural. A água é essencial para a vida e nos dá uma conexão especial com o meio ambiente. Por isso, é um privilégio desfrutar desse elemento em plena natureza.

Sentir a água, interna e externamente, é fonte de bem-estar. A água purifica, hidrata e emociona.

Se nos banhamos em uma praia ou rio, ou se desfrutamos a chuva que fertiliza a terra, celebrar a água é celebrar a nossa própria vida.

A ALQUIMIA DA ÁGUA

Masaru Emoto, o investigador japonês que dedicou grande parte de sua vida ao estudo da água, afirmava que o pensamento humano, as palavras e a música influenciam na qualidade da água e a fazem mudar. Se isso acontece com a água — refletia —, nós, que somos compostos por uns 70 ou 80 por cento de água, também somos suscetíveis a essa alquimia.

Segundo esse princípio, pergunte-se:

- Que tipo de pensamentos e palavras você se dedica a si mesmo?
- Você utiliza a música para modular seu estado de ânimo?

196

EMOÇÕES NEGATIVAS

Daniel Goleman, o divulgador da inteligência emocional de quem falamos em páginas anteriores, afirma que "as emoções perturbadoras e as relações tóxicas foram identificadas como fatores de risco que favorecem a aparição de algumas doenças".

Segundo esse doutor em psicologia de Harvard, isso acontece porque "as emoções negativas intensas absorvem toda a atenção do indivíduo, impedindo qualquer tentativa de atender a outra coisa".

Devemos entender que recorremos aos pensamentos negativos de maneira automática para nos protegermos do perigo. É um impulso ancestral de quando éramos caçadores-coletores e vivíamos em um estado de alerta e com medo. Porém, não precisamos mais estar atentos a nenhum perigo que ameace nossa vida. É um *automatismo* que tem nos guiado durante milênios, mas podemos desativá-lo. Chegou o momento de baixar a guarda.

Tiremos de nossa vida os pensamentos que nos perturbam para dar espaço a outros que nos motivam e nos trazem calma.

RECONHECER E DEIXAR PASSAR

O primeiro passo para se desprender de um pensamento negativo é estar consciente de que você o está tendo.

Depois de reconhecê-lo, em vez de se agarrar a ele ou lutar contra ele, deixe-o passar simplesmente sem julgamentos, como um visitante ocasional.

Se ele insistir em ficar, você pode diluí-lo com um pensamento contrário: algo que lhe traga prazer, bem-estar ou esperança.

197

FAÇA DE CORAÇÃO

H á uma frase de Sêneca, o filósofo estoico latino, nascido em Córdoba, que diz: "Nenhum ato é honrado quando é feito por um agente involuntário. Todo ato honrado é voluntário".

Assim deveria ser. Faça aquilo que sentir em seu coração. Nada deveria ser obrigatório, mas feito com a convicção de que é o que devemos e queremos fazer.

Quantas pessoas conhecemos que seguem uma vida que não é a sua? Seja porque vivem para cumprir as expectativas dos outros ou para mostrar uma determinada imagem de felicidade, muitas pessoas estão desconectadas do que são de verdade.

Atreva-se a viver com o coração e faça de suas prioridades o centro da sua vida.

O QUE É URGENTE E IMPORTANTE

Uma das lições que nos deixou Stephen Covey, autor de *Os 7 hábitos das pessoas altamente eficazes*, é que a maioria das pessoas entregam seu tempo ao que é urgente, ao que é importante para os outros, mas não a elas mesmas.

O importante é aquilo que é significativo para você, aquilo que ninguém impõe, e por isso não costuma ter um lugar em sua agenda. Uma vida equilibrada, segundo Covey, é aquela em que há equilíbrio entre o que é urgente e o que é importante.

O que de importante você deve realizar agora em sua vida?

198

LUZ

Assim como já comentei antes, às vezes deixamos de lado a importância da água e com frequência consideramos óbvio algo tão essencial e necessário como a luz.

A claridade natural, fonte de calor e energia, marca nosso ciclo de vida diário, como a cronobiologia nos lembra. Também há uma grande influência em nossas emoções. A luz muda a percepção que temos da vida e dos desafios que nos são apresentados.

Quantas vezes algo que considerávamos impossível de resolver à noite surge sob uma *nova luz* pela manhã?

Além disso, expor-se à claridade solar parece ser uma das chaves da longevidade. As pessoas que vivem nas zonas azuis passam grande parte do tempo ao ar livre, sendo assim, sincronizam seus relógios internos com o do astro rei.

Inclusive no frio, vale a pena oferecer os benefícios da luz ao nosso corpo e a nossa alma.

SAUDAÇÃO AO SOL

Muitos praticantes de ioga começam o dia com a série de asanas conhecida como *Saudação ao sol*.

Se você não a conhece, pode aprender facilmente em um breve vídeo de YouTube; minha querida Xuan Lan tem tutoriais e aulas incríveis.

Outra maneira de aproveitar a luz e o calor que a vida nos dá é simplesmente abrir a janela pela manhã e agradecer ao sol por iluminar mais um dia.

199

APRENDER DE TUDO

Um conto judaico tem como protagonista um rabino que ensinava aos seus alunos como a sabedoria está em todas as coisas, inclusive nas invenções da modernidade.

— Tudo pode nos ensinar algo — afirmava o rabino. — Não há nada no mundo que não possa nos ensinar algo importante. E isso inclui todas as coisas que o ser humano fabricou. Todas elas nos ensinam algo importante.

Um de seus alunos então lhe perguntou:

— Mas, mestre... o que o trem pode nos ensinar?

— Que por um segundo podemos chegar atrasados e perder a nossa oportunidade.

— E o telégrafo? — perguntou outro aluno.

— Que cada palavra importa!

— E o telefone? — perguntou um terceiro.

— Que nele você ouve tudo que falamos aqui!

EXTRAIA SEUS ENSINAMENTOS

Seguindo o conto do rabino, sugiro que escolha três objetos que estejam no lugar onde você está agora. Atribua a cada um deles um ensinamento para a vida cotidiana.

Você pode fazer este exercício com amigos ou inclusive com seus filhos, como um jogo divertido e esclarecedor.

200

MEMENTO MORI

Minha querida e admirada Isabel Coixet diz que em relação aos seus filmes, "a felicidade fica péssima frente às câmeras. Já a tristeza e a solidão fazem sucesso".

Uma das obras em que repercutiu essa ideia foi *Minha vida sem mim* — que é um dos meus filmes favoritos, aliás, com uma atuação fantástica de Mark Ruffalo —, em que a protagonista, com pouco tempo de vida, faz uma lista de coisas que quer fazer antes de morrer.

É um filme triste e, ao mesmo tempo, muito bonito, porque nos conecta com o essencial. O fato de reconhecer nosso próprio fim nos permite saborear justamente a vida com toda a sua plenitude.

Sobre isso, os antigos romanos repetiam a expressão *memento mori* — lembre-se de que vai morrer — como antídoto contra a soberba e a vaidade. Esse mesmo lema nos serve para recordar que a vida não espera e que vale a pena vivê-la com intensidade.

VIVA COMO SE FOSSE MORRER AMANHÃ

Coloque-se no lugar da protagonista do filme de Isabel Coixet para dar sentido e profundidade à sua própria vida.

- Que coisas importantes você faria se soubesse que seu fim está próximo?
- Que desordens resolveria?
- Que coisas inacabadas completaria?
- O que diria às pessoas que ama?

201

O DIFÍCIL PRIMEIRO PASSO

À s vezes precisamos tomar decisões drásticas que, de início, consideramos difíceis de encarar. Pode ser terminar a relação com alguém que não faz bem a você, se livrar de algum pertence, erradicar algum hábito ou ter uma conversa delicada.

Sobre este último, o consultor e escritor Tim Ferriss afirma que "o sucesso de uma pessoa na vida geralmente pode ser medido pelo número de conversas desconfortáveis que ela esteve disposta a ter".

Essa pode ser uma boa motivação para fazer aquilo que, no fundo, sabemos que devemos fazer. Sempre que se perguntar *o que eu realmente faria se pudesse...?*, o que você precisa saber será revelado.

Não existe uma mudança importante sem um certo incômodo. Portanto, essa difícil decisão, mas ao mesmo tempo pensada, tem a chave para sua nova vida.

O primeiro passo costuma ser o mais difícil, mas o fato de dá-lo fará com que um novo universo de possibilidades chegue à sua vida.

A HORA DAS DECISÕES

Se você é o tipo de pessoa que se preocupa depois de tomar uma decisão importante, aconselho que não a tome antes de se deitar, principalmente se implica mandar um e-mail ou mensagem pelo qual nos chegará uma resposta, já que você vai ficar com o assunto dando voltas na cabeça.

É melhor tomar esse tipo de resolução pela manhã, para que qualquer tipo de reação chegue quando você já estiver em atividade.

202

TIRAR O EXCESSO

Dizem que uma vez perguntaram a Michelangelo como ele conseguia criar suas maravilhas de mármore. O grande escultor do Renascimento respondeu que se limitava a "tirar o excesso", pois ele já via a obra.

Aplicado à própria existência, esse método pode ser muito eficiente, já que muitas vezes o que precisamos é tirar de nossa vida aquilo que não é necessário ou diretamente prejudicial, o que inclui algumas atitudes e hábitos.

Sobre isso, o filósofo Plotino — provavelmente Michelangelo o havia lido — já aconselhava há quase dois milênios:

> Volta seu olhar para ti mesmo e olha. Se ainda não vires a beleza em ti, faz como o escultor de uma estátua que tem de ser tornada bela. Ele talha aqui, lixa ali, lustra acolá, torna um traço mais fino, outro mais definido, até dar à sua estátua uma bela face. (...) Nunca deixes de esculpir tua estátua.

SUBTRAIR PARA SOMAR

Seguindo o método que vimos, pergunte-se:

- Que hábitos ou atitudes eu poderia eliminar para reduzir a complexidade e os conflitos em minha vida?

- De quais gastos desnecessários posso me abster para ter uma finança mais saudável?

- Quais compromissos posso dispensar para liberar tempo e espaço para mim?

203

SUA VIRTUDE ESCONDIDA

Você já se perguntou qual é o seu maior talento, ou talvez já tenha parado pra pensar que não tem uma virtude especial? Neste último caso, você deve estar equivocado.

Convido você a desenterrar sua virtude, como o arqueólogo extrai do fundo da terra o maior tesouro. É que às vezes nossos talentos são muito mais visíveis na infância e na juventude e, como se tratassem de fósseis, acabamos por cobri-los com o pó da vida, com a terra dos anos e da rotina, perdendo em nosso interior o mais valioso que temos.

Faça arqueologia. Você chegou com esse talento à vida, mesmo que não tenha consciência dele, e sua missão é entregá-lo ao mundo para trazer beleza ou novas soluções ao seu redor.

Descubra esses pequenos tesouros que fazem de você um ser incrível, digno de amar e de ser amado.

QUAL A SUA GENIALIDADE?

O empresário Tony Estruch apresenta um novo modelo sobre o talento em seu livro *Geniotipo: Descubre al genio que hay en ti*, que já foi traduzido para seis idiomas, incluindo o japonês. Estes são alguns dos mais comuns, identificado cada um por uma figura geométrica:

- INFINITO: Seu propósito é educar e mostrar novos caminhos aos outros.
- QUADRADO: A genialidade dos bons gestores que colocam ordem no caos.
- ELIPSE: Seu dom é a criatividade em qualquer de suas formas.
- TRIÂNGULO: É a genialidade dos grandes vencedores ou comunicadores.
- CÍRCULO: Sua inspiração é o amor e a entrega às outras pessoas.
- PENTÁGONO: O talento dos médicos, terapeutas e cientistas.

Dentre esses perfis, qual você diria que é seu tipo de genialidade?

204

O VALOR DO TEMPO

É verdade que não podemos voltar no tempo, mas isso não deveria ser motivo de desânimo. Se você descobrir o que deixou escapar como areia entre os dedos, sem perceber, pense que talvez tenha sido necessário que isso acontecesse.

Há muitas coisas a que só damos valor quando as perdemos e uma delas é o tempo.

Quando percebemos que cada hora, minuto e segundo são preciosos, porque não voltarão mais, então começamos a utilizar o tempo como o que ele é: nossa moeda de maior valor.

É no tempo que vivemos e reunimos nossas experiências, que nos recordam a grandeza da vida e a voracidade de cada instante.

OS LADRÕES DE TEMPO

Em seu livro *Time Mindfulness*, a economista Cristina Benito, identifica os vampiros de nosso bem mais precioso para que possamos evitá-lo:

- *Gente desocupada.* "Está comprovado que quem mais perde tempo é especialista em consumir o das pessoas que menos o tem", diz a autora.

- *Compromissos sociais.* Não perca tempo participando de reuniões ou encontros só por obrigação ou para não ficar chato.

- *Compras de última hora.* Uma má organização doméstica faz com que tenhamos que escapar — e perder tempo — para adquirir aquilo que nos falta.

- *Grupos de WhatsApp, Messenger ou similares* que não são necessários, mas que bombardeiam nosso celular o tempo todo.

205

A BELEZA DO DIFÍCIL

Em seu clássico *O caminho menos percorrido*, M. Scott Peck começou com uma frase ousada para um livro de autoajuda: "A vida é difícil".

Esse psiquiatra norte-americano explica depois por que a dificuldade não deve nos frustrar, mas ser um incentivo para sermos mais proativos. Em suas palavras:

> *É humano — e sábio — temer o desconhecido, ficar ao menos um pouco apreensivo ao embarcar em uma aventura. No entanto, é somente com as aventuras que aprendemos coisas importantes.*

Você tem espírito aventureiro? Qual foi a última grande dificuldade que enfrentou? Que aprendizado importante você adquiriu?

Scott Peck nos lembra que

> *é provável que nossos momentos mais sublimes ocorram quando nos sentimos profundamente abatidos, infelizes e tristes. É apenas nesses momentos que, movidos pela insatisfação, somos capazes de sair da trilha já percorrida e começar a buscar respostas mais verdadeiras em outros caminhos.*

DÊ NOME À SUA AVENTURA

Mudar a palavra *problema* ou *crise* por *aventura* nos coloca em papel de heróis ou heroínas de nossa vida, em vez de sermos a vítima. Para isso, neste exercício, peço o seguinte:

1. Nomeie a última *aventura* que você vivenciou (por exemplo, A AVENTURA DE ENCONTRAR UM EMPREGO MELHOR);

2. Dê título à aventura que você tem de agora em diante;

3. Faça um mapa com as diferentes etapas que você deve superar nessa viagem.

206

SUA MELHOR COMPANHIA

Você vai viver consigo mesmo pelo resto da vida, esse é um casamento que não admite traições nem divórcios. Como você vai enganar essa pessoa incrível que o acompanha e que é sua melhor aliada? Quer melhor companhia para caminhar rumo à felicidade e à realização que a versão mais honesta de você mesmo?

Vocês podem fazer muitas coisas juntos para construir uma vida que valha a pena.

O primeiro passo para começar a percorrer esse caminho lado a lado é ser sincero, se reconciliar com aquilo que você é e abraçar esse ser maravilhoso que todos os dias tem o privilégio de respirar, amar e sentir. Estou falando de você mesmo.

Apenas se você viver em harmonia consigo mesmo, sendo fiel aos seus princípios e desejos, será capaz de amar os outros e ser amado. Isso já é um motivo poderoso para aumentar seu amor-próprio.

COMO VOCÊ COZINHA A SUA FELICIDADE?

Há muitas receitas de diferentes autoras e autores, e neste livro você encontrará algumas. Mas sugiro que, neste exercício, seja você quem estabeleça os ingredientes de que precisa para se dar bem consigo mesmo:

1 _____
2 _____
3 _____
4 _____
5 _____

Agora que você já tem a receita, mãos à obra!

207

EXPRESSAR AS EMOÇÕES

Demorei certo tempo para entender, mas agora sei que é muito positivo expressar as emoções. Há muitas maneiras de fazer isso: dividi-las com alguém que saiba ouvir, cantá-las, desenhá--las, escrevê-las...

Qual é a sua forma mais natural de expressar o que sente?

Expressá-la e canalizá-la através de qualquer meio ajuda a baixar a intensidade do que sentimos e, assim, podemos observar desde fora. Assim, podemos entendê-la melhor, expressá-la e deixá-la ir pouco a pouco. Evitaremos que as emoções fiquem aí e que reapareçam de vez em quando.

Sou grata a todas as pessoas que souberam me acompanhar na gestão daquelas emoções que me impediam de avançar, as que me deram pautas e as que me ouviram sem julgar, me fazendo ver que só eu possuía a chave da minha liberdade.

ARTETERAPIA

A arte não é algo para poucos, você pode usá-la para conversar consigo mesmo e descobrir o que carrega por dentro. Você pode escolher a via de expressão mais cômoda ou a de que mais goste:

- Desenhe quando for invadido por uma emoção. Tente colocar no papel tudo que sente.

- Escrever pode ter o mesmo efeito terapêutico. Através das palavras, dê asas ao que você pensa, sente ou deseja.

- A música, a fotografia, a dança...

Você pode experimentar diferentes maneiras de se expressar e escolher aquela com a qual flui com mais facilidade.

208

A VELHA CAIXA

Em seu famoso livro *O poder do agora*, o professor Eckhart Tolle explica uma fábula que desejo compartilhar com você:

Por mais de trinta anos um mendigo ficou no mesmo lugar, em uma estrada. Até que um dia, um estranho passou por ali.

— Tem um trocadinho aí pra mim? — murmurou, estendendo mecanicamente seu velho boné de beisebol.

— Não, não tenho — disse o estranho. E perguntou: — O que há nesse baú debaixo de você?

— Nada, isto aqui é só uma caixa velha. Já nem sei há quanto tempo estou sentado em cima dela — respondeu o mendigo.

— Nunca olhou o que há dentro? — perguntou o estranho.

— Não — respondeu. — Para quê? Não há nada dentro.

— Dá uma olhada dentro — insistiu o estranho.

O mendigo conseguiu abrir a tampa. Com grande surpresa, incredulidade e alegria, viu que a velha caixa estava cheia de ouro.

Esse relato nos ensina, de forma simbólica, que muitas vezes nossa riqueza está tão perto de nós que não sabemos vê-la.

A VIDA ESTÁ AQUI

Em sua juventude, o escritor tcheco Milan Kundera escreveu *A vida está em outro lugar*. Nesse romance, ele conta a história de um homem que sempre acredita estar vivendo no lugar e no momento equivocados.

O que acha de tentarmos não ser como o protagonista e abrirmos os olhos para ver que a vida está aqui e tem muito a nos oferecer se deixarmos de procurar em outro lugar?

209

A REGRA DOS 5 SEGUNDOS

Muitas vezes temos que fazer coisas que não queremos para conseguir aquilo que tanto queremos. Porém, também sabemos que é a única forma de nos aproximarmos desse objetivo.

Como podemos superar a preguiça que isso que precisamos realizar nos causa?

Faça sem pensar. Essa é a solução que sugere minha adorada Mel Robbins com sua "Regra dos 5 segundos":

- Levante-se e faça agora mesmo;
- Faça a contagem regressiva dos 5 segundos — 5... 4... 3... 2... 1... — e sinta como seu corpo e sua mente vão cortando, com esse ritual, qualquer tentativa de procrastinação;
- Comemore que você finalmente conseguiu.

COMO E QUANDO APLICAR A REGRA DOS 5 SEGUNDOS

1. Você pode fazer a contagem regressiva sempre que tiver que fazer algo e perceber que há certa resistência.

2. Aplique-a em qualquer área cotidiana que você não sinta vontade de fazer, mas que sabe que precisa fazer.

3. Mel Robbins aconselha irmos com tudo. Ou seja, como se não tivéssemos nenhuma outra opção ou plano B.

210

BELEZA E HUMANIDADE

Adoro me impregnar de coisas bonitas, seja música, arte, carinho, olhares, plantas, animais... A beleza me inspira e me deixa feliz.

Mas não limito essa experiência a uma paisagem ou a uma obra de arte. Também me sinto atraída pelas pessoas bonitas de coração. Aquelas que são simples, claras, abertas, nobres e generosas.

Não é necessário que digam algo, a atitude e a energia delas são suficientes. Às vezes, eu nem as conheço e apenas me sento ao lado ou as observo discretamente.

Pode ser um pai em um parque, uma alegre vendedora, uma menina saindo com as amigas da escola... não importa. Se me olham, eu sorrio e em seguida vou embora.

Preciso da beleza do mundo e das pessoas para viver. Quero pessoas iluminadas ao meu lado para me contagiar com seu resplendor.

BELEZA A ESPIRITUALIDADE

Segundo afirma o teólogo e filósofo Francesc Torralba em seu livro *Inteligência espiritual*, aqueles que têm esse tipo de inteligência, têm mais facilidade para admirar a beleza do mundo e a das pessoas. Por esse motivo, os artistas costumam ser profundamente espirituais.

Portanto, sua capacidade de capturar a beleza ao seu redor é um indicador de sua inteligência espiritual.

UMA AVENTURA APAIXONANTE

A o longo deste livro, conversamos sobre a importância de questionar nossas crenças. Isso é um exercício de coragem, já que se desprender de suas verdades absolutas faz com que você entre em um terreno de incerteza nada confortável.

Porém, quando você abandona o mundo conhecido, começa uma exploração muito interessante que lhe permite se abrir a novas versões de você mesmo e a romper com velhos paradigmas. Essa aventura pode levá-lo a um lugar novo e mais confortável.

Ao sair da zona de conforto, às vezes você sentirá que passa por um bosque escuro e confuso, mas não tema. Não há lobos que vão devorá-lo, nem ladrões para assaltá-lo.

Brincar de não ser nada, de não ser ninguém, de não ditar nenhuma certeza, abre infinitas possibilidades e, ao mesmo tempo, liberta você da prisão do absoluto.

QUEM SOMOS NÓS?

Em 2004, estreou um documentário com esse título que misturava física quântica, consciência e espiritualidade. Entre suas várias inspirações, uma delas é: "O verdadeiro truque da vida é não estar no conhecido, mas no mistério".

Você se atreve a deixar as certezas e abraçar o mistério da vida e suas maravilhas?

212

DESAPEGO

sse é um conceito fundamental no budismo, assim como na psicologia moderna. Aliás, em um dos manuais mais influentes dos últimos cinquenta anos, em *Seus pontos fracos*, o psicoterapeuta Wayne Dyer afirma:

> *A independência psicológica envolve a condição de não precisar dos outros. E não, eu não disse querer os outros, mas precisar. No momento em que você precisa, torna-se vulnerável, um escravo. (...) A sociedade nos ensina a sermos psicologicamente dependentes de muitas pessoas a partir dos pais; e pode ser que você ainda esteja de boca aberta, esperando que caiam os vermes de muitos relacionamentos importantes. Enquanto você sentir que deve fazer alguma coisa, porque é isso que se espera de você em determinado relacionamento, e que o fato de fazer cria qualquer ressentimento e o de não fazer gera sentimento de culpa, pode ter certeza de que há trabalho para executar nesse ponto fraco.*

PEQUENO TESTE DE DESAPEGO

1. Antes de tomar qualquer decisão importante para você, pense: você está preocupado que isso possa causar desconforto ou reprovação?

2. Costuma se preocupar com o que as pessoas pensam de você?

3. Quando você publica algo nas redes sociais, se entristece quando recebe poucas curtidas ou comentários?

4. Para você, é difícil nadar contra a maré?

Se respondeu sim a duas ou mais perguntas, é necessário que trabalhe o desapego, que deixe de depender da opinião dos outros.

213

REINICIE SEU CÉREBRO

Não sou sua mãe, nem direi que você deve ir cedo para cama, mas lembre-se de que o descanso é essencial para reiniciar seu cérebro. E não importa apenas as horas que dormimos, mas a qualidade do sono. É aconselhável dormir em um quarto tranquilo, sem barulho e com a temperatura adequada, com uma cama que se adapte bem ao que o seu corpo precisa.

Como dizem os especialistas em sono, só quem descansa o suficiente está de fato desperto durante o dia. Um sono reparador fará com que seus neurônios se regenerem e que seu cérebro esteja em forma para um novo dia.

Convido você a dar atenção a esse um terço do nosso tempo, no qual passamos dormindo, para que nos outros dois terços você possa ter energia e qualidade de vida.

SEIS TRUQUES PARA DORMIR MELHOR

Segundo um relatório da Clínica Mayo, podemos melhorar nosso descanso noturno com essas seis medidas:

1. *Siga um horário fixo de sono.* Nada altera mais o descanso que a irregularidade na hora de dormir.

2. *Preste atenção naquilo que você come e bebe.* Não tome estimulantes depois das seis da tarde nem coma comidas pesadas antes de se deitar.

3. *Crie um ambiente de descanso.* Afaste da cama celulares, tablets e computadores. Seu cérebro deve relacionar seu espaço com desconexão.

4. *Limite os cochilos diurnos.* Se forem muito demorados podem causar insônia.

5. *Realize atividade física como parte da sua rotina diária.* Mover o corpo, cansá-lo de forma saudável, ajuda o descanso.

6. *Controle as preocupações.* Não as leve para a cama! Aquilo que você não pôde resolver hoje, deixe para amanhã.

214

EXPLIQUE-SE, EXPRESSE E COMPARTILHE

Quando chegar o momento de iniciar uma relação sentimental com alguém — seja um companheiro ou um amigo —, ou se você quiser renovar ou reiniciar a relação que está vivendo agora, comece explicando o momento em que você se encontra, quais são seus desejos e como você está se sentindo por dentro.

Expresse o que você precisa e o que procura para que a outra parte entenda melhor seus atos e palavras. Compartilhe o que o move de coração.

Seja generoso nesse aspecto e, além disso, pergunte em que a outra parte precisa de você para saber se você pode corresponder.

Aproxime-se assim, de maneira generosa e aberta. Será a melhor forma de criar um caminho em conjunto e evitar mal-entendidos e falsas expectativas.

O BOM AMOR EM UMA FRASE

Um dos aforismos mais admirados pelo psicólogo Antoni Bolinches é: "O segredo de um bom relacionamento é se casar com o outro, sem se divorciar de si mesmo". Quer dizer, não há nada de errado em agradar o outro, desde que isso não implique prejudicar a si mesmo ou trair seus princípios.

215

KOANS

Alguma vez você já ouviu falar dos *koans*, os enigmas que os estudantes de zen devem resolver?

O discípulo recebe uma pergunta enigmática por parte de seu mestre e medita sobre ela durante dias, deixando de lado o pensamento racional, para chegar a uma resposta espontânea.

Talvez por isso também sejam usados nos programas de criatividade para desenvolver o pensamento lateral. O orientalista holandês Janwillem van de Wetering o definia assim:

> *Um koan é uma pergunta feita em um nível diferente das perguntas que surgem todos os dias, e perdemos tempo se pretendemos respondê-la mediante os métodos ordinários. Nem a inteligência nem a experiência nos ajudarão. Porém, o mestre pede uma resposta. Olha para você e insiste que há uma resposta.*

TRÊS KOANS PARA PRATICAR O PENSAMENTO LATERAL

1. Qual é o som de uma palmada executada só com uma mão?

2. Como você pode salvar um unicórnio?

3. Qual era seu rosto original antes que seus pais lhe dessem à luz?

TRINTA CENTÍMETROS

Trinta centímetros. Essa é aproximadamente a distância que separa o cérebro do coração. É curioso que nesse curto espaço se produzam, me atreveria a dizer, a maioria das disfunções e desencontros com nosso próprio ser.

O que acontece para que a conciliação entre emoção e pensamento seja tão complicada?

Já falamos que não prestamos atenção suficiente ao que sentimos. Esse é um ponto que particularmente me interessa, já que partimos do princípio de que se pensa com o cérebro e se sente com o coração...

O que aconteceria se pudéssemos sentir mais com o cérebro e pensar com o coração? Conseguiríamos unificar essa dicotomia que nos desconecta de nós mesmos?

COMO ATIVAR A INTELIGÊNCIA DO CORAÇÃO

Annie Marquier, matemática e investigadora da consciência, explicou em uma entrevista que o coração contém um sistema nervoso independente e bem desenvolvido com mais de 40 mil neurônios.

Isso lhe permite tomar decisões independentemente do cérebro.

Segundo essa autora, podemos ativá-lo...

- Estando receptivos ao próximo;
- Ouvindo mais e melhor;
- Praticando a arte da paciência;
- Cooperando com os outros;
- Aceitando as diferenças;
- Cultivando nossa coragem.

O ENCONTRO MAIS IMPORTANTE DA SUA VIDA

Pablo Neruda dizia: "Algum dia em qualquer parte, em qualquer lugar indefectivelmente te encontrarás a ti mesmo, e essa, só essa, pode ser a mais feliz ou a mais amarga de tuas horas".

Quantas pessoas evitam esse encontro, porque não se sentem à vontade com elas mesmas?

Somente a partir de si mesmo é possível conduzir com sucesso qualquer mudança de vida. Apenas o que você fizer com profundo conhecimento e desejo será efetivo. Essa será a mudança infalível para avançar nos momentos mais complicados.

Ninguém irá descobrir algo que só você tem: sua fórmula magistral para que dê um passo adiante.

Você está preparado para o encontro mais importante da sua vida?

TRÊS MANEIRAS DE SE ENCONTRAR

1. Permanecer em silêncio, seja na natureza ou em um lugar tranquilo, é uma das formas mais simples de se reencontrar;

2. A meditação, em todas as suas modalidades, é uma via tradicional para aprofundar em você;

3. Uma viagem solitária é outra forma magnífica de se conhecer melhor e descobrir como você é e reage perante as mudanças.

218

ESCUMAS NO MAR

Quando você se sentir chateado e tudo parecer difícil, quando acreditar que não aguenta mais, pense em todo o caminho que percorreu até esse momento. Dessa forma, será mais fácil aceitar com tranquilidade e paz de espírito que se sente exausto e abatido. Vai se permitir descansar, observar o que foi conquistado e comemorar para seguir adiante muito mais motivado e acreditando em si mesmo.

O poema mais famoso de Antonio Machado pode servir de inspiração em um momento desses:

> *Caminhante, são teus passos*
> *o caminho e nada mais;*
> *Caminhante, não há caminho,*
> *faz-se caminho ao andar.*
> *Ao andar se faz caminho,*
> *e ao voltar a vista atrás*
> *se vê a senda que nunca*
> *se voltará a pisar.*
> *Caminhante, não há caminho,*
> *mas sulcos de escuma no mar.*

A LINHA DA VIDA

Este é um exercício muito utilizado em *coaching* para tomar consciência da nossa jornada pessoal:

1. Trace em uma folha no sentido horizontal, uma linha reta que simbolize a sua vida.

2. Marque com linhas verticais os acontecimentos mais importantes: nascimentos, mortes, casamentos, términos, mudanças de emprego, de casa, de país...

3. Inclua nessa linha da vida os momentos de crise que o fortaleceram e o tornaram quem você é.

4. Analise sua história em perspectiva e perceba tudo que você tem para dar e para viver.

A VIDA NÃO É UMA COMPETIÇÃO

Em um dos livros mais lindos e inspiradores que já foi publicado, *A última grande lição*, o jornalista Mitch Albom se reencontra com um professor que marcou a sua vida e que, no auge de sua existência, concorda em lhe ensinar — todas as terças-feiras — as últimas lições sobre a arte de viver.

Algumas são tão básicas quanto essenciais: *A coisa mais importante na vida é aprender a dar amor e deixar que venha até você.*

Esse cativante professor protagoniza uma anedota muito interessante. Durante um jogo de basquete estudantil, ao ouvir a torcida: *"Somos o número um, somos o número um!"*, Morrie surpreende a todos ao deixar seu lugar e ir até o meio da quadra para perguntar em voz alta:

— *O que há de errado em ser o número dois?*

TRÊS PERGUNTAS SOBRE O SUCESSO

Essa anedota nos serve para que façamos perguntas importantes a nós mesmos quando nos sentirmos competitivos a ponto de gerar estresse:

- Por que eu deveria medir minhas conquistas baseado naquilo que os outros conseguem?
- Isso que pretendo alcançar é importante para mim, ou é apenas algo que quero exibir para as pessoas?
- Qual é meu verdadeiro objetivo, que não implica competir com ninguém e ser eu mesmo?

220

SEM PRESSA

Ninguém está perseguindo você. Não há pressa. Nada passa por cima de você. Nada atinge você. Você apenas acelerou sem saber muito bem para onde ia. Você começou a correr por inércia.

Quando você perceber e olhar para trás, vai ver que ninguém estava colado em você. Que você passava por cima de si mesmo. Então, calma, está tudo sob controle em relação à pressa.

Talvez alguém tenha dito a você que, se corresse, poderia chegar antes. Mas *correr para quê?*, me diziam em Cuba quando eu era jovem. E é verdade.

Vários estudos comprovam que as pessoas capazes de desacelerar sua atividade lidam melhor com o excesso de informação, cumprem mais seus compromissos e se distraem menos no trabalho.

Portanto, acostume-se a ir mais devagar. Verá como vai se sentir bem.

PRATIQUE O EXERCÍCIO SUPERLENTO

A lentidão também tem demonstrado ser muito eficiente na prática esportiva, principalmente para perder gorduras acumuladas. O treinamento chamado LISS (*Low Intensity Steady State*) é realizado da seguinte forma:

- Diferente de outras práticas esportivas, o ritmo cardíaco não deve superar os 60-65 por cento de sua capacidade total.

- Para compensar, dedicaremos mais tempo ao exercício lento: um mínimo de 45 minutos.

- Você pode praticar LISS pedalando devagar ou caminhando em uma esteira, ou também passear em ritmo constante até atingir a quantidade de passos determinada.

- No LISS os *picos* de atividade mudam pela constância e o bem-estar do exercício relaxado.

221

SEU XADREZ VITAL

Pode ser que às vezes você sinta que não está no melhor momento nem no melhor lugar, mas isso não significa que não possa se mover.

Assim como no xadrez, o que importa nesse caso é o seu próximo movimento. Tome a melhor decisão com habilidade e utilize os recursos disponíveis ao seu alcance.

Em seu livro *El juego de la vida*, Adriana Hernández Planillas vê neste exercício uma metáfora da vida:

> *O futuro (...) é a soma de várias pequenas causas e efeitos que partem de nós mesmos. Cada movimento que fazemos na existência tem suas consequências, e ao mesmo tempo, elas causam reações e novas ações, como no efeito borboleta. O xadrez também é assim. (...)*
>
> *Em relação às nossas vidas, as pessoas que vivem à deriva são aquelas que não estão conscientes das consequências de seus atos, nem para elas nem para os outros (...) A arte de viver consiste em compreender todos os mecanismos — favoráveis ou prejudiciais para nossos interesses — que ativamos cada vez que movemos uma peça.*

A ESTRATÉGIA DE KASPÁROV PARA A VIDA

Esse jogo intelectual que aumentou sua popularidade desde a transmissão da série *O gambito da Rainha*, tem como um de seus grandes mestres Garry Kaspárov, que explica em seu livro *Xeque mate. A vida é um jogo de xadrez*, que uma estratégia "começa com um objetivo para um futuro distante e trabalha retrocedendo até o presente".

Você é capaz de fazer este exercício com sua própria vida, medindo todos os passos que o levam a partir de agora até essa meta futura?

222

AS SOLUÇÕES ESTÃO DENTRO

Um dos filósofos mais destacados — e muitas vezes difíceis — da filosofia contemporânea, Ludwig Wittgenstein, expunha esta alegoria sobre as soluções que muitas vezes procuramos para nossa vida:

Um homem pode se sentir prisioneiro em um quarto com uma porta que não está trancada, mas que abre para dentro; e ele não sairá de lá enquanto não a puxar ao invés de empurrá-la.

É uma explicação muito gráfica do que nos acontece muitas vezes. Esperamos que a situação mude do lado de fora: que apareça uma mudança econômica, um mentor, um companheiro, um golpe de sorte que nos abra essa porta que nos separa daquilo que desejamos.

Mas, como diz o filósofo austríaco, essa porta se abre para dentro. Procure dentro de si. Você tem tudo aquilo de que precisa para a aventura que deseja iniciar.

REVOLUCIONE-SE

Uma frase famosa de Wittgenstein é "revolucionário será aquele que possa revolucionar a si mesmo". A pergunta aqui seria: o que você pode fazer aqui e agora para revolucionar quem você é e como vive?

223

PEQUENAS COISAS

Gosto de colocar flores em casa e plantas no jardim. Já os animais, prefiro no campo, apesar de sonhar em ter um gato preguiçoso por perto.

Gosto de abrir um vinho com os amigos e degustar um bom queijo. Fazer um bolo em uma tarde e cozinhar uma massa enquanto ouço ópera e descubro novas músicas. Arrumar armários e ouvir podcasts de pessoas que me inspiram. Passear em lojas bonitas e livrarias pequenas. Olhar as pessoas e imaginar o que elas farão quando chegarem em casa. Fazer tranças na minha filha, colocar os colares da minha mãe e pedir uma receita para minha tia pelo telefone. Planejar viagens que sonhei e jogar cartas no inverno. Fazer uma máscara no cabelo ou no rosto e deixar o tempo passar olhando para o teto. Escrever um pouco e ler romances de mulheres.

FAÇA UMA LISTA DE PEQUENOS PRAZERES

Em seu livro *O primeiro gole da cerveja*, Philippe Delerm mencionava delícias cotidianas como ir comprar croissants saídos do forno ou assistir ao Tour de France no calor do verão.

Assim como esse autor francês, sugiro que elabore sua própria lista de pequenas coisas que devolvem a vida para você. Sempre que se sentir desanimado, leia como recordatório das coisas que fazem você renascer.

224

SUA PRÓPRIA ROTA

Talvez o passado não tenha sido como você esperava, porque lhe faltava experiência ou recursos. Talvez você carecia da fortaleza e da energia requeridas para abordar os projetos que tinha pela frente. É possível que o ambiente também não fosse o adequado. Porém, hoje as coisas são diferentes.

Você é adulto e tem o poder de decisão sobre seus atos. Não há ninguém para culpar ou responsabilizar sobre o que vai acontecer a partir de agora.

Sua vida segue uma rota marcada por você e para você. Pode voltar atrás a qualquer momento, parar para reabastecer, pensar ou olhar o mapa outra vez. Pode mudar de direção, diminuir a marcha ou acelerar a velocidade até desafiar a luz.

Você não tem que seguir o mesmo caminho e muito menos as indicações de quem viaja ao seu lado. Você tem a decisão de escolher se quer companhia ou solidão, se quer observar a paisagem ou fechar os olhos por um instante para imaginar novos horizontes, sentir a brisa e o calor ou parar para observar a chuva cair.

O único que você precisa é seu próprio ser como veículo, livre de cargas, bom de motor e força. Milhares de quilômetros incríveis de autodescoberta e entrega esperam por você.

NA ESTRADA DA SUA VIDA

Seguindo com a metáfora do carro, imagine que sua existência seja uma viagem de carro na qual só você decide o rumo. Como chamaria o destino para o qual está indo?

225

ELOGIO DA SOMBRA

Em seu pequeno livro *Elogio da sombra*, o autor japonês Junichiro Tanizaki nos surpreende falando da beleza do menos brilhante.

Em uma casa japonesa, a opacidade, o fosco, a penumbra, o escuro formam essa estética extraordinária que tanto admiramos em sua arquitetura, assim como na iluminação dos espaços...

Essa visão estética pode ser transferida a uma filosofia de vida e uma atitude que considero muito interessante. Além do superficial e aparente, o elogio da sombra se refere à discrição, ao mistério e à sabedoria oculta que cada pessoa possui.

Além disso, sem sombra não há luz nem reflexos.

Nem tudo deve ser deslumbrante, luminoso e reluzente. É muito mais interessante e atraente brilhar na sombra, deixar que os outros imaginem aquilo que não podem ver.

O SEGREDO DE SOFIA LOREN

Uma vez perguntaram à grande atriz italiana qual o segredo do seu *sex-appeal*, e ela disse: "O *sex-appeal* é 50 por cento do que nós temos com 50 por cento do que as pessoas acham que nós temos".

Essa visão do mistério como atrativo está em sintonia com a obra de Tanizaki.

Portanto, em vez de mostrar abertamente o que somos, como homens ou mulheres, os convido a deixar que os outros imaginem os tesouros que nossa sombra esconde.

226

SUPOSIÇÕES

Um relato de um autor desconhecido conta que uma mulher esperava seu voo em um grande aeroporto e, como ainda faltavam algumas horas para embarcar, ela foi comprar um livro e um pacote de biscoitos.

Depois de se sentar em uma poltrona da sala VIP, ela deixou a bolsa e os biscoitos na poltrona ao lado. Em seguida, o assento foi ocupado por um jovem viajante.

A mulher comeu um biscoito e, enquanto lia, percebeu admirada que o rapaz tinha pegado um biscoito do pacote. Sempre que ela comia um biscoito, o rapaz fazia a mesma coisa.

E, como se não bastasse, quando restou apenas um biscoito, o rapaz pegou a metade e deixou o resto para ela.

A ponto de explodir de indignação, a mulher fechou o livro e se dirigiu à porta de embarque. Quando enfim ocupou seu assento no avião e abriu sua bolsa percebeu, envergonhada, que seu pacote de biscoitos estava lá dentro, ainda sem abrir.

NÃO SUPONHA

Essa simples história nos dá três lições práticas para a vida diária:

1. Antes de ficarmos bravos com alguém, temos que ter certeza de que as coisas são como imaginamos;

2. Muitas coisas que nos assustam têm uma explicação muito diferente da que imaginamos;

3. Todo tempo investido em guardar ressentimentos contra algo ou alguém é um tempo desperdiçado.

227

SAIR PELA TANGENTE

É verdade que nem tudo depende de nós, mas a tendência de sair pela tangente pode nos fazer perder o controle de nossa vida.

Pergunte a si mesmo quantas vezes você culpa as circunstâncias por aquilo que acontece. Vou mostrar alguns indicadores para que perceba o quanto você faz isso:

- Utilizar expressões como *vamos ver se* ou o famoso *acontece que* para nos justificarmos e transferir a responsabilidade para o mundo exterior.

- Fala condicional: a promessa de que faremos algo *quando* determinadas coisas acontecerem.

- Esperar que uma entidade ou um poder divino resolva um problema ou um conflito.

- Atribuir responsabilidades a terceiros quando as coisas não saem como esperamos.

AFIRMAÇÕES PARA NÃO SAIR PELA TANGENTE

Em vez disso, você pode utilizar estas frases:

- Sou responsável pela minha vida e me responsabilizo pelas coisas que dependem de mim.

- Prefiro seguir em frente a esperar ajuda de alguém.

- Não há circunstâncias mais favoráveis que aquelas que crio em minha vida.

- Parafraseando Henry Ford: se penso que posso ou se penso que não posso, de qualquer forma estou certo.

228

WORK IN PROGRESS

Desde a infância, procuramos o reconhecimento do grupo para reafirmar nosso valor. Isso é normal nas crianças, já que faz parte de nossa integração na sociedade.

Mas também adultos continuamos precisando — em maior ou menor grau — da confirmação de que o que estamos fazendo está correto, a comemoração de uma conquista, e assim, cada vez mais.

No fundo, durante toda nossa vida, sentimos a necessidade de sermos aceitos. Porém, a única aceitação de que você precisa de verdade é a própria.

Ninguém pode validar suas conquistas, sua evolução, seu estado atual, além de você mesmo.

Seja generoso e gentil com você, ao mesmo tempo inconformista e capaz de continuar sonhando. Todo ser humano é um *work in progress* que avança rumo à plenitude.

ELABORE UM MAPA DE PROGRESSOS

1. Estabeleça que áreas da sua vida precisam de melhorias e dedique a cada uma delas um cartão ou uma folha de caderno;

2. Sempre que fizer um progresso significativo, anote-o. Você pode ilustrá-lo com uma imagem ou gráfico para que resulte em algo mais visual;

3. Revise de vez em quando os diferentes progressos em cada sessão. Isso o motivará para que adquira novos desafios.

229

GRANDES MOMENTOS

No futebol universitário dos Estados Unidos há um prêmio especial, o Troféu Heisman, que é dado ao esportista que tiver maior excelência e integridade.

Em relação a isso, a romancista Shauna Niequist faz a seguinte reflexão:

Os grandes momentos acontecem o tempo todo, em cada conversa, em cada refeição, em cada encontro.

O vencedor do Troféu Heisman sabe disso. Sabe que seu grande momento não foi quando lhe deram o troféu. Foram as mil vezes que ele foi praticar em vez de ir para a cama. Foram os quilômetros percorridos nos dias chuvosos, as refeições saudáveis quando um hambúrguer parecia o paraíso. Que o grande momento é representado e tem como base os momentos que chegaram antes.

QUAL É A SUA ÍTACA?

Em um dos poemas mais famosos da era moderna, *Ítaca*, de Constantinos Kavafis, faz a seguinte recomendação:

Guarda sempre a Ítaca em teu pensamento.
É teu destino aí chegar.
Mas não apresses nunca tua viagem.

Sem dúvidas, a precipitação prejudica a beleza de qualquer projeto que você tiver, que deve se apoiar nos momentos felizes e nesse destino final que ilumina seu caminho.

230

ABRACE SUA CRIANÇA INTERIOR

A criança que existe dentro de você, e que passou por alguns momentos traumáticos na vida, hoje tem em você um grande aliado.

Eu mesma fui testemunha de mudanças emocionantes em pessoas que, em algum momento de seu processo pessoal, procuraram sua criança interior para abraçá-la e acolhê-la.

O processo consiste em identificar a criança que você foi para reconciliá-la com o adulto que você é hoje. Encontrar o episódio traumático que causou um obstáculo em sua infância e que marcou você. Uma vez encontrado, há de recuperar o passado através da visualização desse momento e, nele, abraçar seu *eu criança* e lhe oferecer de maneira explícita a proteção do seu *eu adulto*.

A partir desse momento, essa criança terá sempre em você o melhor protetor e nada de ruim lhe acontecerá.

VOLTE A SER CRIANÇA POR UM DIA

Anime-se a fazer sua viagem para se reencontrar com sua criança interior, viaje à sua infância e pergunte-se:

- O que você gostava de fazer?
- Qual era seu jogo ou brinquedo favorito?
- Do que você tinha medo?
- Que tipo de futuro você imaginava que teria?

Assim que reviver seu *eu criança*, você poderá abraçá-la, compreendê-la melhor e lhe oferecer a proteção do seu *eu adulto*.

231

CONFIANÇA

onfiança é uma palavra chave quando se trata de bem-estar emocional. Confesso que é uma das palavras de que eu mais gosto.

Esse é o motivo pelo qual decidi dedicar uma série de quatro reflexões dentro deste livro.

Gostaria de começar perguntando sobre o significado do termo: é a garantia que depositamos em algo ou alguém.

Se for uma pessoa, significa que podemos compartilhar com ela qualquer projeto ou situação íntima, sabendo que está a nosso favor.

Se temos um projeto em andamento, significa a capacidade que temos de confiar que acontecerá no momento adequado e que estamos preparados para isso. Sabemos que as circunstâncias externas não dependem de nós, mas compensamos com nossa intenção, com confiança — perdoem pela redundância — de que tudo vai dar certo.

PROFECIA AUTORREALIZÁVEL

As previsões que fazemos recebem esse nome — muitas vezes negativas — sobre o que esperamos que aconteça em uma determinada situação. Antes de que vivamos o resultado, já o estamos antecipando, fazendo com que inconscientemente facilitemos que isso aconteça. Por isso se chama profecia autorrealizável.

Você tem o costume de elaborar prognósticos negativos ou positivos sobre o que vai acontecer? Se for a primeira opção, recomendo mudar sua forma de prever ou, pelo menos, adotar um olhar neutro sobre o futuro imediato.

232

CONFIO EM VOCÊ

Nesta segunda reflexão dedicada à confiança, aprofundaremos um pouco mais naquela que depositamos em alguém, seja nosso parceiro, amigo ou um colaborador.

Ao confiar em alguém, estamos atribuindo garantias e valor a uma pessoa que, entendemos, seja digna de credibilidade. Fazer isso não é condescendência ou favor, mas uma atitude de gratidão.

Se há algo característico da confiança é que você não pode tê-la pela metade. Ou você confia ou não confia na outra pessoa.

Então faremos a seguinte pergunta: o que significa confiar em alguém?

- Saber o que você pode esperar dessa pessoa em uma situação importante.
- Poder *contar* um segredo a essa pessoa e ter a segurança de que ela não fará um mal uso dessa informação.
- Não precisar de muitas palavras para nos comunicarmos. Sua pessoa de *confiança* em seguida entenderá o que você está vivendo e sentindo.

A PROVA DEFINITIVA

Em referência aos diferentes graus de amizade e confiança, o escritor Oscar Wilde definiu este em primeiro lugar: "Qualquer um pode ter empatia com o sofrimento de um amigo. Simpatizar com o sucesso dele é que exige uma natureza delicada".

Quantas relações você tem desse tipo?

233

CONFIE EM MIM

Nesta terceira reflexão, quero falar da confiança que os outros depositam em nós, já que pode ser fonte de muitos mal-entendidos.

Muitas vezes não estamos conscientes das expectativas que as outras pessoas têm em relação a nós. Devemos estar atentos a isso, já que o que esperam talvez seja algo impossível, com o qual não possamos lidar. Nesse caso, o certo é comunicar ao outro para evitar decepções.

Algumas pessoas acham que somos adivinhos, que sabemos o que sentem sem que se expressem a respeito, mas não é verdade. Um bom exercício para medir a confiança do outro é perguntarmos a nós mesmos ou, inclusive, perguntarmos à pessoa:

- O que significa para ela que você seja merecedor dessa confiança?
- O que espera do vínculo entre vocês?
- Você aceita essa pessoa em sua totalidade, com suas virtudes e defeitos?

Responder a essas perguntas o ajudará a compreender o tipo de relação que estão construindo.

O *WABI SABI* DAS RELAÇÕES

A expressão japonesa *Wabi Sabi* significa *a beleza da imperfeição*, e não se aplica apenas às artes, mas também aos vínculos humanos. Vejamos suas três leis aplicadas às relações, assim como declara Nobuo Suzuki em seu livro *Wabi Sabi para la vida cotidiana*:

1. NADA É PERFEITO. Aceitar sua própria imperfeição ajuda você a aceitar a dos outros e a amá-los como são.

2. NADA ESTÁ TERMINADO. Assim como a natureza, as pessoas estão em constante mudança. Se há amor, devemos acompanhar e ajudar o outro no processo.

3. NADA É PARA SEMPRE. Há relações que simplesmente acabam, assim como há outras que começam. Evitemos dramatizar.

234

AUTOCONFIANÇA

Completaremos esta série de reflexões sobre a confiança tratando a classe mais importante para o bem-estar pessoal: a autoconfiança.

Além de confiar em outras pessoas e de ganharmos a confiança delas, é indispensável que confiemos em nós mesmos. Podemos acreditar em nossas capacidades e inclusive percebermos nossas conquistas, mas talvez, mesmo assim, não confiemos totalmente em nós mesmos.

Essa carência pode nos fazer sentir medo ou até mesmo a síndrome do impostor, a sensação de não merecer a sorte ou os méritos que nos atribuem.

Para reforçar a autoconfiança, observe tudo que conquistou em seu caminho até aqui e que talvez nunca tenha comemorado. Agora é o momento de trazê-lo ao presente e valorizá-lo. Não foi fruto do acaso. Foi você quem fez tudo isso, a mesma pessoa que vai continuar fazendo mais e melhor.

QUAL É O SEU NÍVEL DE AUTOCONFIANÇA

Para que possa se conhecer melhor nesse sentido, estas perguntas ajudarão você a refletir:

1. Você precisa que os outros validem suas conquistas ou é capaz de percebê-las sozinho?

2. Sabe aceitar um elogio ou reconhecimento sem se desculpar ou se sentir incômodo?

3. Quando as coisas dão errado, você se sente capaz de resolver a situação?

Como atividade extra, sugiro que sempre que tiver dúvidas ou conflitos que paralisem você, repita para si mesmo a palavra *confie*. Confie na vida, confie que chegarão coisas melhores, confie que isso acontece para *algo maior*, confie que isso seja algo que *convém*, mesmo que você não entenda agora.

235

AS LEIS DE STEVENSON

Robert Louis Stevenson, conhecido em todo mundo pelos romances como *A ilha do tesouro*, acreditava que nunca encontraríamos uma riqueza maior que a nossa própria felicidade.

Para promovê-la, ele formulou algumas leis práticas como estas:

1. *Ninguém tem tudo.* Cada pessoa guarda uma dor que ao mesmo tempo se mistura com a alegria de viver. O truque é fazer que o riso supere as lágrimas;

2. *Não permita que os outros estabeleçam suas normas.* Seja você mesmo;

3. *Faça as coisas que você gosta de fazer,* mas não se endivide no processo;

4. *Não pegue emprestado o problema dos outros.* As coisas imaginárias são mais difíceis de suportar que as reais;

5. *Tenha muitos interesses.* Se não puder viajar, leia sobre outros lugares;

6. *Mantenha-se ocupado com algo.* Uma pessoa bem ocupada não tem tempo para ser infeliz.

AJUDAR AJUDA VOCÊ

Uma última lei de Stevenson é: "Faça o que puder por aqueles que têm menos que você". E o romancista anglo-saxão não dizia isso só para alimentar um espírito cristão ou compassivo. Ele sabia que ajudar as pessoas nos dá coragem, sentido e realização.

Qual é sua melhor oportunidade de ajudar e ser útil nesse momento?

236

CONTRA A FALTA DE INTERESSE

Jostein Gaarder, o autor de *O mundo de Sofia*, disse em uma entrevista que se considerava otimista, porque havia descoberto, segundo suas palavras, que "os pessimistas são uns preguiçosos".

Gostaria de acrescentar que falta de vontade atrai falta de vontade. Quanto mais nos deixamos levar pela falta de interesse, mais difícil será nos livrarmos dela, porque, assim como os músculos da perseverança e da motivação se exercitam, as tendências negativas também se reforçam com o uso.

Se você sente que caiu em uma espiral negativa de algum tipo, pergunte a si mesmo o que é necessário para sair daí.

Para superar a falta de interesse, será útil averiguar que benefício você terá em troca de seu esforço, assim como o pessimista deixa de lutar pelo que acredita que não vai mudar.

Conheça seu *sabotador* e desmonte os argumentos dele para mudar o rumo da sua vida.

COMO VOCÊ QUER SER LEMBRADO?

Essa pergunta é um bom gatilho para mudar uma atividade negativa por outra positiva.

1. Imagine que sua vida já passou e você deixou seu legado no mundo.

2. Que lembrança gostaria de que as pessoas que o conheceram tivessem de você?

3. Quais qualidades ou conquistas você gostaria que se destacassem?

Quando souber como quer ser lembrado, tente agir de acordo para deixar essa marca no mundo.

237

TUDO É QUESTÃO DE MODERAÇÃO

Diz um velho ditado que a caridade começa consigo mesmo, então não tenha dúvidas: ao tomar decisões, coloque você e seu bem-estar em primeiro lugar.

Isso não significa que você deva deixar de lado as pessoas ao seu redor, mas sim respeitar suas próprias necessidades e desejos.

Fomos educados para sermos generosos, respeitosos e gentis com as pessoas ao nosso redor; porém, como disse um médico da Antiguidade: o veneno está na dose.

Quando exageramos no desejo de sermos complacentes, nos esquecemos de nós mesmos. Ocorre, por exemplo, muitas vezes com as mães e as cuidadoras em geral, sobretudo com as mulheres, apesar de haver vários homens com esse perfil.

Ser solícito ao extremo pode fazer com que você sinta que sua vida não tem sentido, acumular raiva ou exaustão, enquanto outras pessoas se aproveitam de você sem perceber o dano que isso lhe causa.

UM TRUQUE PARA OS MUITO GENTIS

Se você é daquelas pessoas que sempre tem um *sim* como resposta quando pedem algo minimamente difícil — em relação a tempo ou dinheiro —, faça o seguinte:

1. Não dê uma resposta imediata. Assim evitará seguir cegamente seu impulso altruísta. Adie a resposta, se for por escrito, ou comunique a pessoa que responderá algo em 24 horas.

2. Calcule quanto custará fazer o que estão pedindo. Mesmo que não se trate de dinheiro, avalie o tempo e a energia que terá que investir.

3. Pense se realmente deseja fazer esse investimento, e se não será um impedimento para outras coisas que você quer fazer.

238

VOCÊ SE SENTE REALIZADO?

Na psicologia, muitas vezes são citados Abraham Maslow e sua pirâmide de necessidades humanas.

Segundo Maslow, na base estão as necessidades fisiológicas, aquilo que é imprescindível para se viver: ar, alimento e água. No segundo nível, as necessidades psicológicas: segurança, amor e autoestima. O nível superior corresponde à autorrealização.

As pessoas realizadas apresentam, segundo Maslow, estas características:

1. Têm uma percepção clara da realidade;
2. Se aceitam como são;
3. Atuam com espontaneidade;
4. Sabem como se concentrar em um problema;
5. Procuram periodicamente a solidão;
6. São autônomas;
7. Têm valores éticos;
8. São sociáveis por natureza;
9. Têm senso de humor;
10. Dão asas à criatividade.

CHECKLIST PARA SE SENTIR REALIZADO

Analise quantas dessas dez características que Maslow menciona você possui. Para as que você não possui, pergunte-se o que pode fazer para que façam parte da sua vida rumo à sua realização.

Convido você a acrescentar alguma outra característica nessa lista.

239

NÃO MENDIGUE

Sem nos darmos conta, às vezes esperamos coisas que não chegam, como o carinho ou o reconhecimento de alguém, e ficamos na expectativa, com os olhos tristes, para ver se alguma coisa *acontece*.

Isso soa familiar?

A princípio, nunca deveríamos mendigar afeto ou reconhecimento, já que, se você mendigar, só receberá o que sobra dos outros.

As coisas importantes são dadas com naturalidade, porque você as merece. O amor e o afeto são coisas que você recebe ao nascer, para depois fazer com que cresçam de maneira generosa. Como o adulto que você é, se dê esse carinho verdadeiro de primeira mão, sem pedir que ninguém faça isso.

INVESTIGUE A CAUSA

Muitas pessoas mendigam amor quando são adultas, porque na infância lhes faltou amor de pai ou de mãe. Outras procuram o carinho desesperadamente, porque têm um autoconceito ruim de si mesmas e precisam da validação do outro.

Descubra o motivo de sua dependência emocional e, uma vez compreendida, preencha-se de amor-próprio.

240

O OLHAR DAS CRIANÇAS

Gosto de observar as crianças. Ouço o que elas me dizem e fico atenta à sua forma de argumentar sobre os assuntos cotidianos. Fico encantada com as respostas que elas dão quando comento um problema doméstico ou quando conversamos sobre algumas histórias, as estrelas, o mar, a chuva, a fome no mundo, o amor ou qualquer outro tema que as preocupem.

Suas perguntas são diretas. Os *por quês*? Ou os *o que aconteceria se...?* me desconcertam e me fazem sorrir, porque me fazem ver tudo que perco por ter uma mente mais adulta.

Admiro a habilidade delas em resolver problemas com pureza e imaginação, a capacidade de receber as informações e de perguntar sem medo.

As crianças exibem uma curiosidade insaciável e contribuem com ideias que abrem um universo de possibilidades, por mais imprudentes que sejam.

Gostaria de estar aberta ao mundo como elas. Quando chegasse algo novo, não me defenderia, nem teria medo. Estaria atenta às novidades e deixaria minha imaginação voar sem limites.

TRÊS COISAS QUE AS CRIANÇAS NOS ENSINAM

O escritor Paulo Coelho afirma que há três coisas que uma criança sempre pode ensinar a um adulto:

1. Ficar feliz sem motivo;

2. Estar sempre ocupado com algo;

3. Saber exigir com todas as suas forças.

241

O EFÊMERO

Contam que no século passado, um turista norte-americano foi a uma cidade do Oriente Médio para visitar um idoso famoso pela sua sabedoria.

O forasteiro se surpreendeu ao comprovar que o homem morava em uma cabana humilde com várias pilhas de livros. Não havia outras mobílias além de uma cama, uma mesa e um banco.

— Mas... onde estão seus móveis? — o turista se atreveu a perguntar.

— E onde estão os seus — o sábio disse em seguida.

— Os meus? Estou aqui só de passagem!

— Pois eu também — respondeu o sábio.

A mensagem dessa fábula é clara: a vida é efêmera, mas muitas pessoas vivem como se o tempo fosse infinito, desperdiçando a chance de serem felizes.

SINTA MAIS

Sempre que ouvimos isto: *estamos de passagem*, percebemos que nosso caminho tem início e fim nesta vida que conhecemos ou acreditamos conhecer. Quando você partir, vai levar pouco ou nada, além do que foi vivido e compartilhado.

Por isso, meu conselho é: evite se apegar aos bens materiais, experimente e sinta mais.

242

A GRANDEZA DE *NÃO SABER*

Se você gosta de perguntar sobre o autoconhecimento, parabéns. Talvez você tenha passado um tempo observando o céu ou explorando dentro de si mesmo em busca de tesouros escondidos.

Talvez você ainda não tenha encontrado o que deseja. Não desanime. A espiritualidade não é uma meta mensurável, mas um modo de vida. E a verdadeira exploração é feita sem expectativa nem julgamentos. Não se programa nem se calcula.

Você sentirá que avança quando fizer isso com humildade e calma, sem se sentir melhor ou diferente das outras pessoas ao pensar que alcançou um estado de consciência mais elevado.

Como dizia o mestre Sawaki: "Não importa há quantos anos você está sentado praticando o zazen. Você nunca se tornará algo especial".

Permita que seu coração guie você em sua viagem a partir da grandeza do *não saber*.

SUA LISTA DO *NÃO SABER*

Se a verdadeira sabedoria, como dizia Sócrates e os mestres zen, vem da percepção de tudo que não se sabe, neste exercício, sugiro que escreva tudo que você não sabe sobre:

1. VOCÊ MESMO;

2. A VIDA;

3. O UNIVERSO;

4. DEUS (OU O NOME QUE QUISER LHE DAR).

Você pode utilizar um caderno do *não saber* como exploração espiritual.

243

BRINCAR DE VIVER

Há um jogo que se tornou muito famoso nos anos 1980. Se chamava *Merp*. Assim como os outros jogos de RPG, ele convidava você a desempenhar um papel e tomar decisões segundo o que o mestre ia relatando, a partir daquilo que os dados determinavam.

Então, seu destino no jogo dependia das decisões que você tomava, mas baseado no que os dados mostravam em seus resultados.

A sensação de viver uma aventura através de bosques e cenários cheios de acontecimentos imprevisíveis era algo divertido, além de uma metáfora da própria vida.

O filósofo Ortega y Gasset dizia: "Eu sou eu e minhas circunstâncias". As circunstâncias são marcadas pelo acaso, mas como você reage a elas depende de você.

Aproveite seus recursos para avançar nesta vida que, às vezes, é como um jogo no qual temos que aprender, nos surpreender e nos divertir, compartilhando com as outras pessoas.

A VIDA COMO UM JOGO DE RPG

Se você não gosta de cenários fantásticos, atreva-se a imaginar como seria sua vida se você tomasse outras decisões.

Pratique *o que aconteceria se…* em situações que você viveu até agora como unidirecionais.

244

VOCÊ TEM FOME DE QUÊ?

A banda brasileira Titãs nos pergunta em sua música *Comida* algo que vai além do alimento em si:

> *Você tem fome de quê?*
> *Você tem sede de quê?*
> *A gente não quer só comida.*
> *A gente quer comida, diversão e arte.*
> *[...] A gente quer prazer pra aliviar a dor.*

E eu pergunto: você tem fome de que agora, além de se alimentar e beber? Como sacia essa fome? Do que se alimenta e do que precisa? O que alimenta você quando suas necessidades básicas são atendidas?

FLORES PARA VIVER

Atribui-se a Confúcio esta citação: "Me perguntas por que compro arroz e flores? Compro arroz para viver e flores para ter pelo que viver."

Neste exercício, peço que investigue quais são *suas flores para viver*, aquilo que você precisa fazer ou experimentar para alimentar sua alma.

245

TUDO PODE ACONTECER

O professor Lee Lozowick, que deu continuidade à tradição indiana dos filósofos itinerantes, afirmava que, para liberar a alma do peso da rotina, precisamos escapar do convencional e praticar a *sabedoria louca*.

Em suas palavras:

> *A vida é muito mais ampla que as limitações que queremos impor a ela, e precisamos estar em permanente romance com ela. Se não fizermos isso, corremos o risco de ficarmos enterrados sob nossas circunstâncias pessoais. É fácil se tornar um autômato que se levanta da cama, trabalha como um burro de carga e dedica um tempo às práticas espirituais, mas todos esses hábitos são mecânicos. (...) Para se livrar deles, você tem que encarar a vida com uma mentalidade infantil, se sentir sempre um iniciante e acreditar em milagres como: "Todos os dias pode acontecer algo novo".*

INCORPORE ESTE MANTRA

Seguindo essa inspiração de Lozowick, todas as manhãs, repita para si mesmo este mantra: "Hoje pode acontecer algo novo" e encare o mundo com essa mentalidade aberta e infantil da qual já conversamos em páginas anteriores. Comece o dia desse modo durante pelo menos três semanas e comprove as mudanças que ocorrerão em sua vida.

246

TRILHA SONORA

Quando passo por um aeroporto, vivo o ritmo frenético dos passageiros que vêm e vão. Caminho entre a multidão, ouvindo nos meus fones de ouvido a música que envolve tudo.

Absorta pela melodia, vejo pessoas aqui e ali que correm de um lugar para o outro. Observo os rostos e, em especial, os olhares. Às vezes parecem familiares e me lembram de outras pessoas que conheci no passado.

Em algumas ocasiões, até mesmo sinto que querem me dizer algo, me lembrar de alguma pendência.

A música sempre me conecta com o inconsciente e me aproxima de lugares que me emocionam. Mais que isso, posso parecer distraída, atordoada e com cara de sono em qualquer aeroporto.

É como se fizesse parte de um filme.

O que faz você viver e sentir sua música preferida?

VIAJE COM LISTAS TEMÁTICAS

Se você tem uma plataforma de música, é possível fazer listas para cada um dos seus estados de ânimo.

Estas são algumas categorias em que você pode selecionar algumas músicas:

1. *Para começar o dia.*

2. *Motivação total.*

3. *Descanso e relaxamento.*

4. *O trabalho terminou (por hoje).*

5. *A hora da melancolia.*

6. *Alegria e gratidão.*

7. *Preparando-se para dormir.*

Crie seus próprios títulos, monte suas pastas com seus temas favoritos e embarque nessa viagem musical.

247

O PRESENTE QUE VOCÊ MERECE

Quando você passar por algo muito difícil de conseguir, imagine o presente que vai querer para si mesmo quando conquistar essa meta.

Não se trata de gastar muito dinheiro. Talvez nem seja algo que deva ser comprado. Talvez se trate de preparar sua receita predileta, organizar um encontro com velhos amigos ou tirar um dia de folga para passear pelo seu lugar favorito e ler sob as árvores.

Visualizar o prêmio ou a recompensa dará forças para que você siga em frente.

Às vezes a melhor recompensa seja simplesmente realizar o que você havia se proposto a fazer. Não há nada que o detenha diante de um desejo profundo. E, aliás, não há presente maior que aquele que você possa dar a si mesmo quando alcançar uma meta.

O simples fato de você se superar já será um grande presente que lhe trará felicidade e orgulho.

A FÓRMULA DE HELLINGER

Bert Hellinger, o criador das constelações familiares, de quem falamos na outra parte do livro, dizia que nós, seres humanos, temos duas obrigações na vida: *trabalhar e comemorar*.

Não duvido que você trabalhe muito e bem, mas… você dedica tempo suficiente para comemorar? Se sua resposta for negativa, comece a inserir comemorações em sua agenda.

248

DESCONECTE-SE

Você se sente sobrecarregado com o bombardeio de informações e estímulos que recebe todos os dias? Eu me pergunto como chegamos a este ponto.

A informação constante em ritmo vertiginoso acaba se transformando naquilo que Alfons Cornella chamou de *infoxicação*, porque não podemos digerir tudo aquilo que nos chega através dos celulares, entre outros meios de comunicação.

Temos tantas distrações em nosso dia a dia que fica difícil focarmos em nossos objetivos.

Dizem que devemos dedicar nossa atenção àquilo que desejamos. Portanto, não é fácil darmos à devida atenção em meio a IFS (*Information Fatigue Syndrome*) ou *Síndrome da fadiga informativa*, cujos sintomas são confusão, ansiedade e medo do colapso.

É necessário fazermos uma seleção para podermos nos focar naquilo que importa de verdade, não acha?

DIETA DIGITAL

Nos Estados Unidos, cada vez mais as pessoas estão tomando consciência da *infoxicação* e, para evitar a IFS, praticam esta dieta digital que você pode seguir:

1. Não conectar na primeira hora do dia. Dedique-a para se vestir com calma, fazer exercício ou tomar café da manhã sem o bombardeio de dados (se quiser, coloque uma música);

2. Estabeleça um horário fixo de conexão e desative os dados após esse horário. Da hora do jantar até a hora de ir para a cama, você deveria fazer a dieta digital e se reconectar apenas no dia seguinte, só uma hora após ter se levantado;

3. Escolha um dia da semana (talvez o domingo) para ficar totalmente *offline*. Curta a sensação de sair para passear sem celular ou, pelo menos, leve-o no modo *não perturbe*.

249

UMA VIDA ZEN

Há muitos pontos de vista sobre a arte de viver em harmonia e plenitude, mas esta do autor japonês Shoyen Shaku é essencial:

Observe o que você fala, sempre que você fala, ponha em prática. Quando uma oportunidade chega, não deixe que passe. Mas sempre pense duas vezes antes de agir.

Não se arrependa do passado, olhe para o futuro. Tenha a atitude corajosa de um herói e o coração amoroso de uma criança.

Quando se deitar para dormir, durma como se esse fosse seu último sono. E ao acordar, deixe sua cama para trás no mesmo instante, como se abandonasse um par de velhos sapatos.

CRIE SEUS PRÓPRIOS RITUAIS

As pessoas mais criativas e eficientes têm seus próprios rituais ao longo da vida, que as ajudam a estruturar o dia e a não esquecer coisas importantes.

Seguindo esse exemplo, sugiro que faça o seguinte:

1. Decida como quer começar as manhãs para não perder energia nesse momento radiante da jornada;

2. Defina algumas pausas durante o dia para fazer algo criativo, mesmo que seja ler o capítulo de um livro. Estabeleça quais são seus oásis;

3. Crie seu próprio ritual para ir para a cama sem estresse e preocupações.

250

EFEITO BORBOLETA

Um velho provérbio diz: "O bater de asas de uma borboleta pode provocar um furacão do outro lado do mundo", nisso consiste o que chamamos de *efeito borboleta*.

Cada um de nossos atos, por mais irrelevante que pareça, acaba tendo consequências devido à relação de causas e efeitos que gera.

Tudo está muito mais relacionado do que acreditamos. Apesar de parecerem mínimos, os micromovimentos que ocorrem ao nosso redor não são em vão, nem mesmo aqueles que fazemos.

Mesmo assim, saber que cada ação tem consequências, porque tudo está interconectado, não deve nos amedrontar. Ao contrário: a magia do *efeito borboleta* nos diz que tudo que fazemos, por menor que seja, é valioso e transcendente.

O MILAGRE DO PEQUENO

Jean Giono conta no clássico da literatura de desenvolvimento pessoal, *O homem que plantava árvores*, a aventura de um humilde pastor que, ao ficar viúvo, decide transformar um vale desértico em um pomar com a ajuda de um único pedaço de pau, com o qual ele vai fazendo buracos no chão para plantar bolotas.

Esse relato comovente demonstra o valor supremo das pequenas ações que, praticadas com persistência e amor, acabam fazendo milagres.

Qual é a bolota que você deseja plantar em sua vida e na dos outros?

251

VIRE A PÁGINA

Em um de seus textos, a brasileira Martha Medeiros dizia o seguinte: "Morre lentamente quem passa os dias queixando-se da má sorte ou da chuva incessante".

Sem dúvidas, quem vive se lamentando consome grande parte de sua energia mental nisso. Viver reclamando, além de ser uma atitude pouco construtiva, tem uma repercussão terrível em nosso estado de ânimo.

É verdade que às vezes sentimos que nada parece justo. Até mesmo acreditamos que o mundo está contra nós, mas se trata apenas de uma opinião subjetiva, porque não vemos o mundo, só vemos *o nosso mundo*.

Ao olharmos as coisas só pelo nosso ponto de vista, não podemos imaginar como a vida das outras pessoas também é complicada. Perdemos a possibilidade de relativizar as coisas e virarmos a página dentro do nosso cérebro, passando automaticamente para um estágio em que seremos mais empáticos, atenciosos e menos vitimistas.

ACOMODE-SE NA CADEIRA

A psicoterapia moderna às vezes utiliza uma cadeira vazia para que o paciente se acomode e conte tudo que sente para uma determinada pessoa, ou até mesmo para o mundo.

Em vez de destilar reclamações durante o dia, como um veneno nocivo, se tiver muita raiva acumulada recomendo que faça o seguinte:

1. Sente-se de frente a uma cadeira vazia e imagine que ali se encontra o objeto ou pessoa que seja o motivo da sua reclamação;

2. Durante 10 minutos no máximo, vá soltando tudo que você carrega dentro de si e que tanto lhe causa indignação;

3. Terminada a sessão, deixe as reclamações ali para poder retomar sua vida sem carregar esse peso nas costas.

252

O CÉU NÃO PODE ESPERAR

Quando eu era criança, foi lançado o filme *O céu pode esperar*, dirigido e interpretado por Warren Beatty. A história é sobre um jogador de futebol americano que, ao sofrer um acidente, tem sua alma roubada por um anjo, mesmo não sendo a hora da sua morte.

Para reparar o erro do anjo, o jogador poderá reencarnar em diferentes pessoas para voltar ao mundo.

O título do filme me faz pensar em uma música de C. Tangana que diz: "Antes de morrer, quero o céu. Cem por cento, aliás".

Você gostaria de curtir o céu ainda na terra, e não em um hipotético depois?

Gosto da ideia de não deixar a curtição para depois e acreditar que merecemos nesta vida, que somos merecedores de toda a glória. Você é digno daquilo para o qual foi chamado: o céu da vida.

O céu pode esperar, como acontece com Warren Beatty em sua aventura, mas você não.

O QUE VOCÊ CONSIDERA O CÉU DA VIDA?

Você pode responder essa pergunta de diferentes formas, já que não há apenas uma fonte de prazeres celestiais:

- Que prato faz você se sentir como os deuses do Olimpo?
- Que lugar traz a você uma paz celestial?
- Que atividade faz você sentir um prazer indescritível?

Anote suas respostas para colocar todas as semanas — e se possível todos os dias — um pouco de céu em sua vida.

253

PRATA E OURO

Quase todo mundo se lembra de um avô ou uma avó que foi uma referência importante em sua vida. Essa pessoa talvez tivesse mais paciência ou nos dava mais atenção que nossos pais. E, ao mesmo tempo que compartilhava sua sabedoria com a gente, nos incentivava a usarmos nossa criatividade.

Gabriel García Márquez mencionava seu avô, com quem conviveu até os 8 anos de idade no povoado que lhe inspiraria Macondo: "Ele foi a pessoa mais importante da minha vida. Depois disso, nada de interessante me aconteceu".

Se tivemos um avô ou uma avó importante assim, é um bom exercício lembrar as conversas que tivemos ou algum conselho que nos deu.

Como diz o aforismo de um autor desconhecido: "Um avô é uma pessoa que carrega a cor prata no cabelo e ouro no coração".

A INSPIRAÇÃO DOS MAIS VELHOS

Se faz muito tempo que seus avós partiram ou se você não pôde desfrutar desse tipo de referência, aconselho que preste atenção às pessoas mais velhas com as quais se encontra a cada dia:

• Converse com ela e, se você se identifica com essa pessoa, peça que conte uma grande aventura que tenha vivido.

• Peça sua opinião sobre algo que preocupe você atualmente. Sua longa experiência e a proximidade da morte faz das pessoas excelentes conselheiras.

254

FUGIR DAS REDES SOCIAIS

Na era das *redes sociais*, estamos tão expostos ao mundo que corremos o risco de cair nas *redes* das redes, de ficarmos presos *rolando a tela* sem ter qualquer intenção.

Esses momentos no piloto automático afastam você da sua vida, já que as redes sociais mostram outra realidade que prende você, mas que não é a sua.

Sua existência é única, talvez singular, estranha, às vezes complicada ou, na sua opinião, incompleta, mas é a sua.

O que é bom para o outro e que ele mostra ao mundo não tem nada a ver com você.

Em vez de invejar a suposta sorte dos outros e se comparar com eles, seja curioso e autêntico. Crie o seu dia a dia, aceitando a sua grandeza. Afinal de contas, por mais que você compartilhasse e mostrasse a sua vida, os outros não poderiam vivê-la.

Não é maravilhoso?

NÃO HÁ NINGUÉM COMO VOCÊ

Para este exercício, pedirei que liste quatro ou cinco características que fazem de você a pessoa que você é. Nessa lista, você pode incluir algum hábito diferente, rituais que fazem parte da sua vida ou inclusive alguma habilidade curiosa que você conheça.

Comemore o que há de único e especial em você!

255

SOLUÇÕES PROVISÓRIAS

Se em algum momento você perceber que está optando pela alternativa mais fácil, porque não está preparado para a verdadeira solução, dê-lhe o título de *provisória* e esforce-se para torná-la definitiva.

Seja honesto consigo mesmo e não se conforme com o que, aqui e agora, é só um curativo que terá que ser trocado mais cedo ou mais tarde.

Não há nada de errado em adotar uma solução provisória, desde que não sirva de desculpa para o conformismo.

Seria tão perigoso como, depois de furar o pneu do carro, você colocasse o estepe e esquecesse o assunto. Se não levarmos a roda para que seja consertada, da próxima vez que o pneu furar, ficaremos abandonados na estrada.

Assuma quando uma solução é temporária e decida, a partir de agora, qual será o passo seguinte para resolver essa situação que não deixa você viver plenamente.

EXEMPLOS DE SOLUÇÕES PROVISÓRIAS

1. Se uma mesa está bamba, podemos resolver temporariamente para podermos jantar em paz. Basta colocarmos um pedaço de papelão ou alguns pedaços de jornal dobrado. Porém, ela terá que ser consertada o mais rápido possível para que não continue bambeando.

2. Um imprevisto econômico pode ser resolvido com o cartão de crédito, mas isso não pode se tornar uma regra se quisermos viver com serenidade.

3. Podemos camuflar um mal-entendido ou situação incômoda durante certo tempo, ainda mais se não confiamos na outra pessoa, mas se isso se repete, teremos que encará-lo de maneira definitiva.

256

O DOM DA QUIETUDE

Chuang Tzu, o filósofo mais importante do taoísmo depois de Lao-Tsé, contava a seguinte história:

Um homem tinha medo da sombra de seu corpo e das pegadas de seus passos. Para livrar-se disso, ele decidiu fugir. Mas, quanto mais passos dava, mais pegadas deixava. Por mais rápido que corresse, sua sombra não o deixava. Mesmo assim, ele persistiu, achando que ela não o alcançaria, correu tanto, mas tanto, que acabou morrendo.

Que insensato! Se tivesse sentado em um lugar coberto, seu corpo não teria projetado nenhuma sombra; se tivesse ficado parado, seus pés não teriam produzido pegadas. Ele só precisava ficar tranquilo e todos seus males teriam desaparecido.

Essa fábula nos ensina que muitos dos problemas os quais padecemos podem ser resolvidos se simplesmente dermos tempo ao tempo.

DIGITOPUNTURA CONTRA O ESTRESSE

Também chamada de *acupressão*, essa técnica antiestresse tem a vantagem de que você pode aplicá-la a si mesmo em qualquer momento e lugar. Uma das mais simples de colocar em prática em momentos de ansiedade:

1. Pressione o polegar no centro do pulso entre os tendões;

2. Mantenha a pressão por uns 15 segundos;

3. Depois faça esse mesmo exercício na outra mão.

257

DIGA ADEUS AO JUIZ INTERNO

O pensamento racional guia a maior parte de nossos atos e, portanto, nossa vida. Tudo passa por este filtro que nos leva a analisar os prós e contras muito rápido.

As conclusões podem ser certeiras ou não.

Essas reflexões variam segundo nosso estado de ânimo momentâneo e carregam o peso do que vivemos no passado. Portanto, são totalmente subjetivas.

Você gostaria de se libertar, mesmo que seja de vez em quando, desse juiz interno que não para de ditar sentenças?

Para isso, apenas lembre-se de que você não é seus pensamentos, como vimos na reflexão dedicada à *mente do macaco*.

Em vez de acreditar nos seus pensamentos e opiniões, como leis a obedecer, observe-os como algo externo a você.

Além disso, recomendo que observe sua capacidade de pensar.

O ÚNICO QUE FALTA EM SUA VIDA É VOCÊ

A frase é da dra. Jenny Moix, de quem falamos algumas vezes neste livro, e que nos convida a fazer várias perguntas a nós mesmos e refletirmos:

- O que você seria sem as opiniões e julgamentos dos outros?
- E o que você seria sem suas próprias opiniões e julgamentos?
- Quem está além de sua mente racional?

258

SER ILUMINADO

Há pessoas de coração radiante que nos fazem sentir bem só com a presença delas.

Essa qualidade é característica daqueles que são capazes de iluminar e guiar não só o seu caminho, mas também o das outras pessoas. Me sinto atraída por essas pessoas de generosidade inata, já que a luz nasce dentro delas.

Quero pensar que todos a temos e que mostramos esse poder quando nos conectamos de coração. No filme *Avatar*, ela é definida como "uma rede de energia que flui através de todas as coisas vivas (...) toda energia é apenas emprestada, e um dia, você terá que devolvê-la".

Você se atreve a brilhar — em sua vida e na dos outros — com toda a sua luz?

COMO ENCONTRAR UM GURU?

A professora budista Pat Enkyo dizia que antes de escolhermos uma pessoa que nos dê sua luz e nos contagie com ela, devemos nos fazer três perguntas:

- Posso assumir riscos diante deste/a professor/a?
- Posso ser ignorante diante deste/a professor/a?
- Posso dizer *não sei* diante deste/a professor/a?

Se você responder sim a essas três perguntas, provavelmente será um bom guru para você mesmo.

259

VÁ FAZENDO

Quando eu era criança, e não tinha certeza se deveria começar uma atividade, em casa me diziam: "Comece e vá fazendo".

Agora que sou adulta, continuo achando um bom conselho. Na dúvida, *vamos fazendo e veremos o que acontece*. O importante é não se deter pela dúvida.

Faça. Vamos fazer. Sem medo de nos equivocarmos. Com a alegria de tentar e aprender. O importante é experimentar e ver as sensações.

Veja o que acontece. Não fique só na vontade.

Ninguém nasce sabendo como será isso ou aquilo. No meu caso, tenho praticado vários esportes como a escalada ou a corrida, atividades diferentes como o coral e a cerâmica, e tenho conhecido pessoas maravilhosas em encontros incríveis.

Tudo isso tem me tornado uma pessoa um pouco mais inquieta e feliz. Por isso, agradeço que tenham me dito *comece e vá fazendo*.

KEEP ON TRUCKIN'!

Essa expressão anglo-saxônica vem da época hippie, quando muitos jovens pediam carona e eram aceitos por caminhoneiros, como refletiu Jack Kerouac em seu romance *On the road: Pé na estrada*.

No sentido da frase — *truck* — significa caminhão —, quer dizer para você aproveitar as oportunidades que a vida oferece e que levam você, literal ou metaforicamente, a outro lugar.

Se trata de continuar experimentando e aprendendo.

260

RITUAIS PARA A ALMA

Sobre a importância dos rituais, uma história oriental conta que um homem estava colocando flores no túmulo de um parente quando viu outro visitante chegar ao cemitério.

Ao se aproximar de um túmulo bem próximo, viu que ele colocou ali um prato de arroz, fazendo reverência.

Sem conseguir se conter, o primeiro homem lhe perguntou:

— Desculpe pela pergunta, mas o senhor acha mesmo que o defunto virá comer o arroz?

— Sim — respondeu o outro homem —, virá quando o seu vier cheirar suas flores.

Essa pequena história demonstra que sempre devemos respeitar os rituais e os costumes das outras pessoas. Mesmo que não os compreendamos, para a outra pessoa faz todo o sentido do mundo.

TRÊS CONSELHOS DO *FENG SHUI* PARA ATRAIR A FORTUNA

Além dos rituais fúnebres, a cultura ancestral chinesa tem, através do *feng shui*, dicas precisas para atrair a sorte dentro de nossa casa. Vejamos três bem básicas:

1. *Mantenha a casa limpa e organizada.* A bagunça gera o caos e entorpece as energias da prosperidade.

2. *Evite vazamentos.* Não só porque aumentará o valor da conta de água, mas porque o *feng shui* o relaciona com a perda de outros recursos.

3. *Ventile os espaços todas as manhãs.* Ao abrir as janelas, damos as boas-vindas para as boas energias e a abundância.

SEM AMOR, EU NADA SERIA

Com certeza você já ouviu em algum casamento a carta de São Paulo aos Coríntios que diz:

> *Ainda que eu falasse a língua dos homens e falasse a língua dos anjos, sem amor, eu nada seria. E se não tivesse amor, seria como o metal que soa ou como o sino que tine.*

É possível que não tenhamos prestado muita atenção nessa passagem, mas a primeira frase é, na minha opinião, uma lúcida verdade sobre a arte de viver.

Você poderia entender o mundo sem amor?

O amor é para vivê-lo, senti-lo, dá-lo, fazê-lo, entendê-lo, utilizá-lo em cada ato, em cada conversa, em cada olhar e, acima de tudo, sê-lo! Porque o amor é tudo e serve para tudo.

SETE CHAVES PARA MANTER A CHAMA DO AMOR

Assim como dizem que é mais fácil conquistar a fama do que se manter nela, o amor também precisa de certo esforço para que não diminua.

Vejamos algumas dicas práticas que sintetizam temas que já discutimos:

1. Amar o que o outro é, não o que deveria ser;
2. Devemos nos comunicar mais e melhor;
3. Desejar a felicidade do outro;
4. Admirar o companheiro pelas suas realizações;
5. Demonstrar gratidão ao seu parceiro por suas conquistas;
6. Buscar igualdade e reciprocidade;
7. Aceitar, entender e evoluir juntos.

262

TUDO É QUESTÃO DE TEMPO

Algumas vezes, ficamos presos em um conflito emocional que nos causa um sentimento de impotência, já que somos incapazes de saber como enfrentá-lo.

Já parou para pensar que talvez esse assunto tenha chegado antes que você consiga resolvê-lo?

Se em alguma ocasião você perceber que a situação o supera, não se desespere. Você só precisa de um pouco mais de tempo para resolvê-la. Não deve ser motivo de frustração; simplesmente *ainda* não é o momento.

Depois de um tempo, você verá tudo de uma forma muito mais clara e vai se alegrar ao desatar esse nó. Aliás, ele terá se desembaraçado de maneira fácil e sem esforço.

Este é o momento adequado, nem antes, nem depois.

Como diz a canção *Timing*, de Kevin Johansen, "o momento oportuno é a chave para o sucesso".

COMO POSSO SABER SE ESTE É O MOMENTO OPORTUNO?

Darei algumas pistas:

1. As dificuldades que você via no passado já não existem ou são bem menos relevantes;

2. Você não tem medo de fracassar, ou esse medo é menor que a vontade de tentar;

3. Você encontra recursos novos para o seu propósito: outras pessoas, ideias e estratégias que ajudam você em sua tarefa;

4. Você se sente cheio de energia, como se estivesse carregado de vontade e entusiasmo.

263

A VIDA É UMA VIAGEM SEM META DEFINIDA

Já falamos sobre Eckhart Tolle em páginas anteriores, mas nesta gostaria de me aprofundar um pouco mais nesse guia espiritual nascido na Alemanha.

Ele diz que a vida é uma viagem cheia de mudanças. E a chegada ao destino é um momento pontual, breve e efêmero que o levará à busca do próximo objetivo.

Nesse sentido, a vida é uma viagem sem uma meta definida. Um descobrimento leva ao próximo.

Se você se foca muito em um determinado objetivo ou resultado, perderá quase toda a sua vida.

Se sua tendência mental é não estar presente, não poderá apreciar esse destino. Nas palavras de Tolle:

> *Quando você se torna amigo do momento presente, fica sempre à vontade em qualquer situação. Mas quando não se sente à vontade no agora, você leva o desconforto para qualquer lugar aonde for.*

O RESULTADO NÃO NOS PERTENCE

Esse é um lema terapêutico que o autor de *O poder do agora* reformula assim: "A fruta virá quando apropriada". Não ficar obcecado pelas suas metas permitirá:

- Desfrutar cada experiência por si só;
- Desenvolver suas capacidades sem a pressão de saber se elas levarão você ao sucesso ou ao fracasso;
- Suprimir a ansiedade da espera;
- Criar um espaço para a surpresa e a comemoração quando o resultado chegar.

264

A FELICIDADE É PARA QUEM A TRABALHA

A terra é para quem a trabalha foi o lema da revolução mexicana liderada por Zapata.

Poderíamos utilizar essa mesma lógica para a felicidade? Parece que sim. O dr. Gonzalo Hervás se expressava em relação a isso com estas palavras:

> A felicidade deve ser trabalhada, não dá para esperar sentado em casa. Por exemplo, as pessoas que praticam esporte com regularidade ficam felizes quando o fazem, porque o cérebro libera serotonina e ocitocina, causando uma sensação de felicidade. Em resumo, devemos procurar o que nos faz felizes.

Como você pode trabalhar pela sua felicidade?

COMO LIBERAR OCITOCINA?

Além da prática de esportes, como menciona o dr. Hervás, há outras maneiras naturais de liberar ocitocina:

- Conversar com pessoas bacanas;
- Rir;
- Abraçar;
- Fazer sexo;
- Meditar;
- Acariciar um animal de estimação;
- Ser generoso com os outros.

AR

Assim como já falamos da água e da luz, agora quero falar sobre o ar, outro elemento indispensável para viver.

Ao falarmos sobre os signos de ar do zodíaco, nos referimos à sua personalidade sonhadora e lunática, a dificuldade que sentem de colocar os pés no chão e seu espírito sedutor.

Apesar do nosso signo, todos somos ar de uma maneira ou de outra. Somos expansão, força, capacidade de movimento e de influência. Temos o dom de reforçar e incentivar os outros, assim como soprar para longe tudo que é ruim.

Ser ar lhe permite se elevar ou servir em silêncio.

Entenda. Você é isso e muito mais, porque faz parte da natureza.

O AR É VIDA

Assim como o *feng shui* considera que o ar atrai a prosperidade, o provérbio espanhol diz que: "Em casa que não entra sol, entra médico".

A saúde é mais um motivo para arejar os cômodos onde passamos mais tempo.

266

O PERIGO DE SE REFUGIAR

É importante reconhecer quando uma determinada atividade ou hábito tem como objetivo evitar coisas que não queremos encarar. Refugiar-se em atividades que suprem uma carência é uma armadilha que vai além se você não assumir as rédeas da situação.

Alguns exemplos comuns:

- Ficar trabalhando além do necessário no escritório, sem que seja imprescindível, em vez de encarar as necessidades de sua vida familiar ou pessoal.

- Afastar-se de seus amigos, porque você não se sente à vontade ou não sabe como se comunicar nesse momento da sua vida e prefere ficar em casa.

- Procurar relações fora do seu relacionamento, em vez de tentar resolver os problemas que estão afastando vocês.

- Dedicar horas em um jogo ou nas redes sociais para fugir do mundo que existe fora das telas.

Em resumo, você pode estar entretido e disperso, em lugar de focar naquilo que realmente importa.

SAIR DO REFÚGIO

Tudo aquilo que você faz para evadir a si mesmo pode ser identificado quando você percebe que se afasta de uma verdade que o incomoda. Para desmascará-lo e sair do refúgio, você pode se perguntar:

O que estou tentando ocultar ou evitar com essa atitude que faço de forma inconsciente ou repetitiva?

267

COMO É DEUS?

Em uma das anedotas mais lindas para entender a criatividade das crianças, sir Kin Robinson, de quem falamos antes neste livro, explicava o seguinte:

Recentemente ouvi uma história incrível, e eu adoro contá-la. É sobre uma menininha que estava em sua aula de desenho. Ela tinha 6 anos e estava lá no fundo, desenhando, e a professora contou que a menininha quase nunca prestava atenção na aula, e dessa vez ela prestou.

A professora ficou fascinada, foi até ela e perguntou:

— O que você está desenhando?

E a menina respondeu:

— Estou desenhando Deus.

E a professora disse:

— Mas ninguém conhece a aparência de Deus.

E a menina disse:

— Vão conhecer num minuto!

DESENHO E *MINDFULNESS*

Para conhecer seu inconsciente ou levar sua criatividade por novos caminhos, sugiro estes três exercícios:

1. Improvise um desenho com a mão con-trária. Se você for destro, faça-o com a mão esquerda;

2. Desenhe o primeiro que vier à sua mente com os olhos fechados (ou apague a luz de onde estiver);

3. Tente desenhar um conceito abstrato. Por exemplo: Deus, eternidade, impaciência, anseio...

268

O QUE ILUMINA A SUA VIDA?

É curioso como as sombras ficam para trás, quando você olha a luz de frente. Ficam para trás no tempo e no espaço, justamente onde começam seus passos, que avançam em direção a algo mais claro e radiante.

Quanto mais você se orienta em direção ao que ilumina sua vida, menos *chance* você dará a essa sombra que rouba a sua luz.

Atreva-se a caminhar em direção ao sol, assim como deixar que a luz brilhe dentro de você.

William Bridges dizia em seu livro *Transições*:

> Dentro de você existem capacidades a serem exploradas, interesses e virtudes que você deve descobrir. (...) O que, neste exato momento da sua vida, está esperando pacientemente para sair de trás da cortina para vir à luz?

SUAS ZONAS DE LUZ

Parafraseando o texto de William Bridges no sentido inverso, sugiro que faça um mapa com os aspectos mais incríveis de sua vida. Isso inclui:

- Seus talentos mais úteis para os demais.
- Suas qualidades quando você está de bom humor.
- Atividades e situações nas quais você *projeta* suas melhores ideias.

Estar consciente disso ajudará você a passar mais tempo em suas zonas de luz ao invés das zonas de sombra.

269

OS BENEFÍCIOS DE CONHECER A SI MESMO

Em seu clássico *A arte da guerra*, o estrategista chinês Sun Tzu dizia:

Se você conhece o inimigo e conhece a si mesmo, não precisa temer o resultado de cem batalhas. Se você se conhece, mas não conhece o inimigo, para cada vitória ganha, sofrerá também uma derrota. Se você não conhece nem o inimigo nem a si mesmo, perderá todas as batalhas.

Isso se aplica a qualquer batalha que você trava na vida cotidiana. Tudo começa pelo autoconhecimento, que o ajuda a saber onde você está e o que pode oferecer em cada situação.

Com esse conhecimento, você poderá crescer, evoluir e aproveitar o melhor de si mesmo.

Desenvolver a consciência o capacita a superar qualquer imprevisto, entender o que acontece ou cuidar da sua saúde de maneira otimizada. Também o ajuda a entender as outras pessoas e a pedir aquilo de que precisa com gentileza, além de amenizar a inquietude diante do desconhecido.

Como dizia Sun Tzu, se você conhece bem a si mesmo, também se adaptará ao ambiente de uma maneira mais harmoniosa.

TRÊS PERGUNTAS DE AUTOCONHECIMENTO

- Qual é a sua prioridade neste momento?
- Do que você tem mais medo neste momento de sua vida?
- Qual é a sua melhor ferramenta, aqui e agora, para superar esse medo?

270

SUA ORDEM É UM DESEJO

Gosto de inverter a frase *seu desejo é uma ordem* por *sua ordem é um desejo*. Me faz lembrar do que dizia Epiteto: "Subordinei meu impulso à divindade. Quer que eu atinja tal objetivo: eu quero. Não quer: não quero".

Há uma concepção muito taoista do mundo nessa reflexão. Quando, em vez de nadar contra a maré, fluímos com as forças da vida, a sorte fica a nosso favor.

E se desejássemos as ordens do universo?

E se mostrássemos que acatamos o que nos propõe como algo que desejamos de verdade e estivéssemos disponíveis para o que vier?

Se você fizer isso, sua qualidade de vida e até mesmo os resultados que obtiver melhorarão totalmente.

PARA DESFRUTAR O TRABALHO

Com essa mesma filosofia, alguém disse que se você não tem um trabalho de que gosta, aprenda a gostar do trabalho que você tem. Para isso:

- Em vez de reclamar, concentre-se nos aspectos positivos de seu trabalho;
- Tente estabelecer relações amistosas com seus companheiros;
- Defina pequenos desafios como provas de superação;
- Procure o sentido e utilidade para as outras pessoas em tudo que fizer e que acontecer em sua vida.

271

A HORA MÍSTICA

O religioso norte-americano Thomas Merton disse:

Deve haver uma hora do dia em que o homem que precisa falar fique em total silêncio. Deve haver uma hora do dia na qual um homem resoluto põe suas resoluções de lado como se todas tivessem sido quebradas e aprende uma sabedoria diferente: distinguir entre o sol e a lua, entre as estrelas e as trevas, entre o mar e a terra firme, entre o céu noturno e a encosta da colina.

Esse monge trapista enfatizava a importância de encontrar um oásis de contemplação, aliás, para qualquer pessoa.

E nos dá a receita para fazermos isso em nossa vida diária:

Para permanecer em comunhão com o que nos cerca, tudo que temos que fazer é simplesmente nos sentarmos um pouco e não fazer nada. Porém, para um homem que se deixou arrastar completamente pela atividade, nada resulta tão difícil como sentar-se e ficar quieto, não fazer absolutamente nada. O simples fato de descansar é o ato mais corajoso e difícil que ele pode fazer.

DESCANSE COM A TÉCNICA POMODORO

Essas pausas tão necessárias para o repouso do espírito podem ser feitas inclusive durante a jornada de trabalho. A denominada *técnica pomodoro*, que recebe esse nome pelos cronômetros de cozinha em formato de tomate, funciona da seguinte maneira:

1. Distribua o tempo de trabalho em períodos seguidos (sem distrações) de 25 minutos;

2. Faça uma pausa de 5 minutos a cada 25 minutos de trabalho;

3. A cada quatro *pomodoros*, você pode se premiar com uma pausa mais longa de 15 minutos.

272

A LIBERDADE NÃO É DE GRAÇA

É curioso o quanto desejamos a liberdade. E também é curioso que em inglês a palavra *free* signifique livre e ao mesmo tempo *grátis*.

Sabemos que a liberdade nem sempre é de graça. Para alguém que tem um trabalho fixo em uma empresa, por exemplo, e que se aventura a ser *freelancer*, ou autônomo, sua liberdade é paga — pelo menos no começo — com instabilidade econômica e mais horas de trabalho.

Esse é só um exemplo, já que a liberdade significa algo diferente para cada pessoa e se materializa de formas bem distintas.

Do ponto de vista psicológico, a liberdade significa a não dependência de emoções, assim como não se submeter a qualquer crença. A partir daí, cada um pode viver sua liberdade como quiser.

O que é a liberdade para você?

OS QUATRO INGREDIENTES DE PLATÃO

O filósofo grego a definia assim:

Liberdade é ser dono da própria vida, em não depender de ninguém em nenhum momento, em subordinar a vida apenas à própria vontade e em dar pouca importância à riqueza.

Qual desses quatro ingredientes faz parte da sua receita vital de liberdade?

273

A GERAÇÃO INSTANTÂNEA

Minha querida Christina Rosenvinge cantava: *"Em um instante, apareço ao seu lado"*.

Nesta era digital tão vertiginosa, desafiamos o tempo e o espaço, esperando que tudo seja instantâneo. Com um clique, compramos qualquer coisa ou estabelecemos contato com qualquer pessoa do planeta.

O tempo e o espaço parecem não existir na tela.

Nos envenenamos de falsa eficiência, acreditando que temos milhares de amigos ou que sabemos o que agrada aos outros. Lutamos para encurtar o tempo e a distância, como se tudo fosse instantâneo.

Havia um protagonista de um filme de Woody Allen que ria sobre a cultura da velocidade e da pressa: "Fiz um curso de leitura rápida e fui capaz de ler *Guerra e paz* em 20 minutos. Acho que dizia algo sobre a Rússia".

COISAS VALIOSAS QUE EXIGEM SEU TEMPO

- Ler um livro com prazer, aproveitando o conteúdo de cada página;
- Construir uma bela amizade ou uma relação amorosa;
- Preparar um prato delicioso, como os que as avós fazem;
- Criar um filho e acompanhá-lo em todas as etapas;
- Viver.

274

CONTINUE BRINCANDO

Segundo John Byers, zoólogo da universidade de Idaho e especialista em brincadeiras de animais e humanos, as atividades lúdicas nos ajudam a esculpir o cérebro, algo que continua sendo importante na vida adulta. Em suas palavras:

> Ao brincar imaginamos e experimentamos situações totalmente diferentes e aprendemos com elas. Podemos criar algumas possibilidades que antes não existiam. Estabelecemos novas conexões cognitivas em nossa vida cotidiana, aprendemos lições valiosas e habilidades sem colocar nossa vida em perigo.

Todos nos lembramos das brincadeiras favoritas que nos absorviam na infância, mas você encontrou a maneira de continuar brincando em sua vida atual?

ORGANIZE UMA SESSÃO DE JOGOS

Diferente das crianças, os adultos raramente jogam, a não ser que pratiquem golfe ou algum outro esporte.

Além dos encontros típicos para almoçar ou jantar, o que você acha de reunir alguns amigos ao redor de uma mesa para jogar?

Vocês podem relembrar jogos como Banco Imobiliário ou jogar algo mais proativo que os desafia a representar diferentes papéis.

AQUILO QUE FOR PARA MIM

Gostaria de compartilhar com você um texto de um autor desconhecido que encontrei e que acredito que resuma muito bem o que penso:

Aquilo que não for para mim, que siga seu caminho.
Aquilo que for para mim, que apareça.
Aquilo que for para mim, que chegue.
De maneira perfeita e em harmonia para todos.
Obrigado. Obrigado, obrigado.

Segundo minha filosofia de vida, é importante deixar ir aquilo que não faz mais parte de nossa vida, assim como estar atentos às novas pessoas e oportunidades que chegam.

O FRASCO DA GRATIDÃO

Além de soltar o que não nos pertence aqui e agora e de acolher o que chega no nosso dia a dia, este exercício ajudará você a valorizar o que já tem:

1. Pegue um frasco ou um pote vazio e coloque-o em um lugar visível de sua casa;

2. Sempre que sentir gratidão por algo que aconteceu em sua vida, escreva em um pedaço de papel e coloque dentro dele;

3. Quando se sentir desanimado, pegue o frasco da gratidão e leia todos os motivos que existem para que se sinta grato.

276

SOU DOS MEUS FILHOS

Nossos filhos não são tão nossos como nós somos deles. Sempre que me perguntam: *São seus filhos?*, eu respondo: *Na verdade, eu que sou deles*, e sorrio.

Porque é assim que me sinto, que sou deles, sou referência e doadora de amor infinito, e sou consciente de que meu trabalho é acompanhá-los, guiá-los em seu desenvolvimento emocional. Por isso, devo e quero estar bem, aberta e completa para poder lhes dedicar parte da minha vida com alegria.

Muitos pais ansiosos se perguntam o que mais podem fazer pela felicidade de seus filhos. A resposta está neles mesmos. As crianças também se preocupam pelo nosso bem-estar, então tudo que elas precisam é que sejamos pessoas felizes e realizadas.

AMAR É SE DIVERTIR JUNTOS

Contra o modelo rígido da autoridade sem riso, a etologista Jane Goodall dizia: "Se algo aprendi observando os chimpanzés com seus filhotes é que ter um filho deveria ser algo divertido".

Com humor e leveza, ajudemos nossos filhos — mas não só eles — a enfrentar os problemas do mundo de uma maneira mais leve.

277

ALIVIAR A CARGA

Para avançar com agilidade em qualquer aspecto da vida, você vai ter que deixar muita carga pesada aqui e agora.

As cargas só vão tirar sua energia e capacidade de decisão. Isso serve para as relações pessoais, novos caminhos profissionais ou seu próprio desafio como ser humano.

Lao-Tsé dizia que só é possível conquistar o mundo quem é capaz de deixá-lo ir.

Faz tempo que descobri que *águas passadas* não movem moinhos e que o motor da minha vida não precisa de nenhum obstáculo a mais.

Agarrar-se ao passado é reafirmar que a vida pesa. Soltá-lo é dançar ao som e ao ritmo de uma música sempre nova.

QUATRO PASSOS PARA SOLTAR A CARGA

1. Pense se há algum obstáculo — consciente ou inconsciente — que o impede de avançar rumo ao futuro.

2. Há alguma justificativa para que continue carregando esse peso?

3. Se a resposta for *sim*, resolva esse assunto já, com os recursos que tiver agora.

4. Se a resposta for *não*, deixe-o ir de uma vez.

O FILHO DO VIZINHO

Há uma história sobre um camponês que perdeu seu machado e em seguida suspeitou do filho de seu vizinho.

Furioso, se dedicou a observar o jeito de andar do menino, e achou que ele agia de maneira sigilosa igual a um ladrão. Depois, analisou sua expressão, igual a um ladrão; em seu jeito de falar também reconheceu o jargão utilizado pelos ladrões.

Todos os seus gestos revelavam que ele era o culpado do roubo.

Enquanto pensava nisso tudo, o camponês encontrou o machado no bosque, no lugar onde o havia esquecido.

Quando voltou a ver o filho do vizinho, achou que todos seus movimentos e palavras inspiravam honestidade.

DO JEITO QUE VOCÊ GOSTA

Essa é uma tradução da peça teatral de Shakespeare, *As you like it*. Se as coisas são para nós como as vemos — ou como somos —, para uma existência mais positiva, devemos começar a mudar nosso modo de olhar ao redor, sem preconceitos e ideias pré-concebidas, diferente do camponês do conto.

279

PENTE DO VENTO

Da mesma forma que não concebo a vida sem música, tenho dificuldade de entendê-la sem as artes plásticas. Elas me emocionam visualmente ou até mesmo pelo tato, no caso de uma escultura.

Acariciar o Pente do Vento, o conjunto de esculturas de Eduardo Chillida, em um dia de chuva em Donostia, e descobrir através de uma dessas esculturas um mar Cantábrico vivo que me enche de energia e me permite ver e sentir a força da natureza.

Segundo o próprio Chillida, essa escultura encarna a conexão do ser humano consigo mesmo e com o cosmos, com a natureza.

Quando estou lá, admiro o espaço ao meu redor, a cor, o tato, a temperatura, o volume da escultura. Tento fundi-los com o som do mar para enlaçá-los com as batidas do meu coração ou o vai e vem da minha respiração.

Obrigada, arte, obrigada, natureza.

MUSEUTERAPIA

Mesmo que você more longe de Donostia, sem dúvida perto de você há um museu ou escultura ao ar livre para que possa se conectar com a beleza e o sentido das obras de arte. Aconselho deixar suas preocupações de lado e mergulhar no que cada peça transmite sobre a vida, a natureza e o significado do ser humano.

280

SEMPRE ESTOU COMEÇANDO

Quando você se joga a uma nova experiência ou um encontro maravilhoso o espera, muitas vezes você vai se sentir nervoso, talvez até bastante emocionado.

Antes de embarcar pela primeira vez nesta viagem, ou descobrir o que há de novo em você no dia de hoje, permita-se surpreender.

Solte o freio de mão e permita que o que está prestes a viver inunde você e ensine tudo que puder oferecer. Porque ninguém nem nada merece viver pela metade, e você merece um mundo de descobertas.

Dizem que uma vez perguntaram a Buda o que era a vida, e sua resposta foi: "Sempre estou começando".

QUATRO OBSTÁCULOS PARA A SURPRESA

1. Ir com a expectativa de que as coisas sejam de determinado modo;

2. Julgar ou analisar tudo que você percebe e vive;

3. Ter a mente no passado ou no futuro;

4. Fechar-se para o que está acontecendo.

281

CINEMA

À s vezes, o melhor remédio para um dia ruim é escolher um filme com uma mensagem positiva, ou pelo menos divertido, que mude nosso estado de ânimo.

Se tivermos um cinema por perto, viveremos uma experiência imersiva que nos abstrairá de nossas preocupações mundanas. Se pela nossa localização ou horário for algo impossível, uma sessão de cinema terapêutico em casa pode servir.

Nas palavras do psiquiatra Enrique Rojas Marcos:

> *Um bom filme funciona como um Valium, porque é relaxante, reduz a tensão psicológica e faz esquecer os problemas. Ou seja, ele nos distrai. Por outro lado, os filmes agem sobre o inconsciente, um oceano que se esconde no fundo da personalidade e que dirige nossa conduta sem que saibamos.*

SEU KIT DE FILMES

De acordo com o gosto e a sensibilidade de cada pessoa, é possível fazer sua própria lista de filmes para assistir todas as vezes que precisar se animar. Entre os clássicos de Hollywood, um dos títulos mais terapêuticos é *A felicidade não se compra*. Dirigido por Frank Capra. O desesperado protagonista que James Stewart encarna descobre com a ajuda de um anjo como teria sido a vida de seus entes queridos e amigos sem a sua existência.

282

COMBINAR

Há pessoas com as quais nos conectamos de maneira rápida. São aquelas que também combinam conosco, são relações duradouras e harmoniosas.

Um sinal de que encontramos um vínculo dessa qualidade é que podemos nos tratar de uma maneira íntima, como se não fosse necessário explicar nada.

São pessoas que consideramos generosas e gentis, e elas pensam o mesmo de nós. Tudo flui e é fácil, porque não há dependência mútua.

Existe uma magia especial entre aqueles que combinam, já que se sentem sempre próximos, mesmo que morem longe, e possam passar muito tempo sem se ver, inclusive anos, e ter a impressão de que se encontraram ontem.

Talvez seja porque entendem a vida da mesma maneira e compartilham os mesmos valores. Respeitam o espaço do outro, há admiração mútua e gostam de passar um tempo juntos. Simples assim.

Se algo se mantém com o tempo é porque vibra na mesma frequência.

A ARTE DE ESCREVER CARTAS

Nem faz tanto tempo, algumas décadas atrás, os amigos que moravam longe escreviam cartas de forma periódica uns aos outros. Elas viajavam pelo mundo e era emocionante encontrar na caixa de correio um envelope cheio de confidências e amizade.

Hoje, as cartas foram substituídas pelos e-mails, que são menos românticos, porém pode ser uma maneira bacana de compartilhar por escrito o que estamos vivendo.

O que acha de você e seu melhor amigo combinarem de se corresponderem periodicamente para que, no futuro, possam conservar essas memórias como um tesouro?

283

A SABEDORIA DE SÊNECA

Sêneca é um dos pensadores que nos ensina a viver mais e melhor com menos. Como bom representante do estoicismo, nos convida a desafiar as comodidades e os bens materiais, assim como cultivar a virtude.

Estive no lugar onde esse filósofo de Córdoba foi exilado em Córsega. Uma torre romana de onde era possível ver o mar. Lá Sêneca viveu e escreveu vários livros.

Enquanto subia pela torre, me lembrava da importância de sua filosofia, de obras tão lindas como, por exemplo, *Sobre a brevidade da vida*, a qual compartilho um trecho sobre o valor do tempo:

> *A vida que nos foi dada não é curta, nós a tornamos curta; então não somos carentes, e sim abundantes em tempo. O que acontece é que as grandes e reais riquezas que acabam nas mãos de mentes pequenas se perdem em um instante. Mas aqueles que fazem bom uso do tempo, que se tornam administradores prudentes, crescem com ele. Dessa forma, nossa época tem grande margem de expansão para aqueles que fazem bom uso dele.*

POR QUE CONSIDERO TÃO DIFÍCIL?

Dois milênios nos separam desse pensador, mas seu ponto de vista e seus conselhos são absolutamente atuais, como esse sobre as dificuldades que encontramos na vida: "Não nos atrevemos a muitas coisas porque são difíceis, mas são difíceis porque não nos atrevemos a fazê-las".

284

O PRESENTE DA ABUNDÂNCIA

Há ocasiões em que damos algo e que depois recebemos de maneira multiplicada. É o dom da abundância que foi entregue com amor e consideração.

E o mais bonito e misterioso dessa alquimia é que muitas vezes o retorno chega de uma fonte diferente, não daquela circunstância ou pessoa que favorecemos. O universo distribui as cartas e premia os jogadores generosos.

Como diz Alejandro Jodorowsky: "O que quer que você dê, você dá. Tudo que você não dá, você tira".

Seja generoso também com aquilo que você pede à vida. Expresse ao mundo o que você precisa, assim será mais fácil que chegue até você. Porém, saiba que chegará de formas inesperadas e surpreendentes.

PENSE POSITIVO

Quando quiser se motivar com pensamentos fortalecedores, evite formular desejos com negações, já que os especialistas em PNL (Programação Neurolinguística) afirmam que a mente inconsciente só entende as afirmações. Portanto, em vez de repetir a si mesmo *não cometerei mais esse erro*, por exemplo, você deveria dizer *a partir de agora vou…*

285

UMA FESTA PARA A GAIVOTA

Chuang Tzu, um importante pensador do taoismo sobre o qual já comentei, costumava contar esta história:

Uma gaivota chegou a um bairro da capital de Lu, onde nunca haviam visto uma ave marinha. Entusiasmado, o marquês de Lu quis lhe dar as boas-vindas com uma festa no templo. Ofereceu para a gaivota a melhor música, carnes e licores. Mas a ave se mostrava atordoada e triste, e não chegou a comer nem beber nada.

Três dias depois morreu.

O marquês de Lu havia recebido a gaivota como ele gostaria de ter sido recebido, e não como a ave gostaria.

A moral desse relato é que os outros não têm motivo para se submeter às nossas preferências e prioridades. Se quisermos beneficiá-los, é necessário nos colocarmos em seu lugar e entender do que podem precisar em cada momento sem tirar nenhuma conclusão.

SE EU FOSSE VOCÊ...

Transferindo para nossa vida cotidiana, um erro que cometemos com frequência é achar que o outro deveria reagir como nós faríamos. Então usamos a seguinte frase: *Se eu fosse você...*

Temos que partir do princípio de que não somos o outro, que cada um é um ser único, e que a festa do marquês é muito diferente daquela que a gaivota desejaria.

286

LITERATURA QUE CURA

Lembro que, quando era criança, xeretava nas bibliotecas de *adultos* para tentar descobrir o que liam. Também pedia emprestado livros aos meus pais, sobretudo à minha mãe.

Só me deixaram ler os da Oriana Fallaci quando fiquei mais velha. Além do que essa incrível jornalista e correspondente de guerra relatava, eu me sentia atraída pela ideia da narrativa epistolar. Ainda mais a de *Um homem*.

Era uma escrita a qual eu não estava acostumada e a considerava fascinante. Sua forma de se dirigir aos protagonistas, com quem falava de maneira sábia, conhecendo seus *sentimentos* a ponto de torná-los cúmplices do leitor, foi o que me fez considerá-lo uma verdadeira obra de arte.

Desde então, às vezes escrevo algo íntimo só para mim, ou escrevo em segredo para alguém com quem preciso resolver algum assunto pendente. É algo que considero muito reconfortante.

TRÊS SEMANAS DE ESCRITA TERAPÊUTICA

Em seu livro *Escribir en 21 días*, a pioneira das oficinas de escrita em espanhol Silvia Adela Kohan sugere o seguinte desafio:

- Escreva todos os dias em seu caderno durante 7 minutos exatos. Coloque o alarme ou o cronômetro para marcar o fim da sessão;
- Quando o tempo acabar, pare de escrever imediatamente, mesmo que tenha vontade de continuar;
- Ao completar vinte e um dias, leia seguido tudo que você escreveu.

O resultado será revelador, já que você irá perceber que assunto domina sua vida nesse momento.

A CASA DO PEDREIRO

Quando falta pouco para terminar um projeto, é possível que você relaxe ou que inclusive acredite que já conseguiu.

É justamente nesse momento que você deve prestar mais atenção para que dê tudo certo. Não se trata apenas de terminá-lo, mas de fazê-lo com excelência. Com a mesma vontade e ímpeto com que você começou.

Sobre isso, há um conto de um pedreiro que, depois de uma vida construindo centenas de casas, chegou o momento de se aposentar. Porém, o dono da construtora lhe pede que faça uma última casa como favor pessoal.

Com má vontade, o pedreiro constrói essa última obra de maneira precipitada e sem o cuidado habitual, concluindo uma casa cheia de imperfeições. Ao terminá-la, o dono lhe entrega as chaves e diz que é um presente para ele, como prêmio por tantos anos de trabalho.

Então, o pedreiro percebe, cheio de tristeza, de que viverá na pior casa que construiu na vida.

TRÊS CHAVES PARA A EXCELÊNCIA

Essa história nos dá três chaves para realizar qualquer coisa com um espírito de excelência:

1. Imagine que o que está fazendo seja para a pessoa que você mais ama no mundo;

2. Faça o trabalho como um jogo estimulante, como uma competição para superar a si mesmo;

3. Se o que está fazendo fosse seu legado para o mundo, que impressão gostaria de deixar?

288

CONTÁGIO EMOCIONAL

O especialista em comunicação Ferran Ramon-Cortés nos adverte que entre as pessoas com as quais nos relacionamos se produz um contágio emocional. Portanto, nosso estado de ânimo tem muito a ver com a energia daqueles que estão ao nosso redor e vice-versa.

O autor reflete deste modo:

> Se tivermos consciência do contágio emocional, podemos dar um giro de cento e oitenta graus em nossas relações e em nossa vida. Em primeiro lugar, porque podemos até certo ponto nos protegermos dos contágios nocivos dos outros, evitando-os ou nos afastando. Mas, sobretudo, porque teremos a oportunidade de não espalhar mais emoções negativas de maneira inconsciente, e assim escolhermos de forma consciente e deliberada o que queremos contagiar.

QUE EMOÇÃO VOCÊ VAI CONTAGIAR?

No Japão, é norma pedir autorização antes de contar um problema ou algum acontecimento desagradável, por medo de perturbar a paz mental do outro.

Sem chegar a esse nível de cortesia e delicadeza, antes de *descarregarmos* nossa emoção em cima da outra pessoa, podemos nos fazer três perguntas:

1. Que tipo de emoção essa pessoa irá receber através das minhas palavras?

2. É de fato útil e necessário que eu faça isso?

3. Essa pessoa me dará uma visão diferente daquela que já tenho ou apenas quero reclamar?

289

PRUDÊNCIA

Como diz Baltasar Gracián em seu livro *A arte da prudência*: "Comportar-se como se fosse observado". Eu acrescentaria: comporte-se sempre observando a si mesmo.

Considero incrível o fato de ter prudência e de cuidar dos gestos e atos a cada instante.

Isso acontece com aqueles que trabalham diretamente com o público, ainda mais quando passamos horas com um microfone em frente a uma tela. Sabemos que sempre há alguém do outro lado.

Talvez a única forma de agir com naturalidade é estar consciente de que você faz parte de um ambiente, do qual você deve cuidar de maneira generosa e inteligente.

Também em nossa vida particular, ao agir com consciência em relação àquilo que fazemos, nos sentiremos em harmonia com nossos valores e princípios.

OLHE-SE DE FORA

Os atores de teatro observam nas filmagens após os ensaios ou apresentações para refinar alguns aspectos do seu trabalho. Você pode fazer o mesmo em sua mente, quando quiser revisar uma cena de sua vida, aplique o exercício de visualização:

1. Preste atenção no que fez e disse nessa situação.

2. Há algo que deveria ter expressado ou feito de forma diferente?

3. De que outra maneira você poderia ter encarado *essa cena* para ser mais prudente, comedido e atencioso?

4. Faça anotações para quando houver uma situação parecida no teatro de sua vida.

290

ENTRE AS ONDAS

As marés vêm e vão. O oceano pode estar bravo, mas depois se acalma.

Também é bom agradecer todos os acontecimentos que nos abateram e nos fizeram ficar, como se tivéssemos levado um caldo de uma onda e fôssemos parar na beira do mar, sem saber o que aconteceu e como essa onda nos levou até lá.

Desorientados, olharemos o imenso mar, abatidos e ainda assustados.

Agradeço a todos esses ataques da vida que me demonstraram que posso ficar de pé, respirar, tirar a areia do maiô para ficar mais leve e voltar a colocar os pés na água aos poucos, piscando para o salva-vidas.

A MONTANHA-RUSSA DA VIDA

Entender que nem o bom nem o ruim permanece é um bálsamo para a vida, que é como uma montanha-russa com seus altos e baixos. Tudo que podemos fazer é *Enjoy the ride* — aproveitar a viagem —, como cantava Marlango.

Sempre que se sentir levado por uma onda, pergunte-se: *Isso é provisório ou veio para ficar?* Se for provisório, não se desespere e aprenda com essa experiência passageira.

291

A PRÁTICA DA CONCENTRAÇÃO

Dizem que uma vez perguntaram a um professor de meditação como, apesar de tantas ocupações, ele conseguia se manter concentrado. Sua resposta foi:

— Quando estou de pé, simplesmente estou de pé. E quando ando, então ando. Quando estou sentado, bem, estou sentado. Quando como, apenas como. E quando falo, então falo.

Um dos discípulos que o ouvia, respondeu:

— Mas nós também fazemos isso... Tem que haver algo mais.

— Não fazem! — respondeu o professor. — Quando vocês estão sentados, já estão se levantando. E quando estão de pé, já começam a andar. E quando andam, então já estão pensando no objetivo.

VOCÊ É CAPAZ DE FAZER APENAS UMA COISA?

Os alunos zen aproveitam qualquer atividade para praticar a atenção plena. Você pode fazer como eles, colocando seus cinco sentidos...

- Ao cozinhar como se estivesse meditando;
- Ao andar pela rua, observando seu peso e o esforço de cada um dos seus músculos;
- Ao ler totalmente concentrado nessas linhas;
- Ao ouvir o que alguém está contando, sem nenhum tipo de interferência mental.

292

SEM LIMITES

Na década de 1960, Maxwell Maltz se tornou famoso com seu manual *Psicocibernética*, onde o cirurgião plástico explicava como curar as cicatrizes internas, em vez das externas.

Uma de suas frases era: "Podemos viver em um mundo imperfeito, mas as fronteiras não estão fechadas e nem todas as portas estão trancadas". Ou seja, as capacidades do ser humano vão muito além de suas crenças.

Maltz relacionava a baixa autoestima com a falta de objetivos.

As pessoas que dizem que a vida não vale a pena, na verdade, estão dizendo que não têm metas pessoais que valham a pena. Tenha uma meta em sua vida pela qual valha a pena lutar. Melhor ainda, envolva-se em um projeto. Você sempre terá um motivo para se esforçar e ter esperanças.

A VENDA MAIS IMPORTANTE DA SUA VIDA

Segundo Maltz, trata-se de você se vender a si mesmo. E isso implica:

- Ser consciente do valor que tem;
- Encontrar o sol que brilha dentro de você e oferecê-lo ao mundo;
- Tornar-se amigo de si mesmo;
- Entender que você não é uma obra acabada, mas um ser que está sempre avançando;
- Cultivar uma imagem gentil de si mesmo, isso significa ser digno de ser amado.

293

SIMPLESMENTE PERGUNTE

De repente acontece algo que rouba sua paz e você não consegue parar de pensar nisso. Você pensa naquilo que acredita ter sido mal interpretado ou simplesmente não entende algo sobre um relacionamento, uma amizade ou um parceiro. E você se faz perguntas como estas: *Será que se ofendeu? Será que não quer mais saber de mim? Acha que não vale a pena responder minha mensagem? Prefere que não lhe escreva? Estará muito ocupado e irei incomodar? Será que é melhor eu ligar? Há algo que o está incomodando? Esperava algo diferente de mim?*

E assim por diante...

Se você tem tantas dúvidas e o tal assunto tira o seu sono, a solução é fácil: pergunte! Com amor, palavras precisas e no momento adequado. Aproxime-se da pessoa e demonstre que se importa com ela, mostrando seu desejo de esclarecer o assunto.

Você se surpreenderia com a quantidade de vezes que a outra pessoa também se sente perdida e não sabe como explicar o que lhe acontece. Pode ser por timidez ou por não saber expressar o que precisa.

Então pergunte quantas vezes forem necessárias até que entenda. Você estabelecerá a base de uma comunicação equilibrada e satisfatória para ambas as partes.

PERGUNTAR É A CHAVE DO PROGRESSO

Um provérbio chinês diz: "Aquele que pergunta é tolo por 5 minutos, aquele que não pergunta será tolo para o resto da vida". Sem dúvida, as pessoas que vão adquirindo sabedoria são aquelas que se atrevem a fazer muitas perguntas, mesmo que pareçam absurdas.

Você se atreve a perguntar mais para avançar?

294

O ÚLTIMO CORREDOR CORRE MAIS QUE O PRIMEIRO ESPECTADOR

Lembro-me da decepção que senti por não ter conseguido acabar a maratona de Nova York no tempo para o qual eu havia treinado. Faltou pouco, mas já havia quatro meses que estava me preparando e a lesão que sentia fazia um tempo resolveu dar as caras nos últimos dez quilômetros.

Cheguei à linha de chegada muito dolorida e frustrada, sem estar consciente do que havia conseguido. Não era pelo tempo nem pela distância. Eram muitas horas de treino e um desafio pessoal e emocional, que no meu caso, estava relacionado ao meu pai e às corridas populares que participamos juntos durante tantos anos.

Muitas coisas faziam parte daquela chegada ao Central Park. A medalha comemorativa no peito, uma manta térmica para me proteger do frio de novembro e o abraço da minha comadre Elena, que me acompanhou durante todo o percurso.

Então, alguém me disse: *O último corredor corre mais que o primeiro espectador*. Eu nunca tinha ouvido essa frase. Aquela linha de chegada já não importava. Fico com o que vivi e conquistei nesse momento.

Houve mais corridas depois e haverá outros desafios. Peço a todos que me permitam aproveitá-lo e vivê-lo com alegria, essa é a verdadeira vitória.

TERMINAR MERECE UM PRÊMIO

O simples fato de terminar algo a que você se propôs, independentemente do resultado, é digno de comemoração. Pense quantas pessoas não terminam o que começam ou quantas nem ao menos começam.

No seu próximo projeto estabeleça esta meta: terminar o que você começou. E comemore isso.

295

AS TRÊS FALTAS

Confúcio, um dos grandes mestres da China, dizia que os ministros de um príncipe virtuoso devem evitar três faltas:

1. A *petulância*, que é falar quando ninguém pediu sua opinião;
2. A *timidez*, consiste em não se atrever a expressar sua opinião quando é convidado a dá-la;
3. A *imprudência* de falar sem ter observado antes o estado de ânimo do outro.

Apesar de não termos que nos reunir com nenhum príncipe ou princesa, essas chaves continuam vigentes e são totalmente aplicáveis a qualquer interação.

TRÊS REMÉDIOS PARA AS TRÊS FALTAS

1. Às vezes você percebe que dá sua opinião quando não foi pedida? Guarde-a para si mesmo, escreva-a ou pergunte à pessoa se ela está interessada em ouvi-la.

2. Você é tímido para se expressar nos momentos e situações nos quais deveria fazê-lo? Entenda que é tão natural que você se manifeste assim como os outros fazem. Abandone a passividade e a discrição excessiva quando você deve ser o protagonista.

3. Você está acostumado a falar a primeira coisa que vem à sua mente sem medir o efeito que suas palavras terão? Primeiro, analise quem está à sua frente e como se sente nesse momento.

296

GANHOS E PERDAS

Talvez agora você esteja sofrendo pelo término de uma relação amorosa ou esteja chorando por ter se despedido de um ente querido. A vida está cheia de ganhos e perdas, e temos que saber aceitar isso.

O luto é necessário para integrar uma ausência e depois poder avançar com alegria e voltar a sorrir.

Como diz Leonard Cohen em um de seus poemas: "Você vai lembrar o quanto foi boa para mim o quanto eu fui bom para você. E parada em algum ponto elevado como uma janela ou precipício, vai conhecer a satisfação plena".

Que linda maneira de descrever como nos sentimos ao completar um luto de forma natural e saudável! As emoções amargas dão lugar às lembranças prazerosas e à gratidão por termos vivido tudo isso.

Agora que você compreendeu e integrou, siga em frente.

RESPEITE SEU *TEMPO*

A duração de um luto varia de uma pessoa para outra. Há quem aparentemente assimile e adapte tudo com bastante rapidez e quem precisa de mais tempo para se acostumar à nova situação.

A chave do luto é não querer apressá-lo para se livrar dele antes, nem querer prolongá-lo através da vitimização.

Respeitar seu *ritmo* e seguir em frente harmonizará qualquer experiência pela qual estiver passando, além do impacto emocional.

297

TUDO MUDA

Uma das músicas de que mais gosto da Mercedes Sosa é *Todo cambia* (Tudo muda). Eu me pego cantarolando várias vezes.

> *O que é superficial muda.*
> *O que é profundo também muda.*
> *O modo de pensar muda.*
> *Tudo muda neste mundo.*

Gosto de pensar que o mundo pode mudar. Que a cada volta que a Terra dá ao redor do Sol, temos uma nova oportunidade para fazer parte dessa mudança, dessa volta. Que da luz passamos à sombra e, desse modo, o olhar também muda. Que nos movemos de um lado a outro para mudar de perspectiva também.

Além disso, as pessoas ao nosso redor evoluem e nos dão metamorfoses incríveis. Inclusive em nós mesmos, ao observá-las de coração.

A natureza nos mostra a cada microssegundo que somos capazes de nos transformar e nos adaptar.

Tudo muda. Como dizia Sosa.

MUDANÇAS INTERNAS, MUDANÇAS EXTERNAS

Assim como os vasos comunicantes, quando mudamos por dentro, aquilo que está ao nosso redor também muda. Ao se tratar das relações, podemos dizer que haverá mais entradas e saídas, já que...

- Algumas pessoas não gostarão da sua mudança;
- Outras se adaptarão ao seu novo eu, talvez porque também estejam mudando;
- Novas pessoas chegarão à sua vida, já que sua mudança gera novas afinidades.

298

A SÉRIE FIBONACCI

Há uma sucessão de números que permite desenhar a chamada espiral áurea. De um ponto de vista matemático, começa com os números 0 e 1, e a partir daí cada número que segue é a soma dos dois anteriores: 0-1-1-2-3-5-8-13-21...

Ao aplicar essas medidas em um gráfico, veremos que a figura se expande como uma concha ou uma galáxia.

Quando contemplo uma dessas espirais áureas, sinto que também me expando, que todos os seres humanos fazem como a série Fibonacci, que parece expressar o segredo da vida e da beleza do universo.

A proporção áurea é a única que me reconcilia com os números. Porque a entendo e me emociona.

Criar e continuar criando, me expandir com o mar e o vento, como uma concha. Talvez essa seja nossa missão primordial como seres humanos.

DESENVOLVIMENTO ÁUREO

Se aplicarmos a série Fibonacci a nosso crescimento pessoal, seguindo a lógica de que cada novo número é a soma dos dois anteriores, você pode se perguntar:

- Quais foram as duas últimas experiências transcendentes que você viveu?

- De que maneira a soma dessas duas experiências o levou para onde você está agora?

Você pode continuar projetando sua própria série Fibonacci rumo ao futuro, vendo como os marcos e experiências passadas nos dão cada vez mais uma compreensão mais ampla.

299

UMA NOVA PERSPECTIVA

Kobe Bryant afirmava que o amor é uma viagem na qual você terá altos e baixos, decepções, alegrias e, sobretudo, aprendizados. Considero uma excelente definição.

Porém, muitas vezes, esses ensinamentos precisam da perspectiva do tempo para que possamos compreendê-los.

Quando você se afasta de um lugar, de uma pessoa, de um emprego, de uma situação, e passa a observá-la de fora, é quando começa a conhecê-la de verdade. Finalmente compreende o que ela significava para você e, além disso, entende quem você era naquele momento e o que valorizava.

Agora você pode ver algumas coisas de uma forma muito diferente e admirar outras que antes não via.

SUAS DESCOBERTAS *A POSTERIORI*

Elabore uma lista de revelações sobre pessoas, lugares e situações que você só entendeu um tempo depois. Agradeça a lição aprendida, mesmo que tenha se perdido no tempo e chegado a você só agora.

300

A DISCUSSÃO

Uma velha fábula oriental conta que dois irmãos, ao ver que um bando de gansos selvagens se aproximava, começaram a preparar seus arcos.

— Se abatermos um desses gansos — disse um deles, entusiasmado —, faremos um belo cozido.

— Nada disso — corrigiu o outro —, essa forma é a adequada para cozinhar os gansos caçados na terra, mas os que são abatidos enquanto voam devem ser assados.

Para resolver a discussão, foram perguntar ao homem mais velho da aldeia.

— Sugiro que cortem o ganso pela metade — ele aconselhou —, assim cada um pode cozinhá-lo como quiser.

Felizes com essa solução, os irmãos voltaram para o campo com seus arcos, mas os gansos já tinham voado para longe.

PRIORIZE O QUE É MAIS IMPORTANTE

Essa fábula nos ensina que as decisões seguem uma ordem de prioridades. Assim como os caçadores deveriam ter decidido como cozinhar a comida só após tê-la em mãos, para qualquer projeto que tiver em mente, pergunte-se: *O que devo fazer agora?* As outras decisões serão tomadas no seu devido momento.

301

PREFIRO VOCÊ

Muitas relações — entre casais, entre amigos ou, inclusive, entre familiares — podem nos causar sofrimento pela necessidade de reconhecimento externo, de aceitação por parte do outro, como já vimos neste livro.

A falsa crença de que o *amor verdadeiro* está relacionado a uma entrega incondicional pode nos fazer perder nosso eixo emocional.

Em relação a isso, há uma frase do psicólogo Walter Riso que nos convida a refletir sobre o tipo de relações que estabelecemos. Se em vez de nos apegarmos à pessoa amada, optarmos pela liberdade, podemos dizer: *Eu não preciso de você, mas eu escolho você.*

A liberdade de escolha mútua, por sua vez, dá plenitude para crescer e avançar de forma saudável pela vida, sem depender de ninguém.

TRANSFORME AS FRASES DE DEPENDÊNCIA

Assim como o *escolho você* está relacionado à liberdade, há frases e tópicos da cultura popular que têm o efeito contrário.

Por exemplo, vejamos como transformar duas delas:

- *Sem você eu não sou nada / Sem você eu morreria.* Você responsabiliza o outro para dar sentido à sua vida ou, inclusive, à própria existência. É melhor dizer: *Com você, eu sou tudo / Com você, tenho ainda mais vontade de viver.*

- *Você é a metade da minha laranja.* Mito criado por Platão que transmite a ideia de que sem o outro não estamos completos. É melhor dizer: *Somos duas laranjas inteiras e nos complementamos.*

302

O EFEITO PIGMALEÃO

Se você quiser empoderar quem está ao seu lado, se deseja educar e fortalecer alguém que precisa, alimente sua alma ao recordar as coisas que essa pessoa faz bem, em vez de criticar ou apontar suas fraquezas.

É o que se conhece na psicologia como *efeito Pigmaleão*: as expectativas que depositamos nos outros influenciam de maneira crucial em seu desempenho.

Quando você trata uma pessoa como se ela não tivesse valor, a maneira que ela vai se comportar com você é realmente essa, porém, se você elogiar suas virtudes, a pessoa se sentirá reconhecida e tentará demonstrar que está à altura do seu olhar.

Se você optar por este último, o efeito Pigmaleão positivo, irá encher a outra pessoa de motivação e espírito de superação, protegendo-a do desânimo e reforçando a autoestima.

Resumindo: se você quiser empoderar alguém, diga a ela tudo de bom que ela tem e faz.

O EFEITO PIGMALEÃO NO TRABALHO

Aplicado no ambiente de trabalho, essa lei costuma ser enunciada da seguinte forma:

Me trate como um funcionário de quinta categoria e eu me comportarei como um funcionário de quinta; me trate como um funcionário de primeira categoria e eu me comportarei como um funcionário de primeira.

Para aplicar o efeito Pigmaleão positivo, podemos falar para as pessoas que trabalham para nós — desde o vendedor à assessora financeira — tudo que gostamos nelas e mostrar nossa gratidão pelo seu trabalho.

303

A LOUCURA É UMA MARAVILHA

Sábios como Erasmo de Rotterdam já sugeriam que devemos aplicar certa dose de loucura à vida, já que sem ela não podemos ser completamente felizes.

Sempre tive dificuldade em entender isso, porque relacionava o conceito de loucura a algo negativo. Porém, com o tempo encontrei uma maneira de mudar meu ponto de vista. Queria descobrir o que havia de escondido naquilo que não fazia sentido, naquilo que não foi planejado, o desconhecido e imprevisível.

Sobre isso, o poeta William Blake dizia: "A loucura é um labirinto sem fim, raízes emaranhadas confundem seus caminhos. Quantos caíram lá!".

A LOUCURA CURA

Guilhermo Borja, um terapeuta mexicano único e controverso, adepto da terapia Gestalt, contava em seu livro *A loucura cura* como reabilitou os psicóticos de uma prisão reconhecendo e encontrando uma utilidade para a loucura de cada um deles.

Aplicando à sua própria vida:

- Qual *loucura* caracteriza você e da qual se sente mais orgulhoso?
- Como você pode compartilhar essa loucura para ajudar os outros a viverem de maneira mais leve e saudável?

304

SONHO OU REALIDADE?

Em um dos textos mais sugestivos da China clássica, o filósofo Chuang Tzu formulava o seguinte dilema:

Uma noite, Chuang Tzu sonhou que era uma borboleta: uma borboleta que voava dando voltas, que ia de um lugar para outro, feliz consigo mesma, ignorando completamente ser Tzu. Então, de repente ele acordou assustado e viu que era Tzu. Mas Tzu havia sonhado que era uma borboleta? Ou era uma borboleta que estava sonhando agora que era Tzu? Entre Tzu e a borboleta sem dúvida havia uma diferença. Isso é chamado de "mutação das coisas".

Quem nunca achou que tudo que vivemos poderia ser um sonho? E se o que acontece quando fechamos os olhos fosse a realidade?

SEU DIÁRIO DE SONHOS

Além das dúvidas, nosso mundo onírico tem importantes mensagens para nos dar, já que nasce diretamente de nosso subconsciente. Para recordá-lo melhor e não nos perdermos em seus ensinamentos...

1. Tenha em sua mesa de cabeceira um caderno e uma caneta sempre à mão;

2. Assim que acordar, antes que possa esquecer algumas partes de seu sonho, anote o que lembra;

3. Leia seu diário de sonhos de vez em quando para ver que temas ou questões são recorrentes.

305

VIDA ANTES DA MORTE

Saber que vamos morrer é um bom motivo para fazer aquilo que amamos, sem perdermos tempo. Damos valor à vida, justamente porque é efêmera.

Neste sentido, Antonio Gala nos recordava que "enquanto houver vida, haverá esperança".

Essa reflexão está em sintonia com o conto de Anthony de Mello, um jesuíta nascido na Índia que foi um grande divulgador do orientalismo e da espiritualidade.

Conta que um grupo de alunos faziam algumas perguntas ao seu professor sobre a vida após a morte. O sábio se limitava a sorrir sem dar nenhuma resposta.

Quando lhe perguntaram por que tinha sido tão evasivo, ele respondeu:

— Vocês não observaram que aqueles que não sabem o que fazer desta vida são justamente aqueles que mais desejam uma outra vida que dure eternamente?

— Mas há vida após a morte ou não? — insistiu um aluno.

— Há vida antes da morte? Esta é a verdadeira questão! — respondeu o professor.

O QUE LHE DÁ VIDA?

Imagine que você já tenha partido deste mundo e que, do outro plano você possa rever os melhores momentos de sua existência.

- O que fez você se sentir mais vivo?
- Como e com quem você viveu isso?
- De que maneira você poderia ter vivido mais momentos assim?

Completado o exercício, vem a boa notícia: você continua aqui, pode fazer tudo isso que lhe dá vida antes da morte!

AMOR-PRÓPRIO

Observo cada emoção que me absorve como um novo caminho a ser descoberto, sem emitir julgamentos negativos. Tento ser gentil comigo mesma, já que muitas vezes me considero um erro ambulante e me culpo por tudo.

Na dúvida, pratico o amor-próprio, tema do livro publicado pela minha querida Laura Chica.

Essa psicóloga, *coach* e especialista em desenvolvimento do talento o definiu assim em uma entrevista para a imprensa:

> *O amor-próprio é o amor que vem das profundezas de si mesmo, independentemente do ambiente e das circunstâncias, e se encontra no coração. Amor-próprio é cuidar de quem você é, proteger o que você é, respeitar os próprios sentimentos, fazer coisas que fazem você se sentir bem e deixar de fazer o que faz você se sentir mal.*

COMO DESENVOLVER O AMOR-PRÓPRIO

Laura Chica sugere que sigamos um processo de cinco passos:

1. *Fique atento.* Para perceber como você se julga, o que despreza de si mesmo, quando não se ama e nem acredita em você;

2. *Observar.* Preste atenção ao seu comportamento, já que muitas das coisas você faz no piloto automático, de forma inconsciente;

3. *Compreender.* Sem se julgar, aceite que você é o resultado de suas experiências e aprendizados;

4. *Abraçar.* De maneira simbólica, abrace tudo que você é, com tudo aquilo de que você gosta e do que não gosta em você;

5. *Amar.* Na fase final do processo, você está preparado para se amar sendo quem você é. Você já pratica o amor-próprio.

UM EXERCÍCIO CONCEITUAL

Quando você se encontrar em um labirinto mental por qualquer questão que o esteja preocupando, sugiro que faça o seguinte teste:

1. Escolha uma imagem para meditar sobre ela livremente. Você pode obtê-la abrindo um livro aleatório, ou imaginando a primeira coisa que passe pela sua mente.

2. Que emoções essa imagem provoca em você aqui e agora?

3. Por que essa imagem suscita em você essa reação emocional?

4. Qual a relação do seu conflito com essa imagem?

5. Você pode extrair dessa imagem novos caminhos ou soluções para abordar o que está preocupando você?

Esse tipo de exercício criativo pode ser realizado tanto sozinho como em casal, em grupo, e com certeza você terá novas perspectivas sobre o assunto.

TEMPESTADE DE IDEIAS COMPARTILHADAS

Há um exercício de *brainstorming* para ser realizado entre duas ou mais pessoas que pode ajudar você a descobrir novas perspectivas para abordar qualquer questão:

1. Em uma folha de papel, escreva as primeiras palavras que passam pela sua mente em relação ao problema;

2. Entregue o papel para a pessoa que está ao seu lado, que, após lê-lo, em silêncio acrescentará suas próprias ideias e conceitos;

3. Repita o processo, dando várias voltas, até que o papel esteja completo ou as ideias tenham acabado;

4. Agora leiam juntos todas as anotações e discutam qual ideia consideram mais útil.

308

DAR E RECEBER

Um relato zen conta que um homem muito rico não suportava gastar nem uma moeda, portanto, vivia uma vida de constantes privações.

Percebendo isso, um mestre lhe mostrou seu punho fechado e comentou:

— Imagine que minha mão estivesse sempre assim, desde que nasci até o dia da minha morte. Como você chamaria isso?

— Uma deformidade.

Em seguida, o mestre lhe mostrou sua mão aberta e continuou:

— Agora, suponhamos que esta mão estivesse sempre assim, sem nenhuma mudança. Como você a chamaria?

— Também seria uma deformidade.

— Então, agora você já sabe tudo que precisa para levar uma vida feliz e equilibrada.

PRATIQUE O EQUILÍBRIO

Esse conceito descoberto por Sidarta Gautama, antes mesmo de ter se tornado Buda, faz muito sentido em nossa vida cotidiana. Vejamos alguns exemplos:

- Depois de uma temporada economizando, você pode se dar ao luxo de se premiar pelo seu esforço.
- Se você convive com uma pessoa *difícil*, porém valiosa, não se trata de seguir seu ritmo nem mesmo evitá-la. O ideal seria dosar os encontros, seguindo a expressão anglo-saxônica: *"He/she is ok in small doses"*.
- Procure o equilíbrio entre o trabalho e o ócio, de maneira que não seja muito ocioso nem um viciado em trabalho.

309

VOCÊ CONSEGUE

Lembro que um dia, quando estava brincando com meus filhos, não conseguia encaixar uma peça do mecanismo de um brinquedo. Então, eu disse *não consigo* com uma voz tímida e mostrando impaciência por não conseguir resolver.

Nesse momento, minha filha do meio, sempre tão sábia, me respondeu:

— Mãe, você consegue, só não sabe como.

Essa era uma frase que eu tinha lhe dito várias vezes e que ela, naquele momento, a utilizou para evitar minha frustração.

Estou convencida de que é verdade. Que você não saiba resolver agora aquilo que está enfrentando não significa que não seja capaz. Você simplesmente ainda não encontrou a maneira. Pense nisso.

QUANDO O *NÃO POSSO* VEM DE OUTROS

Em seu discurso mais famoso, o presidente Barack Obama refletiu sobre quando a impossibilidade é imposta pelas circunstâncias ou pela sociedade:

Os cínicos nos disseram a vida inteira que não podemos fazer o que desejamos. Nos pedem para que nos ajustemos à realidade, que não nos abracemos às falsas esperanças. Mas não há nada de falso em relação à esperança.

Quando nos deparamos com desafios aparentemente impossíveis, quando nos advertem que não estamos preparados para fazer isso ou aquilo, quando nos dizem que nem sequer vale a pena tentar, porque não vamos conseguir, esse sim é o momento em que devemos responder: sim, nós podemos.

310

REDEFINA SEU PASSADO

Convido você a fazer uma viagem ao passado com um propósito específico: reencontrar-se com aqueles acontecimentos que o bloquearam em dado momento, mas que hoje podem ser compreendidos de uma maneira muito diferente.

Ao encontrá-los, você deve *redefini-los* para entender o que aconteceu.

O *você* do passado é diferente do seu *eu* de agora, já que hoje você está mais consciente e empoderado.

Em um exercício de visualização, o seu *eu* de agora pode conversar com quem você era antes, compreendendo por que você viveu desse modo e como faria hoje com tudo que aprendeu pelo caminho.

Esse exercício de busca interior permitirá que você interprete os *fósseis* do seu passado e, depois, doá-los ao museu das lembranças para que não pesem no seu dia a dia.

O QUE TERIA ACONTECIDO SE...?

Alguma vez todos nós já tivemos a fantasia de saber *o que teria acontecido se...* tivéssemos agido de outra forma em uma ou outra ocasião. O romance de Matt Haig, *A biblioteca da meia-noite*, brinca com essa ideia.

A protagonista tem a possibilidade de experimentar todas as suas vidas não vividas e comprovar o que teria acontecido.

Sugiro um exercício com essa mesma ideia:

1. Complete três frases sobre o seu passado que comecem com: *O que teria acontecido se eu...?*

2. Use sua imaginação para responder essas três perguntas.

3. Dê um passo à frente e faça agora uma única pergunta que vá do presente ao futuro: *O que aconteceria se...?*

4. Responda-a e pense na possibilidade de levá-la a cabo.

311

ACEITE COM FILOSOFIA

sso é o que sugeriu Lou Marinoff, um professor de Montreal que, no fim do século passado, surpreendeu com o livro *Mais Platão, menos Prozac*.

Criador do assessoramento filosófico como terapia, sua tese é que em muitas ocasiões é possível evitar os medicamentos e os longos tratamentos psicanalíticos com a ajuda da filosofia.

Os grandes pensadores, desde a Antiguidade, abordam muitos dos temas que nos angustiam hoje. Em suas palavras:

> *A única maneira de se obter uma solução real e duradoura para um problema pessoal é enfrentá-lo, resolvê-lo, aprender com ele e aplicar o que se aprende no futuro.*

Para isso, seria muito útil lermos as obras informativas sobre filosofia e, por que não, falar, filosofar com pessoas conhecedoras sobre o assunto.

No meu caso, tive a sorte de conviver com José Carlos Ruiz e David Pastor Vico, dois autores e divulgadores da filosofia, os dois são andaluzes e professores dessa matéria que tanto tem me ajudado.

QUAL É A SUA FILOSOFIA DE VIDA?

O principal objetivo do assessoramento filosófico é chegar a compreender qual é nossa filosofia de vida e como podemos corrigi-la quando nos prejudica. Lou Marinoff disse:

> *Compreender nossa própria filosofia pode nos ajudar a evitar, resolver ou abordar muitos problemas. Nossa filosofia também pode ser a origem dos problemas de que padecemos, de modo que devemos avaliar as ideias que mantemos para modelar um ponto de vista que esteja a nosso favor, não contra. Você é capaz de mudar suas crenças para resolver um problema.*

312

A VERDADEIRA BELEZA

S e eu usar roupas de uma marca esportiva específica, isso me torna um atleta melhor? Mais saudável? Mais esportista?

Se eu dirigir um carro luxuoso, me torno uma pessoa importante ou uma grande motorista?

Se eu ouvir músicas inspiradoras, isso me torna uma pessoa mais especial?

Se eu colocar um relógio valioso, meu tempo também valerá mais?

Sempre foi dito que as aparências importam, mas nem sempre é verdade. O certo é que não somos o que usamos, nem o que compramos, nem o que queremos transmitir ou imitar.

Somos o que somos. E não são as coisas lindas, mas o que fazemos e nossas atitudes que embelezam a nossa vida.

CHAVES DO MAGNETISMO PESSOAL

Apesar daquilo que estiver usando, inclusive se não estiver usando nada, estas são algumas características das pessoas com magnetismo natural, caso você queira imitá-las:

1. Não tentam impressionar os outros através de sua roupa, nem presumem suas conquistas. O atrativo vem da autenticidade e transparência;

2. Nunca falam demais. Por isso, quando abrem a boca todos as escutam;

3. Fazem com que os outros se sintam à vontade, porque não se sentem superiores nem inferiores. Simplesmente inspiram confiança.

313

ALEGRAR-SE PELOS OUTROS

Em outra reflexão deste livro, vimos que para Oscar Wilde a amizade mais valiosa é aquela que se alegra por nossas conquistas.

Essa é uma virtude que está relacionada à generosidade do ser humano. Mas, além de nos sentirmos alegres por elas, ganhamos a estima das pessoas e há um grande benefício nisso: graças ao contágio emocional, sobre o qual já comentei, a felicidade do próximo acaba sendo sua também, e isso faz com que você se sinta com muita energia.

Por esse motivo, comemorar as conquistas das pessoas que estão ao seu redor faz muito bem e contagia você com muitas coisas boas. Quer participar dessa felicidade alheia para preencher seu coração e torná-la sua?

ABUNDÂNCIA OU CARÊNCIA?

Sempre que sentimos inveja, raiva ou ciúme, cultivamos energia de carência. Nos focamos naquilo que nos faz falta. Porém, quando experimentamos sentimentos de alegria pelo outro, generosidade ou altruísmo, projetamos em nós a ideia de que o universo tem o suficiente para todos, também para nós. Cultivamos energia de abundância.

Com que tipo de energia você escolhe se conectar?

314

PARA RECARREGAR A ALMA

Quando se sentir desanimado, você pode se aquecer em um lado do campo, dançar fora da pista, descansar em um canto do festival, caminhar um pouco pelo acostamento.

Afastar-se do conflito ou daquilo que o está incomodando por um certo tempo ajudará você a voltar à ação cheio de vitalidade.

Após essa *parada técnica*, você se sentirá melhor física, mental e emocionalmente para lidar com qualquer situação.

Observar da plateia a obra da sua própria vida, como um ator exigente que tenta melhorar o que acontece no cenário, é a melhor maneira de introduzir as mudanças necessárias nela.

Afaste-se por um tempo quando a vida exigir muito de você, mas só para adquirir mais força, após ter escrito um novo roteiro para ser protagonista de sua vida e dançar sob os holofotes no seu ritmo e com alegria.

FÉRIAS DE UM MINUTO

Se estiver em seu local de trabalho, ou em uma reunião em família, ou em qualquer outro lugar do qual não possa sair com facilidade, você pode fazer este exercício para recarregar as baterias:

1. Retire-se um minuto e vá a um lugar onde você possa estar sozinho, mesmo que seja em um canto do escritório, ou até mesmo no banheiro;

2. Feche os olhos durante esse tempo e traslade-se mentalmente ao seu lugar favorito no mundo (ou a um deles);

3. Visualize-se caminhando por esse lugar ou apenas respire devagar em frente a essa paisagem.

4. Quando voltar à atividade, sinta que está levando parte dessa beleza e dessa serenidade com você.

315

O SIMPLES É EXTRAORDINÁRIO

Phil Bosmans, um escritor e religioso belga, se tornou famoso em seu país durante os anos 1970 com um livro que seria traduzido como *Querido ser humano, eu te amo* e que vendeu dois milhões de exemplares na Alemanha.

Este texto é a celebração de coisas que muitas vezes consideramos normais, mas que são sem dúvida extraordinárias:

> *Redescubra as coisas simples,*
> *o encanto da amizade, as flores para um doente,*
> *uma porta aberta, uma mesa acolhedora,*
> *um aperto de mãos, um sorriso,*
> *o silêncio de uma igreja, o desenho de uma criança,*
> *uma flor que se abre, um pássaro que canta,*
> *uma fileira de árvores, um riacho, uma montanha...*
> *A vida transforma-se em festa quando você sabe desfrutar*
> *das coisas simples do dia a dia.*

DO QUE VOCÊ SENTIRIA FALTA?

Imagine que você tenha que passar uma longa temporada em um hospital.

De que coisas do dia a dia você sentiria falta? Faça uma lista com todas elas, porque é o que você considera *simples e extraordinário*.

316

ESCOLHO VIVER

Tenho consciência de que os problemas fazem parte da nossa existência, se alternam com aquilo que é agradável assim como a noite e o dia.

Quero viver, receber o que chegar e, quanto mais prazer e alegria trouxer, melhor.

Isso não significa que eu negue as outras coisas que fazem parte da existência. Friedrich Nietzsche disse: "O sofrimento e o fracasso são a chave da felicidade e fazem parte da vida".

Por isso, mesmo sabendo que haverá momentos nos quais terei que sofrer, eu escolho viver.

O mesmo Nietzsche disse que "aquilo que não nos mata, só nos fortalece", e podemos utilizar essa nova fortaleza para viver com mais plenitude e intensidade.

PROJETANDO A FELICIDADE

Quando você passar por um momento de dificuldade, compense-o se projetando ao estado contrário do que está vivendo. Alguns exemplos:

- Se por sua situação atual você não pode viajar, aproveite para ler e se informar sobre os lugares que visitará no futuro.

- Se agora você não tem um companheiro, é hora de analisar o que quer nesse sentido e o que fará de melhor quando voltar a estar com alguém.

- Se sua saúde está limitando você nesse momento, enquanto você se dedica para recuperá-la, decida como deseja viver quando estiver em melhores condições.

317

OUÇA COMO UM AMIGO

Em uma conversa que tive com meu estimado Ángel Martín sobre seu livro *Caso as vozes voltem*, esse ator, comunicador e roteirista mencionou uma frase que tinha lido em um livro. Era mais ou menos assim: *Ninguém deveria saber o que vai dizer até terminar de ouvir*.

Ele me disse que essa reflexão havia sido um enorme aprendizado para ele.

Adorei ouvir isso, porque é verdade que, muitas vezes, enquanto nosso interlocutor fala, já estamos pensando na resposta que daremos em vez de prestar atenção em suas palavras e na emoção que as acompanha, ou seja, aquilo que quer realmente compartilhar.

Ed Cunningham dizia que "amigos são aquelas pessoas raras que nos perguntam como estamos e depois ficam à espera de ouvir a resposta".

COMO VOCÊ ESTÁ?

Essa pergunta muitas vezes é lançada como uma fórmula vazia, um cumprimento neutro, do qual não se espera uma resposta concreta. No máximo um... *Tudo bem*... ou: *Vou indo*. Enfim, alguma resposta que não paramos para ouvir.

Para este exercício, sugiro que da próxima vez pergunte: *como vai, de verdade?* Prepare seu ouvido, marque presença com seu olhar e dedique seu tempo para ouvir até o fim aquilo que contam a você.

318

CAMINHOS DIFERENTES

Uma história interpretada pelo autor de origem indiana Idries Shah conta que um discípulo de Nasrudin lhe fez a seguinte pergunta:

— Você é um grande místico. Sem dúvida saberá por que os homens seguem caminhos diferentes ao longo da vida, em vez de seguir um único caminho.

— Isso é muito simples — respondeu o sábio. — Se todos seguissem o mesmo caminho, todos acabaríamos no mesmo lugar. Assim, o mundo perderia o equilíbrio, se inclinaria e nós cairíamos no oceano.

Essa fábula sufi transmite a importância de cada pessoa escolher o seu próprio caminho, sem se importar com os caminhos que foram válidos para outros.

SERENDIPIDADES

Embora a geometria nos diga que uma linha reta é a menor distância entre dois pontos, isso não significa que seja o caminho mais interessante, aliás, às vezes um desvio nos leva ao verdadeiro tesouro.

As serendipidades, os descobrimentos valiosos que ocorrem enquanto se procurava outra coisa — o descobrimento da América é o exemplo mais típico —, são a prova de que às vezes é necessário se perder para encontrar algo ainda melhor.

Você se atreveria a se desviar do caminho traçado para descobrir algo inesperado?

319

O RUMO DA SUA VIDA

No filme *As pontes de Madison*, um dos meus favoritos, conta-se uma história de amor contida e, ao mesmo tempo, cheia de paixão que passa por diferentes etapas.

Inspirador e comovente ao mesmo tempo, com uma Streep e um Eastwood sublimes em seus papéis.

Em minha opinião, o filme nos estimula a uma deliciosa reflexão sobre as perguntas que fazemos ao encontrar alguém que nos encanta e até que ponto estamos dispostos a mudar o rumo de nossa vida.

É verdade que nunca seremos os mesmos depois de uma história de amor.

Uma das frases mais otimistas e comoventes deste filme é: "O coração humano tem uma capacidade de resistir mesmo depois de ter se partido em mil pedaços".

SIGA SUA INSPIRAÇÃO

O autor do romance no qual o filme é baseado, Robert James Waller, escreveu o primeiro manuscrito em apenas onze dias. Ele encontrou inspiração enquanto fotografava as pontes que cruzam o Mississípi no condado de Madison.

Esse é um exemplo de que devemos seguir nossas grandes inspirações. Quando uma ideia surgir com força em sua cabeça, exigindo sua atenção, vale a pena que você dedique toda a sua energia em concretizá-la.

320

SEU PAPEL NA OBRA

A vida às vezes é como uma ópera de teatro ou um filme no qual interpretamos um determinado papel.

Para se conscientizar disso, pode ser terapêutico se inscrever em um curso de teatro ou participar diretamente de um espetáculo amador. Estar no palco permitirá que você adote diferentes atitudes e personagens, comprovando como você se sente em cada um.

Porque quando assumimos um papel no teatro, por exemplo, saímos do que somos habitualmente, o que nos relaxa de muitas tensões. Ao mesmo tempo, também transmitimos o que levamos dentro com mais liberdade, com o pretexto de interpretar um papel que não nos pertence.

É um processo divertido, mas se você acha que não é a sua praia, pelo menos fique com um pequeno ensinamento: podemos mudar o papel ou personagem que interpretamos em nossa vida, dar nosso toque pessoal ou, inclusive, por que não, rasgar o roteiro e escrever o nosso próprio.

O MÉTODO STANISLAVSKY

O famoso mestre russo propôs, como fundamento de seu sistema, que os atores *vivenciassem* o personagem, em vez de *interpretá-lo*.

Quer dizer, se você interpreta o papel de um avaro, não se trata de imitar seus movimentos e atitudes, mas de sentir a avareza dentro de você, e atuar a partir desse novo eu.

O método Stanislavsky pode ser útil em sua vida diária para adotar um novo papel que seja mais conveniente para o desafio que está encarando. Você deve vivê-lo de dentro para fora. Que papel você gostaria de ter no atual momento de sua existência?

321

DANÇAR COM A VIDA

Você pode tirar mais proveito da vida se aprender a dançar com ela, deixando que ela conduza você pela mão sem resistência.

Gosto de comparar a existência com a dança, e vários paralelismos passam pela minha mente para ser um bom dançarino e me dar bem na vida:

- *Controle sua posição.* A atitude corporal é o que dá majestosidade para quem dança. O mesmo acontece com o que você vive: tudo depende da postura que você toma diante das circunstâncias.

- *Sinta a música da vida.* Apenas se você se deixar levar por ela, poderá fluir com os diferentes ritmos e intensidades que lhe oferece.

- *Tente entender seu companheiro de dança.* Assim vocês deslizarão melhor pelos cenários do mundo. Acompanhe-o e se deixe levar sem perder o ritmo.

OS CINCO RITMOS

Entre as diferentes escolas de dança terapêutica ou experimental está a de Gabrielle Roth e seus cinco ritmos, que dizia: "A energia se move em ondas. As ondas se movem em padrões. Os padrões se movem em ritmos. Um ser humano é isto: energia, ondas, padrões e ritmos... uma dança".

Nas sessões dessa disciplina, que está ao alcance de qualquer pessoa, trabalha-se estes aspectos:

- *Enraizamento.* Antes de mais nada, ser consciente do próprio corpo.
- *Atenção.* Como seu corpo se sente? De que maneira você percebe o ambiente?
- *Movimento.* Expressa tudo aquilo que você é, inclusive suas emoções e pensamentos.
- *Respiração.* Faz parte de seu movimento, é o alento da vida.

322

O CONCERTO DA VACA

Um conto do Oriente relata que um famoso músico decidiu experimentar algo novo tocando uma peça clássica em frente a uma vaca.

O animal continuou pastando, sem levantar a cabeça uma única vez para assistir ao concerto.

Não é que a vaca não ouve a minha música, acontece que minha música não lhe interessa, pensou o músico que, em seguida, utilizou um instrumento de vento para imitar o zumbido das moscas e depois o mugido dos bezerros.

A vaca começou a prestar atenção ao concerto, e até mesmo se aproximou do instrumentista, balançando o rabo, para poder ouvi-lo melhor.

Então, o músico entendeu que o novo repertório lhe havia interessado, esse, sim, tinha um significado para a vaca.

QUEM ESTÁ INTERESSADO NISSO?

Essa é uma pergunta que deveríamos nos fazer antes de iniciar um longo discurso a alguém. Para saber se é adequado o que você quer explicar a essa pessoa que está à sua frente, pergunte a si mesmo:

1. Essa pessoa compreende e tem afinidade com o tema que quero expor?

2. Ela dispõe de tempo necessário para o que quero contar?

3. Ela vem livre de expectativas ou nos encontramos para falar de outra coisa?

4. Será útil e valioso o que quero lhe contar?

TUDO QUE VOCÊ É

Você é muito mais do que imagina. Inclusive, mais do que imaginou que seria. O mestre espiritual Amit Ray diz a respeito:

Você não está sozinho nas lutas da vida. O cosmos está com você. Ele evolui pela forma que você enfrenta e supera os desafios da vida. Use tudo a seu favor.

Quando você percebe isso, se torna uma esperança para os outros, não só para si mesmo. Você pode estender a mão para os outros, animar aqueles que têm dificuldades pelo caminho, transmitir calma para aqueles que precisam dela.

Dê a si mesmo a oportunidade de ser inspiração para outros e para você mesmo. Ofereça todo o amor que você tem, é e merece.

TRÊS CHAVES PARA EMPODERAR-SE

1. *Elimine as desculpas e justificativas.* Frases como: *Mas eu sou assim... É a vida...* ou *O que posso fazer?* tiram o seu poder e levam você a um papel de vítima.

2. *Entenda que você influencia os outros.* Tudo que você faz e diz tem uma repercussão ao seu redor. Se você prestar atenção ao *feedback*, terá consciência do seu poder.

3. *Procure ter bons companheiros.* Assim como uma expedição a uma montanha alta fracassará se houver montanhistas pessimistas e temerosos, procure uma boa equipe para alcançar seu objetivo pessoal.

324

ENERGIA PURA

Depois de ver a uma apresentação de Maria Callas, Leonard Bernstein disse que ela era *energia pura*.

Não é de se estranhar. Sua maneira de cantar ia além, porque a diva nascida em Nova York tinha o dom de fazer as pessoas vibrarem com seu talento. Uma vez ela confessou o segredo da sua arte:

> *Pertenço aos doadores. Quero dar uma pequena felicidade, mesmo que eu não tenha tido muita para mim. (...) Se alguém deixou uma casa de ópera se sentindo mais feliz e em paz, alcancei meu propósito.*

As pessoas como Maria Callas têm essa generosidade e conseguem fazer com que os outros se sintam felizes porque sabem transformar a emoção em conexão e ponto de encontro.

Talvez você não chegue a todos, como a grande soprano, mas tem a oportunidade de se conectar com muitas pessoas e fazer com que se sintam melhor.

Todos os dias temos a oportunidade de fazer algo para animar a existência dos outros.

QUAL É A SUA CANÇÃO PARA O MUNDO?

O indiano Rabindranath Tagore, vencedor do prêmio Nobel, dizia que: "O bosque seria muito triste se só cantassem os pássaros que cantam melhor". Baseado nessa ideia, sugiro que você se pergunte:

- Qual *canção* faz parte do seu cotidiano que você pode sugerir para alegrar a vida dos outros?

- De que maneira você pode fazer isso?
- Quem nesse momento mais precisa de sua ajuda?

325

BOBAGENS DIVINAS

Há um documentário sobre René Magritte que conta que uma vez ele convidou um especialista em arte para ir à sua casa. Fazia frio e o salão estava aquecido por uma lareira.

O pintor surrealista perguntou ao seu convidado se ele poderia colocar uma lenha no fogo. Assim que ele se virou para fazer isso, Magritte deu um chute em seu traseiro.

Sem entender nada, o visitante se virou em direção ao anfitrião, que continuou conversando com seriedade, como se nada tivesse acontecido. Acreditando na possibilidade de ter sido uma alucinação, ele também continuou conversando.

Sem chegar a esses extremos, pode ser que, de vez em quando, você goste de fazer uma bobagem para demonstrar que não leva a vida tão a sério.

Essas bobagens, às vezes, são seus melhores momentos de conexão consigo mesmo e é possível que contagiem a outros ou pelo menos passe um sentimento divertido e de surpresa.

UM POUCO DE LEVEZA

Uma vez em um aeroporto do Alabama, quando um passageiro se preparava para despachar sua mala, o funcionário da companhia aérea lhe fez uma pergunta de rotina:

— Alguém colocou algo sem o seu conhecimento na sua mala?

Então, o passageiro respondeu:

— Se foi sem o meu conhecimento, como vou saber?

O funcionário riu com sua resposta.

É um pequeno exemplo de como um tom leve, mas respeitoso, pode tornar as tarefas e as conversas do dia a dia mais agradáveis e divertidas.

326

LIÇÕES DO JARDIM DE INFÂNCIA

Em 1986, Robert Fulghum fez um enorme sucesso com o *Tudo que eu precisava saber, eu aprendi no jardim de infância*, um livro encantador no qual esse autor norte-americano recupera os ensinamentos do jardim de infância para a vida adulta:

1. Compartilhe tudo;
2. Jogue dentro das regras;
3. Não bata nos outros;
4. Coloque as coisas de volta onde pegou;
5. Arrume sua bagunça;
6. Não pegue as coisas dos outros;
7. Peça desculpas quando machucar alguém;
8. Lave as mãos antes de comer.

Sobre a importância de recuperar essas simples lições — com um novo sentido — na idade adulta, Fulgum observa: "O fato de você ser inteligente não significa que não seja um idiota".

COM SEU OLHAR DE AGORA

Como exercício para esta reflexão, sugiro que leia cada uma das oito regras de jardim de infância e as interprete para o seu dia a dia.

Com exceção da oitava, que é literal — apesar de muito útil nessa época de pandemia —, todas as outras têm um sentido mais amplo na maturidade.

Como cada regra se traduz em sua vida atual?

SUA PRÓPRIA *MATRIX*

Um dos momentos icônicos do filme *Matrix* é a escolha que deve ser feita pelo protagonista entre a pílula vermelha e a pílula azul.

A primeira lhe permite descobrir uma verdade que pode abalar seu mundo, a segunda o mantém na ignorância.

Qual das duas você escolheria se pudesse decidir?

Optaria pela verdade, por mais incômoda que fosse, ou preferiria não saber?

Considero essa reflexão interessante, porque muitas vezes em nossas vidas podemos escolher entre essas duas possibilidades.

Às vezes, a vida nos manda sinais que equivalem à pílula vermelha, para que nos atrevamos a indagar a verdade sobre nós mesmos ou sobre aquilo que está ao nosso redor. Podemos assumir o desafio ou escolher a azul e deixar o aprendizado de lado.

QUANDO É MELHOR NÃO SABER

No entanto, há algumas situações específicas em que é inútil querer saber, como...

- O que as outras pessoas podem ter dito ou opinado sobre você;
- Boatos sobre terceiros que não dizem respeito a você;
- Informações negativas, em geral, que não têm uma utilidade clara.

328

SUA AUTOBIOGRAFIA

Nesta reflexão sugiro que use a sua imaginação. Se você lesse um único exemplar de sua autobiografia, escrita em detalhes, o que você acha que faltaria escrever?

Talvez seja um bom momento para redigir esse capítulo referente àquilo que você não viveu até hoje e dar uma nova direção e sentido à obra da sua vida.

Você pode escrever o próximo capítulo e mais alguns, se quiser. Complete as páginas do relato de sua vida com histórias que mereçam ser contadas.

Assim que tiver terminado o exercício, pense nas mudanças concretas que deveria introduzir em sua rotina para que seu futuro tome o rumo que você imaginou.

Todas as grandes conquistas começam com uma fantasia, portanto, atreva-se a repensar sua vida!

CONTE SUA VIDA EM SETE PALAVRAS

Silvia Adela Kohan, sobre quem já mencionei em um exercício anterior, recomenda em seu manual *Escribe tu vida* utilizar a autobiografia como ferramenta para que você possa se conhecer melhor e esclarecer como gostaria de viver.

Se você ainda não se sente preparado para escrever um texto longo, este exercício preliminar da autora pode ajudar:

1. Resuma sua vida em sete palavras. Pense alguns minutos para escolhê-las bem.

2. Que mensagem vital você pode extrair de cada uma delas?

3. Por último, o que essas palavras têm em comum? Talvez possam ajudar você a encontrar o principal argumento de sua história.

329

VOCÊ

A ortografia é importante, e essas regras servem como uma desculpa para lembrar você de algo.

Perceba que a palavra *você* leva acento para dar a singularidade que toda pessoa merece, que é única e irrepetível.

Você é a chave de tudo. Tudo parte de você e volta para você, como um universo que se expande e se comprime em uma longa respiração.

Você faz com que a vida tenha significado, a importância que ela merece.

Você é a sua força.

Qual é a pessoa mais importante da sua vida? Quem ostenta o poder, a magia, a capacidade de transformação? Quem é o personagem de suas grandes aventuras?

Você.

QUANDO O LIVRO FALA COM VOCÊ

Não são muitos os livros que falam diretamente com o leitor, mas um deles é *Diário de inverno* de Paul Auster, no qual encontramos passagens como esta:

> Você acha que nunca vai acontecer com você, que não pode acontecer com você, que você é a única pessoa no mundo com quem nenhuma dessas coisas jamais hão de acontecer, e então, uma por uma, todas elas começam a acontecer com você, do mesmo modo como acontecem com todas as outras pessoas.

Como você continuaria esse pensamento?

330

CRIATIVIDADE PURA

Na década de 1960, quando a psicologia transpessoal e o orientalismo eram quase desconhecidos na Espanha, existiu um divulgador pioneiro: Antonio Blay Fontcuberta.

Autor de obras monumentais como *La personalidad creadora*, essa é sua opinião sobre nossa essência:

> *De fato, o ser humano é criativo por natureza. Não devemos considerar que a criatividade pertence apenas aos grandes artistas cujas obras a humanidade tem admirado ao longo dos séculos, nem aos homens incríveis que fizeram grandes descobertas científicas, conquistas tecnológicas ou inovações comerciais. A capacidade criativa se manifesta em toda ação que o homem executa com a plenitude do seu ser, com sinceridade, espontaneidade e a totalidade de uma alma desperta e simples.*

Você está consciente do seu poder criativo? Qual a sua relevância em sua vida diária?

UM CONSELHO DE ANTONIO BLAY

Esse psicólogo nascido em Barcelona disse: "Se eu me der bem comigo; as outras pessoas também vão sair ganhando".

E agora eu lhe pergunto: de que maneira você pode se dar bem com você para melhorar sua vida e a dos outros?

331

LÁGRIMAS NA CHUVA

Há um filme em particular que me fez amar o cinema: *Blade Runner*. Nele há uma sequência inesquecível: o replicante Roy Batty, magistralmente interpretado por Rutger Hauer, tem um monólogo final sublime.

Parece que essa cena tão emotiva não estava assim no roteiro que foi adaptado do romance *Androides sonham com ovelhas elétricas?*, de Philip K. Dick.

Foi o próprio Hauer que, na noite anterior à gravação, reescreveu esse monólogo no roteiro para que o personagem tivesse uma despedida como ele achava que merecia, antes de morrer.

Aconselho você a assistir a esse filme. É uma das sequências mais lindas da história do cinema, somada à música do grande Vangelis. Os efeitos de luz e a chuva fazem o resto.

Assim como você escolhe como quer viver, gosto de pensar que podemos escolher como nos despedir deste mundo, como o personagem de *Blade Runner*.

A DESPEDIDA DE ROY BATTY

Antes de seu final, enquanto uma chuva torrencial cai sobre ele, o replicante diz o seguinte ao protagonista:

Vi coisas que vocês homens nunca acreditariam. Naves de guerra em chamas na constelação de Orion. Vi raios-C resplandecentes no escuro perto do Portal de Tannhaüser. Todos esses momentos se perderão no tempo, como lágrimas na chuva. É hora de morrer.

332

HO'OPONOPONO

Quando tiver a impressão de que não agiu bem, que talvez tenha machucado alguém sem perceber ou que fez algo de errado, você tem ao seu alcance uma forma de remediar.

É importante fazer isso, porque quando não fazemos as coisas direito, nós também nos sentimos mal.

Existe uma incrível técnica de cura havaiana denominada Ho'oponopono. Esta palavra tão grande e complexa se traduz no idioma local como *higiene mental* e tem como base um mantra ou oração que se popularizou nos últimos tempos.

Sou grato, me perdoe, sinto muito, amo você.

Embora não tenhamos plena consciência de qual seja o conflito, ao repetir essas palavras cada vez que sentirmos que há um desequilíbrio em nossa vida, segundo a sabedoria do Ho'oponopono, devolvemos a harmonia a nosso ser.

Convido você a indagar sobre esse ritual de cura que aproxima os corações e alivia a alma quando nos sentimos tristes pela nossa atitude.

A CULPA PARALISA

O filósofo e orientalista Alan Watts dizia: "Uma maneira de não fazer nada sobre uma situação é sentir-se culpado", já que a maioria das pessoas não toma medidas práticas para devolver o equilíbrio à sua alma.

A sabedoria ancestral havaiana nos sugere este ponto de partida para a cura: *Sou grato, me perdoe, sinto muito, amo você.*

Esse mantra, junto à decisão de não repetir vários erros, ajuda a dissolver a culpa.

333

VIAJAR DA POLTRONA

Nas redes sociais há tantas imagens de lugares exóticos e paraísos onde se pode tirar férias que as pessoas que ficam em casa podem sentir que estão perdendo algo.

George Sand, a companheira de Chopin, era uma excelente escritora e viajante, porém era contra essa ideia e comentou sobre isso:

> *As minhas viagens mais bonitas, as mais doces, foram feitas no aconchego do lar, com os cotovelos repousando nos braços gastos da poltrona de minha avó. Por que viajar quando não se é forçado a isso? (...) Não se trata tanto de viajar, mas de partir. Quem de nós não tem alguma dor para distrair ou alguma carga para se livrar?*

Partir aqui é uma palavra interessante, porque implica abandonar um lugar — físico ou mental — para nos dirigirmos a outro.

Para onde sua alma precisa viajar neste momento?

VIAJAR COM A IMAGINAÇÃO

Diz a lenda que, quando era criança, Júlio Verne fugiu de casa e tentou embarcar como aprendiz em um barco que zarparia para a Índia. Porém, seu pai o encontrou a tempo, frustrando sua viagem.

Desde então, Júlio decidiu que viajaria com a imaginação.

Talvez aí tenha nascido o mestre dos livros de aventura.

Enquanto sua próxima viagem não chega, aconselho-o a exercitar sua imaginação para que leve você a lugares e momentos que enriqueçam a sua rotina.

334

MALABARISTA DA VIDA

A lguma vez você já tentou fazer malabarismo jogando bolas para o alto?

Se sua resposta for negativa, direi que com certeza você já fez isso várias vezes em sua vida, mesmo que seja de outra forma.

Às vezes você não se sente um verdadeiro equilibrista, tentando conciliar tantas coisas em seu dia?

Somos malabaristas da vida, mantendo viva a chama de muitos aspectos do nosso dia a dia. Adoro pensar dessa forma, apesar de que às vezes é necessário diminuir as obrigações que assumimos.

Quantas bolas você pode equilibrar ao mesmo tempo? Você gostaria de tirar alguma e observar melhor o que está ao seu redor?

Além da sua capacidade de gerenciar tantas coisas, procure um equilíbrio que dê a serenidade de que você tanto precisa.

O *MULTITASKING* NÃO EXISTE

Observações feitas em laboratório demonstraram que os seres humanos, em geral, não fazem duas tarefas de forma simultânea, mas passam de uma para outra tão depressa que podem achar que as estão realizando ao mesmo tempo.

Já que sair e entrar constantemente de uma atividade causa um desgaste energético, é essencial concentrar nossa atenção em trabalhos importantes e, apesar de querermos fazer muitas coisas, é melhor proceder em ordem: fazer uma coisa de cada vez.

335

O VALOR DA INTEGRIDADE

A integridade é uma das primeiras coisas que passam pela minha mente quando penso na seleção de valores que são fundamentais para mim.

É curioso tudo que engloba o conceito de integridade. Muitas pessoas definem a integridade como a capacidade de proceder *corretamente* em relação ao que nos cerca, ao nosso convívio pessoal, sempre em coerência com o que somos. Mas o que significa *corretamente*?

Para responder, eu diria que é agir com lealdade a nós mesmos e nossos princípios. Só assim podemos ser íntegros em nossa totalidade. Considero um valor essencial a ser trabalhado, porque engloba a possibilidade de aprofundar ideias como coerência e o respeito pelas nossas prioridades e a dos outros.

O GRAU MAIS ALTO DA INTEGRIDADE

Segundo Stephen Covay, autor que já mencionamos antes, "uma das formas mais importantes de demonstrar integridade é ser leal a quem não está presente".

Se você ainda não pratica esse grau de integridade, tente colocá-lo no seu dia a dia. Você se sentirá muito melhor, em coerência consigo mesmo e com as outras pessoas.

336

ESPAIRECER AS IDEIAS

A seguinte reflexão é de Leonardo da Vinci, e, na verdade, se trata de um conselho prático:

De tempos em tempos, dê uma caminhada e relaxe. Pois então quando voltar ao trabalho, sua capacidade de julgamento será mais precisa. Busque distanciamento, porque o trabalho parecerá menor e você ganhará perspectiva, é assim que poderemos ver se há falta de harmonia e de proporção.

Sem dúvida quando nos sentimos bloqueados diante de qualquer questão ou problema, muitas vezes o que precisamos é de perspectiva. Nos afastarmos do assunto por algumas horas, até mesmo por um dia inteiro, pode fazer milagres.

TORNE-SE UM FILÓSOFO AMBULANTE

Aristóteles foi o fundador da escola dos peripatéticos, que costumavam filosofar durante os longos passeios. Além de ajudar a espairecer as ideias, caminhar tem outros benefícios:

1. Para o corpo é um dos esportes mais saudáveis que existem;

2. Ajuda a conciliar o sono;

3. Melhora a circulação sanguínea (também a da cabeça, talvez por isso ajude nas ideias);

4. Diminui o estresse e a ansiedade;

5. Eleva nosso humor e nos dá novas perspectivas.

337

CORPO E EMOÇÕES

A ciência tem demonstrado como nossas emoções repercutem em nosso corpo e vice-versa. Por esse motivo, quanto mais nos conhecermos e aprendermos a gerenciá-las, melhor será nossa saúde e qualidade de vida, assim como a das pessoas ao nosso redor.

No entanto, nem todo mundo tem a facilidade de entender suas emoções. O dr. Bessel van der Kork explica em seu clássico *O corpo guarda as marcas* que muitas pessoas padecem de alexitimia, que é a incapacidade de expressar seus sentimentos. Porém, repito, conectar-se com o corpo é a solução. Nas palavras desse autor:

> *As pessoas com alexitimia podem melhorar se aprenderem a reconhecer a relação entre suas sensações físicas e suas emoções. (...) Quando temos uma conexão confortável com nossas sensações interiores (...) sentimos que temos o controle de nosso corpo, de nossos sentimentos e do nosso eu.*

Espero que essa seja a base da sociedade para nos conhecermos e nos relacionarmos melhor. Sonho com isso.

CONECTE-SE COM O SEU CORPO

Para tornar-se amigo do seu corpo, este exercício proposto por Anna Sólyom em *Reconecta con tu cuerpo* ajudará você a estar mais consciente de como se sente.

1. Esfregue as mãos e quando perceber que estão quentes, toque de leve seu rosto, sua cabeça, seu pescoço, seus ombros, seus cotovelos, seus antebraços e suas mãos entre si;

2. Depois percorra com elas o seu tronco, suas costas, seus quadris, suas nádegas, a parte de cima de seus músculos;

3. Em seguida, ambas as pernas, primeiro uma depois a outra, contactando com seus músculos, joelhos e panturrilhas, com os tornozelos, com o pé, a sola do pé e seus dedos...

4. Durante esse contato com seu corpo, com uma respiração lenta e serena, permita que seu corpo fale com você. O que ele está dizendo?

338

UM EMPREGADOR IGUALITÁRIO

Denis Waitely, um orador motivacional dos Estados Unidos, reflete sobre o uso que fazemos de nosso recurso mais valioso:

O tempo é um empregador de oportunidade iguais. Cada ser humano tem exatamente o mesmo número de horas e minutos todos os dias. Os ricos não podem comprar mais horas. Os cientistas não podem inventar novos minutos. E você não pode economizar tempo para gastá-lo em outro dia. Mesmo assim, o tempo é surpreendentemente justo. Não importa quanto tempo você perdeu no passado, você ainda tem um amanhã inteiro.

Como você qualificaria o uso que faz do seu tempo? Você valoriza cada hora, minuto e segundo?

ALGO PARA SE SENTIR ORGULHOSO

Na gestão do tempo livre, você tem duas opções: passar as horas fazendo qualquer coisa ou fazer algo de que depois possa se sentir orgulhoso.

Quando uma pessoa tem uma boa conversa ou lê sessenta páginas de um bom livro, por exemplo, ela tem a impressão de ter aprendido, de ter aproveitado o tempo, ao contrário de quando ela se dedica a atividades sem conteúdo.

Com qual dessas duas opções você decide preencher o seu tempo livre?

339

VIVER COM A AUSÊNCIA

Há ausências com as quais convivemos até nos acostumarmos a elas. No caso de nossas mães, a dor de sua partida é tão grande que, pelo menos no meu caso, eu a mascarei por muito tempo.

Acredito que só tenha começado minha cura no dia em que comecei a honrar sua figura, seu amor, sua incrível capacidade de fazer coisas e sua alegria contagiante.

Foi a partir desse dia que pude conviver com ela em sua ausência. A dor foi embora e a abundância se multiplicou em todos os sentidos, pois ao integrar a pessoa amada, mesmo que ela não esteja mais presente, recuperamos os momentos vividos, as palavras compartilhadas, tantas emoções que nos tornaram o que somos.

Desse modo, a ausência se transforma em uma presença amorosa e constante.

UMA CAIXA DE MEMÓRIA

Este é um dos exercícios que os especialistas em luto recomendam para integrar uma ausência e honrar o ente querido:

1. Escolha uma caixa na qual possa guardar alguns objetos pessoais da pessoa que não está mais presente;

2. Você pode colocar nela fotografias e escritos dessa pessoa;

3. Se ainda não estiver preparado para mergulhar nessas lembranças, mantenha-as na caixa até que seu coração peça para abri-la para revisar cada coisa com amor e uma melancolia saudável.

340

AS MELHORES COISAS DA VIDA JÁ SÃO SUAS

D ale Carnegie, a quem recorremos no início deste livro, insistia ao dizer que o segredo da riqueza está em apreciar o que você tem. Ele explica desta forma, de maneira lúcida e inequívoca:

Se as pessoas que se preocupam com as suas dificuldades pensassem pelo menos nas riquezas que possuem, deixariam de se preocupar.

Você venderia os seus dois olhos por um milhão de dólares? Quanto aceitaria pelas suas duas pernas? E pelas mãos? E pelos seus ouvidos?

Some tudo que possui e verá que não venderia o que tem nem por todo o ouro do mundo.

As melhores coisas da vida vêm para aqueles que apreciam a si mesmos.

Como diz o título do romance de Raphaëlle Giordano, *Sua segunda vida começa quando você descobre que só tem uma*. E se você começasse a viver essa existência com abundância e gratidão?

FAÇA UM INVENTÁRIO

E se você fizesse um inventário de todas as coisas que tem e que não venderia por nada? Você terá mais de um motivo para se sentir rico e grato. Sugiro que faça este exercício sempre que se sentir desanimado.

341

AJUDAR NOS FORTALECE

Uma das fábulas mais lindas e motivadoras que existem é a seguinte:

"Um país foi invadido pelo exército inimigo, que avançava causando muitas mortes. Quando um manco explicou a um cego o que estava acontecendo, o cego carregou o manco em suas costas e os dois puderam fugir juntos."

Aproveitando o que cada um tinha de melhor, eles conseguiram se salvar.

Todos somos como esses dois personagens, já que temos a capacidade de ajudar uns aos outros. Sem dúvida, às vezes a correria e a tensão do dia a dia nos impedem de ajudar e criar o mundo que desejamos.

A chave para remediá-lo é a serenidade. Quanto mais calmos estivermos, melhor agimos e mais espaço damos à nossa alma para que se expanda e faça o bem.

Somos seres gentis por natureza. Apenas se trata de priorizar o que é de fato importante para criar esse ambiente de felicidade que depende de nós.

DESCUBRA NOVAS SINERGIAS

Assim como os protagonistas da fábula, pense nas pessoas mais próximas e imagine o que faria em cada caso a seguir:

1. De que maneira você poderia colaborar para que ambos saiam ganhando?

2. Em que você pode contribuir para a outra pessoa?

3. Em que essa pessoa pode contribuir? Que força ela tem que falta em você?

342

DEIXE A ARMADURA CAIR

Como no romance *O cavaleiro da armadura enferrujada*, de Robert Fischer, a armadura que você criou ao longo dos anos desmorona quando você permite que a emoção tome conta. Em vez de se sentir envergonhado, incentivo você a comemorar cada pedaço de ferro que cai e dá lugar à leveza.

Quero ver a sua alma, sentir as batidas do seu coração ao colocar minha mão em seu peito. Quero olhar em seus olhos e sentir que confia em mim, saber que às vezes você tem medo e ouvir sua gargalhada quando estiver se divertindo.

Para caminhar ao meu lado, preciso que esteja leve para que me ajude a tirar minha própria armadura para saltar sob as estrelas pela noite.

DO MEDO AO AMOR

Robert Fischer diz em seu romance: "Quando escolhemos viver com medo em vez de amor, reforçamos constantemente a armadura com angústias, tédio e desconfiança".

A sua realidade é baseada no medo ou no amor?

À medida que viajar do primeiro ao segundo, você irá se desprendendo de partes da sua armadura.

343

RECARREGUE SUA MOTIVAÇÃO

Não deveria existir nada capaz de chatear você, nada que possa apagar a sua luz nem o seu entusiasmo.

Às vezes há alguns apagões, é verdade, mas você tem em seu coração uma poderosa lanterna para continuar iluminando seu caminho. Se você fecha uma porta e é necessário renunciar ao plano A, tenha o plano B bem preparado.

No meu caso, meu segredo para recarregar as energias da motivação é respirar fundo, tentar me acalmar, organizar as ideias, calçar um par de tênis e sair para correr com uma *playlist* de músicas estimulantes dos anos 1980. E, claro, bons amigos por perto e uma lista de novas conquistas e desafios a cumprir.

Você pode escolher sua própria fórmula, talvez um lugar no mapa para dar uma escapada. Ou qualquer outro recurso que aumente sua energia para enfrentar o que está por vir.

DUAS INSPIRAÇÕES DE MURAKAMI

Em seu livro *Do que falo quando falo de corrida*, o escritor japonês mais famoso da atualidade e um grande fã de corrida nos traz duas reflexões muito úteis:

"Na estrada da vida você não pode ir constantemente pela faixa mais rápida.".

1. Há momentos em que seguir em frente é suficiente, em que está contraindicado correr ou se arriscar.

2. "Tenho a impressão de que, caminhando de quarteirão em quarteirão, posso chegar até o infinito." Um pensamento muito *kaizen* sobre o poder de cada passo que damos na mesma direção.

344

SUBA DE NÍVEL

Muitas pessoas já conhecem Tony Robbins pelos seus livros ou pelos seus cursos, outras talvez o tenham descoberto no documentário da Netflix, *Eu não sou seu guru*, em que assistimos a um encontro com esse gigante do *coaching*.

Um de seus lemas é: "Se você faz o que sempre fez, obterá o que sempre obteve".

Para sair dessa armadilha, seu conselho é subir de nível:

> *Sempre que você quiser sinceramente efetuar uma mudança, a primeira coisa que precisa fazer é elevar seus padrões. Quando me perguntam o que de fato mudou a minha vida alguns anos atrás, digo que a coisa mais importante foi mudar o que eu exigia de mim mesmo. Fiz uma lista de todas as coisas que não aceitaria mais na vida, de todas as coisas que não ia mais tolerar, e de tudo que aspirava ser.*

PERMITIDO OLHAR PARA TRÁS

Tony Robbins conta que, ao viajar em seu helicóptero de uma cidade para outra, ele passou casualmente por um edifício no qual havia trabalhado como zelador uma década atrás.

Então, ele se recordou que, naquela época, vivia com medo e tinha a mentalidade de carência. Considero um exercício interessante que você também pode fazer:

Como você se vê quando olha para trás?

Quais carências e limitações você tinha que agora estão superadas?

E, ainda mais importante, como você se enxerga quando olha em direção ao futuro?

345

AQUILO QUE VOCÊ NÃO QUER SER

Quando ouço alguém dizer que tudo acontece por um motivo, penso que em algumas ocasiões é bom ter passado pela experiência daquilo que você não quer ser.

Você foi isso, agora não é mais.

Algumas vezes, ter sido o que não desejamos nos torna conscientes para não repetirmos o erro. Esse é um exercício que deve ser feito várias vezes ao longo de nossa vida.

Bem-vindo ao mundo dos pequenos sábios que sorriem quando acordam para o mundo simples da aceitação e da consciência.

Pode ser que no passado você tenha sido algo de que não se sente orgulhoso, mas agora que já sabe o que não quer ser, o caminho pelo qual não quer seguir nunca mais, é quando começa a viagem rumo àquilo que quer ser.

SUAS MELHORES INVERSÕES

1. O que você mais detesta do seu eu do passado? Então não se esqueça e faça exatamente o contrário.

2. Que papel não gosta de ter adotado? Escolha um papel totalmente diferente.

3. O que você lamenta ter feito? Não faça nunca mais, você já está em outro nível.

346

QUESTÃO DE ATITUDE

Meu querido Victor Küppers sempre nos lembra da importância da atitude que colocamos em tudo que fazemos na vida.

Aliás, esse palestrante e escritor tem uma fórmula para medir o valor de uma pessoa:

$$V= (C+H) \times A$$

A fórmula pode ser explicada da seguinte forma: o valor é igual à soma do conhecimento e das habilidades, multiplicada pela atitude.

Como ele diz, uma boa atitude é o que multiplica nosso valor.

Qual é sua atitude perante a vida?

Sua forma de ser é o que abre caminhos e faz de você uma pessoa sem limites. Além de seus conhecimentos e habilidades, a atitude ajudará você a ser uma pessoa mais querida e admirada.

O EFEITO LÂMPADA

Küppers afirma que "as pessoas são como lâmpadas, porque todos transmitimos sensações e captamos as sensações transmitidas pelas outras pessoas. No entanto, embora todos nós transmitamos, nem todos transmitimos a mesma coisa".

Enquanto há pessoas que emitem luz, outras parecem estar desanimadas o tempo todo. O que diferencia uma das outras?

A atitude.

Sua atitude é brilhar ou você aceita ser uma lâmpada queimada?

347

UM MISTERIOSO MONTANHISTA

Ninguém sabe quem é Harold V. Melchert, mas existe uma reflexão dele bastante popular no mundo do montanhismo, principalmente nos países anglo-saxões. É a seguinte:

Viva sua vida cada dia como se você escalasse uma montanha. Uma olhada ocasional para o topo mantém a meta em mente, mas muitas cenas bonitas devem ser observadas de cada novo patamar alcançado. Suba devagar, de maneira constante, desfrutando cada momento, cada passo; e a vista do topo servirá como o melhor clímax para a viagem.

Considero uma boa alegoria sobre o caminho da vida. Olhar para o topo que você se propôs lhe dará ânimo para seguir o caminho e não perder as forças.

Esse mesmo autor misterioso afirma: "O único que você não pode reciclar é o tempo perdido".

SUBIR E DESCER DA MONTANHA

O psicólogo Joan Garriga, autor de livros como *Bailando juntos* e *Dizer sim à vida*, compara a existência com uma expedição à montanha:

1. Na primeira parte de nossa vida subimos em direção ao topo. É o momento de realizações: conquistas, experiências, amigos, amores, posses, dinheiro, méritos...

2. Uma vez no topo, na metade de nossa existência, vemos o mundo e dizemos: *aqui estou e é isso que eu consegui.*

3. A partir daí é necessário descer a montanha. Essa frase não se trata mais de adquirir, de carregar mais coisas, mas de saber se livrar delas para caminhar de um jeito mais leve. Vamos soltando tudo de que não precisamos, até que, no final da descida, nos soltamos da própria vida.

348

NEGOCIE COM SUA MENTE

Não tente entender tudo. Não permita que o racional monopolize todo o seu espaço existencial. Negocie com sua mente. É incrível ter um bom comportamento mental e lógico, mas às vezes convém deixá-lo ir para aprender outras formas de levar a vida.

Para escapar do pensamento vertical — em oposição ao lateral dos criativos —, você deverá observar a si mesmo e estar ciente do papel que esse pensamento está desempenhando na sua tomada de decisões, observar sua mente. Você está ciente disso?

Como disse Jay Shetty em seu livro *Pense como um monge*:

> *Visualizar a mente como uma entidade separada nos ajuda a trabalhar nosso relacionamento com ela. Podemos pensar em nossa interação com a mente como fazer um amigo ou negociar a paz com um inimigo.*

HAJA DE ACORDO A CADA RELACIONAMENTO

Ao nos separarmos da mente, observamos processos que, na verdade, não têm nada de racional nem conveniente, principalmente no que diz respeito às relações que estabelecemos. Em uma das passagens mais brilhantes de seu livro, Jay Shetty afirma: "Muitas vezes ignoramos aqueles que nos apoiam e apoiamos aqueles que nos ignoram. Amamos aqueles que nos machucam e machucamos aqueles que nos amam".

Sugiro que medite sobre essa reflexão para ter certeza de que não comete nenhum desses quatro erros.

349

DO SEU JEITO

A essa altura, você já sabe que é único e inigualável. Quando fizeram você, jogaram o molde fora. Só você pode fazer as coisas *do seu jeito*. Ninguém mais poderia fazer igual.

Recordemos o tema icônico de Frank Sinatra, fruto de uma adaptação de Paul Anka de uma música francesa. Traduzida, significa:

> *E o que é um homem, o que ele conseguiu?*
> *Se ele não tiver a si mesmo, então não tem nada.*
> *Ele deve dizer as coisas que realmente sente*
> *e não as palavras de alguém que se ajoelha.*
> *As lembranças mostram que eu tomei alguns golpes,*
> *e fiz isso do meu jeito.*

Você também faz e diz as coisas do seu jeito, segue seu próprio caminho, sua própria visão de mundo. Você tem uma autenticidade que não é possível de adquirir em nenhum lugar. Vem de fábrica.

PEQUENO TESTE DO CAMINHO

1. Se você nascesse de novo, que coisas faria exatamente igual?
2. Que erros não voltaria a cometer?
3. O que se atreveria a fazer que não fez no passado?
4. Como você definiria, em poucas palavras, seu jeito de viver?

350

RECUPERAR A ESPERANÇA

Jordan Peterson, autor de *12 regras para a vida*, fala, entre muitas outras coisas, sobre a importância de manter os olhos voltados para aquela saudade que vai além de um instinto primitivo de sobrevivência. Em suas palavras: "Grande parte da felicidade é esperança, não importa a profundidade do submundo no qual essa esperança foi concebida".

Porém, se quisermos materializá-la, a esperança não deve ser um mero desejo. Temos que acompanhá-la de maneira comprometida e a sério, como diz o próprio Peterson: "A abordagem mais ousada possível para a vida, e eu diria que a abordagem mais significativa, é dizer a verdade e deixar que aconteça o que acontecer. É uma aventura".

ESPERANÇA E AUTOCUIDADO

Quando as coisas se tornam difíceis, é o momento em que a esperança deve ser mais cultivada, o autocuidado não deve ser deixado de lado, já que é a primeira coisa que as pessoas costumam fazer. Isso implica:

1. Não relaxar sua aparência e seu aspecto físico;

2. Fazer exercício para tonificar o corpo e a mente;

3. Alimentar-se de forma saudável, sem ficar comendo comidas instantâneas;

4. Continuar se encontrando com os amigos, mesmo que sinta vontade de se isolar;

5. Empreender novos projetos, por pior que a situação pareça nesse momento.

351

OLHAR PARA DENTRO DE SI

Sempre que se sentir perdido, olhe para dentro de si para aprender, para entender o que está acontecendo e desperte sua consciência.

Lembre-se de que o exterior é apenas um reflexo seu. Sua grandeza é incrível.

Para recobrar a paz e encontrar as respostas de que você precisa, a viagem deve ser de dentro para fora. Você descobrirá que tudo que olha tem uma essência. Portanto, qualquer mudança que quiser encontrar no mundo terá que aplicá-la primeiro dentro de você mesmo.

Perceber isso marcará um antes e um depois na sua vida.

Já dizia Carl Jung: "Quem olha para fora, sonha. Quem olha para dentro, desperta".

UM POUCO DE INTROSPECÇÃO

O médico e psicólogo Wilhelm Wundt recomendava aos seus pacientes, já no final do século XIX, que analisassem seus pensamentos através da introspecção. A técnica é simples:

1. Dê uma pausa de pelo menos 10 minutos para parar e examinar o que se passa dentro de você;

2. Analise qual acontecimento ou ideia há na origem disso que está sentindo;

3. Estar consciente disso ajudará você a deter a maioria de seus pensamentos mecânicos, esclarecendo sua mente.

352

UM CURSO EM MILAGRES

Eu me divirto e me perco nos parágrafos de *Um curso em milagres*, uma experiência na qual muitas pessoas dedicam um ano de forma disciplinada, já que o livro é extenso, complexo e, ao mesmo tempo, transformador.

Adoro interpretar de maneira distinta qualquer uma de suas passagens cada vez que as releio. Gostaria de compartilhar com você este pequeno fragmento: "Concebeste uma pequena brecha entre as ilusões e a verdade para ser o lugar onde reside toda tua segurança e onde o teu Ser está cuidadosamente escondido pelo que tu fizeste".

Não é apaixonante quando um texto te dá uma bofetada de amor e ajuda você a ver a realidade de outra maneira?

UMA ALTERNATIVA PARA INICIANTES

Se você já tentou alguma vez começar a ler *Um curso em milagres* e achou muito difícil, tem uma alternativa que muitos entendidos consideram uma leitura preliminar muito mais simples. Trata-se de *O desaparecimento do universo*, de Gary R. Renard, que resume de maneira amena muitas questões do livro mencionado.

353

SOBRIEDADE

Uma das virtudes que mais busco é a sobriedade, afinal, como dizia José Alberto Mujica, considerado "o presidente mais pobre do mundo", e a quem adoro ouvir…

Inventamos uma montanha de consumos supérfluos. Compra-se e descarta-se. Mas o que se gasta é o tempo de vida. Quando compro algo, ou você compra, não pagamos com dinheiro, pagamos com o tempo de vida que tivemos que gastar para ter aquele dinheiro. Mas há um detalhe: tudo se compra, menos a vida. A vida se gasta. E é lamentável desperdiçar a vida para perder a liberdade.

Eu também diria que não só gastamos em coisas materiais, mas também em experiências e relações.

Então volto ao conceito que considero básico em relação a tudo isso: a sobriedade leva à simplicidade e à vida em liberdade.

MINIMALISMO RADICAL

Se algum dia for à Creta, em uma colina perto da capital, você vai encontrar o túmulo de Nikos Kazantzakis, o autor de *Vida e Proezas de Aléxis Zorbás*. Sobre uma humilde lápide está escrito:

*Não tenho nenhuma esperança,
não tenho medo de nada,
sou livre.*

A expectativa de que as coisas sejam de determinado modo e o temor para que aconteçam coisas desagradáveis são outras fontes de desgaste mental que nos fazem perder tempo.

Até que ponto você está livre de ambas?

354

KIKUBARI

Há uma frase que tenho dito aos meus filhos à medida que eles crescem: *Não estamos sozinhos no mundo.*

Pouco a pouco, eles se conscientizam de que fazem parte de uma grande família com seus irmãos e suas distintas circunstâncias.

É lindo ver como começam a conjugar sua vida no plural e fazem suas contribuições para o núcleo familiar. Em casa, sempre tentamos prestar atenção no que o outro precisa. Algumas vezes funciona melhor do que em outras, mas sempre tentamos.

Acredito que seja parecido com aquilo que no Japão se denomina *kikubari*: a capacidade de levar em consideração as pessoas que estão ao seu redor, estando atentos às suas diferentes sensibilidades.

SABER LER O AR

Um aspecto fascinante das relações japonesas é o que se conhece como *kuuki yomenai*, que se traduz literalmente como *saber ler o ar*. Se refere a compreender o que o outro quer dizer, mesmo que não se pronuncie uma única palavra. Como isso é possível?

- Prestando atenção na postura corporal. A linguagem não verbal também comunica o estado de ânimo. Ombros caídos, por exemplo, indicam desânimo.

- A expressão do rosto é, sem dúvida, uma grande fonte de informação que nos dá pistas sobre o que acontece por dentro.

- Observando outros sinais, como um repentino silêncio de alguém que normalmente é falante. Tudo isso ajudará você a *ler o ar*.

355

EMOÇÕES QUE DESPERTAM

Ao longo da vida, seu coração será partido mais de uma vez por emoções que você nem imaginava. Sendo assim, você também experimentará a grandeza dos sentimentos, inclusive por acontecimentos desagradáveis ou afortunados.

Você se sentirá desanimado por desencontros ou mal-entendidos, ou pelas suas próprias dúvidas e medos.

Você não é de pedra. Nem tente ser!

Aprenda com tudo que está sentindo, qualquer que seja a sua dor. Bendita emoção, que faz você se sentir mais vivo! Sobre isso, o grande Jim Morrison dizia:

> *A dor é uma forma de despertarmos. (...) Você sente sua força com a experiência da dor. Tudo depende da forma como você a carrega. Isto é o que importa. Dor é um sentimento, seus sentimentos fazem parte de você. De sua própria realidade. Se você se envergonha deles, e os esconde, estará deixando que a sociedade o destrua. Deve lutar pelo direito de sentir sua própria dor.*

DOR E CRIATIVIDADE

Uma vez que as emoções relacionadas à tristeza e à dor nos permitem mergulhar dentro de nós mesmos, aconselho aproveitar esses momentos para canalizar sua criatividade da forma que seja mais natural: escrevendo, desenhando, cantando...

Tente plasmar o que está vivendo e o transforme em sua obra de arte.

356

NEXO

Há algo que adoro fazer: reunir as pessoas que conheço e que acredito que vão se dar bem. Criar vínculos que levem a projetos conjuntos e que possam levar a uma boa amizade ou companheirismo.

Com esse objetivo, reúno em casa pessoas que acredito que possam contribuir uma com as outras e se, além disso, tivermos algo para comemorar, melhor ainda.

Talvez elas não se vejam outra vez, mas esse evento deixará marcas ao compartilhar outras percepções, outras maneiras de entender o mundo. Vale a pena dedicar todo o carinho e atenção nesse tipo de encontro para que sejam lembrados.

NETWORKING

Os principais autores de livros sobre o sucesso concordam que o *networking* é o ingrediente principal de qualquer conquista. Para aplicá-lo em sua vida cotidiana:

- Tente se relacionar com pessoas que compartilham conteúdos de valor;
- Abra a porta para novas incorporações em seu círculo de amigos. Nunca se sabe quem pode contribuir com aquilo de que você vai precisar em seu próximo projeto;
- Pratique a generosidade com critério. O fluxo de dar e receber faz parte da roda do sucesso.

357

FLORESCER

Eu semeio bem para que floresça em mim a melhor versão daquilo que posso dar. Cuido da minha terra, da minha alimentação, do ambiente onde cresço e das circunstâncias que fazem com que me torne uma linda flor.

Cuido de mim para ser algo que valha a pena, por mim e pelos demais.

Recordemos o fragmento de O *pequeno príncipe*, o qual ele conversa com a raposa e diz:

> *Tu és responsável pela rosa. (...) Tu te tornas eternamente responsável por aquilo que cativas.*

Qual é a rosa de que você cuida em sua vida e quais flores espera que brote?

CUIDE DE SEU JARDIM INTERIOR

Se você vê o seu interior como um jardim onde cresce o que plantou — a raposa diria *domesticado* —, você pode embelezá-lo ao cultivar...

- Boas leituras, que alimentem sua alma e enriqueçam a sua conversação;
- Filmes e documentários sobre temas que expandam sua perspectiva sobre a vida;
- Conversas que vão além da rotina;
- Exposições ou palestras que ofereçam novos olhares sobre o mundo;
- Banhos de floresta para recuperar sua conexão mais íntima com aquilo que você é.

358

NUNCA É PERDA DE TEMPO

Passamos boa parte de nossa vida tentando entender o mundo, o que inclui tanto os outros como a nós mesmos.

Somos curiosos por natureza e, ao se tratar de emoções, ainda mais, porque ao explorá-las, o coração bate mais forte e nos sentimos mais vivos.

Já dizia Manolo García: "Nunca é perda de tempo, é apenas um desvio a mais em nossa ilusão, ávida por afeto".

Quando vivemos à flor da pele, o tempo se move tão devagar que às vezes sentimos que se detém em um instante de eternidade.

Nunca é perda de tempo quando nos dedicamos a conhecer as profundezas do coração.

CHRONOS E KAIRÓS

Os antigos gregos distinguiam o tempo em dois tipos:

- *Chronos.* Se refere ao tempo linear, o que podemos medir de forma precisa com um relógio.
- *Kairós.* É o tempo de qualidade que não se pode medir. Dependendo da experiência, se comprime ou se estica, e um minuto pode conter uma vida inteira. Na teologia cristã, às vezes é chamado de o *tempo de Deus.*

Que tipo de momentos ou atividades permitem que você viva esse tempo divino?

O AR QUE VOCÊ RESPIRA

Quando quiser se dedicar a si mesmo, fique no *aqui e agora*, respire. E não só para estar presente ou relaxar, mas também para se sentir animado.

Você sabia que, segundo estudos recentes, a esperança de vida depende mais da capacidade pulmonar que dos genes, da alimentação ou do exercício?

Uma pessoa que respira bem, expandindo seus pulmões, tem mais possibilidades de ter uma vida longa e saudável.

No entanto, a maioria de nós, seres humanos, respiramos mal, de maneira acelerada e sem termos consciência. E isso o cérebro entende e interpreta como: *Sinto falta de ar. Não consigo respirar.*

A boa notícia é que dá para aprender a respirar.

Quando nos acostumamos a fazê-lo de maneira adequada, prestando atenção, nosso corpo se oxigena e podemos pensar, sentir e viver melhor.

RESPIRAÇÃO QUADRADA

Essa técnica de respiração, que se utiliza entre outras coisas para dominar a ansiedade, evita que você hiperventile, algo que às vezes fazemos de forma inconsciente e que pode levar a um ataque de pânico.

Também chamada de 4-4-4, é uma técnica muito simples:

1. Inspire lenta e suavemente durante 4 segundos;

2. Segure a respiração por 4 segundos;

3. Solte o ar, lenta e suavemente, durante 4 segundos.

Ao repetir esse processo dez ou doze vezes, você sentirá como a tensão diminui e se sentirá muito melhor.

360

CÉU E INFERNO

Omar Khayyam, um matemático, astrônomo e poeta persa, tem inspirações breves e reveladoras como esta:

Além da terra, além do infinito,
eu procurava em vão o céu e o inferno.
Mas uma voz interior disse-me:
"O céu e o inferno estão em ti mesmo".

Essa visão de um autor que viveu há um milênio condiz com a de muitos teólogos modernos, que consideram o céu e o inferno das sagradas escrituras não como lugares reais, mas como estados interiores.

Se como disse Khayyam, o céu e o inferno estão dentro de cada um, temos o livre-arbítrio para escolher qual dos dois mundos mentais queremos habitar.

O QUE LEVA VOCÊ AO CÉU E AO INFERNO?

Observe como seu panorama mental muda de acordo com as diferentes ações e atitudes. Por exemplo, quando você entra em uma discussão que não leva a lugar nenhum, porque nenhuma das partes vai dar o braço a torcer, como você se sente *durante e depois?*

Se você se sente irritado e depois exausto, pode evitar esse inferno deixando de cair nessa armadilha.

Também preste atenção naquilo que faz você sentir calma e tranquilidade, de modo que possa entrar muitas vezes no paraíso mental.

361

REALIDADE E PROGRESSO

Em sua biografia — que, aliás, é incrível —, Michelle Obama se pergunta, fazendo um balanço no final de sua carreira ao lado do marido, em que momento sua vida mudou. Quais foram os momentos-chaves em que sua vida deu uma guinada.

Em *Minha história*, ela repassa mentalmente sua juventude com Barack, o dia do primeiro beijo, seu início na política...

Ao ler suas vivências, você percebe que o destino é resultado de várias pequenas decisões que nos levaram aonde estamos agora, da imaginação aos fatos.

Michelle Obama explica assim: "Sabia que era possível viver duas realidades ao mesmo tempo, mantendo os pés firmes no chão, mas de olho no progresso".

TORNE REALIDADE

Júlio Verne dizia que "tudo que um homem pode imaginar, outros homens poderão realizar".

Se supormos que quem imagina é a mesma pessoa que realiza — você —, pergunte-se:

1. Qual é seu principal sonho agora mesmo? O que mais estimula a sua imaginação?

2. O que você deve começar a fazer para torná-lo realidade?

Faça isso o quanto antes e o progresso chegará.

362

COMO UMA LAGOA CALMA

Quando você procura respostas, quando deseja a verdade, deve esperar com calma para encontrar a partir daí o que anseia. Uma atitude inquieta, por outro lado, levará você à precipitação, o que só o deixará mais confuso.

Você só pode ver o fundo da lagoa se as águas estiverem calmas. Quando você deixa de movê-las, elas se tornam cristalinas e transparentes. A mente também funciona assim.

O pacifista indiano Prem Rawat explica essa teoria em seu livro *Ouça a sua voz*:

> *Aquiete sua mente, aquiete seus sentidos e aquiete seu corpo. Quando tudo estiver quieto, não faça nada. Nesse estado a verdade se revelará a você.*

UMA BREVE MEDITAÇÃO

Prem Rawat disse:

Olhe ao seu redor, olhe para dentro de você. Deixe brotar seu sorriso, sua gargalhada, sua gratidão.
A plenitude é uma realidade, não um sonho.

Sentado em um lugar tranquilo, você pode repetir essas palavras sempre que se sentir nervoso, triste ou alterado e colocar em prática:

1. Olhe ao seu redor, prestando atenção na beleza ao seu entorno;

2. Em seguida, olhe para dentro de si. Perceba tudo de bom que você tem;

3. Sorria e sinta-se grato por estar vivo;

4. Descubra que a plenitude é algo que você já tem.

O ÔNIBUS PASSA TODOS OS DIAS

A o ser perguntado sobre se é possível mudar de vida, meu admirado Morgan Freeman deu uma resposta que me agrada pela sua simplicidade e clareza: "O ônibus passa todos os dias".

É uma bonita forma de dizer que podemos pegar esse ônibus e aproveitar a oportunidade que nos é apresentada todos os dias. Só temos que nos preparar e aguardá-lo no ponto. Estar atento à sua chegada.

Se você assistiu ao filme *Ghost world: Aprendendo a viver*, interpretado por Thora Birch e uma Scarlett Johansson bem jovenzinha, essa imagem terá passado pela sua mente.

No filme há um idoso que espera um ônibus que já teve sua linha cancelada. Ninguém sabe o que ele faz ali e alguns riem dele, mas o ônibus que ele espera acaba passando.

PERDER O TREM?

Do ônibus passamos ao trem, já que existe o ditado de que o trem não passa duas vezes diante de nós com a mesma carga.

Para os que acreditam que é muito tarde para começar de novo ou encontrar novas soluções, recomendo que pensem nos *late bloomers*. São aquelas pessoas que desabrocham tarde, mas com muita beleza, como Kimani Maruge, o estudante mais velho do mundo. Com 84 anos, ele decidiu que queria aprender a ler e escrever, sendo assim, cursou o primário em uma sala cheia de crianças.

Enquanto estivermos vivos, sempre haverá um ônibus ou trem que possa nos levar a outro lugar. Qual você está esperando?

364

O CAMINHO MENOS PERCORRIDO

Um dos poemas mais belos e inspiradores do século XX foi escrito por Robert Frost e nos faz refletir sobre as escolhas que a vida nos apresenta.

Compartilho com você o primeiro e o último parágrafo:

> *Num bosque amarelo dois caminhos se separavam,*
> *e lamentando não poder seguir os dois,*
> *e sendo apenas um viajante, fiquei muito tempo parado*
> *e olhei para um deles tão distante quanto pude*
> *até onde se perdia na mata.*
> *(...)*
> *Direi isto entre suspiros,*
> *em algum lugar, daqui a muito tempo,*
> *duas estradas se bifurcavam numa árvore,*
> *eu trilhei a menos percorrida.*
> *E isso fez toda a diferença.*

A CORAGEM DE DEIXAR O BANDO

Em sintonia com o poema de Frost, em 1970, Richard Bach escreveu *Fernão Capelo Gaivota*, uma fábula sobre a liberdade pessoal que ganhou imensa popularidade.

Para fugir da vida rotineira de suas companheiras, a gaivota protagonista decide abandonar o bando para viver por conta própria. Isso representa muitos perigos e desafios, mas também lhe proporciona vários aprendizados.

- Em que momentos da sua vida você decidiu pegar o caminho menos percorrido?
- Que medos e dúvidas você sentiu a princípio?
- Quais foram seus aprendizados?
- Em que tipo de caminho você se encontra agora?

365

SEU *IKIGAI*

Dizem que a chave para alcançar a plenitude é ter um propósito claro na vida. É o que os japoneses chamam de *ikigai*.

Meu querido Francesc Miralles explica junto a Héctor García em seu best-seller *Ikigai: os segredos dos japoneses para uma vida longa e feliz*:

> *Segundo os japoneses, todo mundo possui um ikigai, o que um filósofo francês traduziria como raison d'être, razão de ser. Alguns encontraram seu ikigai e têm consciência dele, outros o carregam dentro de si, mas ainda o procuram.*

O *ikigai* é o motivo pelo qual você se levanta todas as manhãs, é o propósito pelo qual você dedica horas e esforço sem considerar um sacrifício, o que faz com que sua curiosidade e criatividade se multipliquem.

Seu propósito vital dá um sentido à sua existência e pode ser inclusive um modo de vida.

Iki significa *vida* em japonês e, curiosamente, *gai* se traduz em basco como *motivo* ou *tema*.

Qual é o seu principal *gai*?

UMA PERGUNTA ESSENCIAL

Durante a pandemia, muitas pessoas passaram a ter consciência de sua importância, sendo isso a origem de muitas mudanças. Aliás, é uma pergunta que volta de forma recorrente sempre que sentimos que não estamos sendo fiéis a nós mesmos, e nos remete de volta a nosso *ikigai*:

> *Como quero viver o resto da minha vida?*

O FIM É O COMEÇO

Uma das frases mais famosas de Lao-Tsé diz: "Aquilo que a lagarta chama de fim do mundo, o resto do mundo chama de borboleta".

Você está prestes a terminar este livro, no qual compartilhamos centenas de ideias, leituras, histórias, exercícios e inspirações. Gostaria de agradecê-lo por ter caminhado comigo até aqui.

Os africanos dizem que, se você quer ir rápido, vá sozinho, mas se quiser chegar longe, vá acompanhado. Caminhamos juntos e espero que para você também tenha sido uma viagem agradável e cheia de descobertas.

Ao longo destas páginas, a lagarta já se transformou em borboleta prestes a alçar voo. E, assim como acontece com ela, este não é o final, mas o princípio.

Quando você fechar este livro, e espero que volte para visitá-lo como a um bom amigo, você se abrirá à sua nova vida.

Obrigada por existir!

O PRIMEIRO CAPÍTULO DE SUA NOVA HISTÓRIA

Se a sua vida fosse uma história prestes a estrear, deixando o passado para trás, começando depois desta página, qual seria o seu começo?

De que maneira vai começar o primeiro capítulo de sua nova vida?

EPÍLOGO
DE FRANCESC MIRALLES

Este livro começou a ganhar forma em um restaurante tailandês de Barcelona. Lá a autora nos confirmou sua decisão de empreender este belo e ambicioso projeto: escrever uma inspiração para cada dia do ano.

Eu tive a honra de atuar como o *sherpa* literário da minha amiga Anne, que vai iluminar dezenas de milhares de vidas, como já faz através das redes sociais e dos meios de comunicação. Quem me deu o título de *sherpa* foi a doutora em física quântica Sonia Fernández-Vidal, que ao terminar de escrever *A porta dos três trincos*, me disse: "Assim como o *sherpa* acompanha o montanhista até o cume, graças a você, cheguei ao topo do meu primeiro livro".

A vida começa a cada dia foi uma longa travessia cheia de descobertas e companheiros de viagem inesperados. Logo no início, Anne começou a escrever sem parar de muitos lugares do planeta. Eu recebia seus capítulos desde Madri, País Basco, França, Nova York... Já eu, os recebi e os organizei quando estava no Pacífico, na Amazônia ou até mesmo nas geleiras da Islândia.

Pouco a pouco, a criatura foi crescendo. Ao revisar estas páginas cheias de pérolas, eu ia dizendo à Anne: *O livro está ficando incrível.* Podia sentir seu sorriso do outro lado, enquanto, página por página, continuava compartilhando experiências, passagens e opiniões para este almanaque inspirador.

* * *

Além de sua vasta experiência profissional e vital, de se formar amplamente em temas de crescimento pessoal, durante os últimos anos, Anne entrevistou muitíssimos autores. Conversou com todo tipo de personalidades especialistas em ciências, espiritualidade, medicina, *coaching*, psicologia... e muitas delas deixaram sua marca nestas inspirações.

Como primeiro leitor desta obra, depois de vinte e cinco anos dedicados a estes assuntos, a autora não deixava de me surpreender com novas referências, teorias, e inclusive livros que eu não conhecia. Aliás, estas páginas são um valioso exercício de generosidade de sua parte, já que coloca em nossas mãos o melhor que ela descobriu para cultivar a arte de viver. Lembro que um amigo editor sempre me dizia: "Sempre que descubro um tesouro, vou correndo contar para os meus amigos". E é isso que Anne Igartiburu fez com cada página deste livro.

* * *

Em 1996, dois autores norte-americanos escreveram *Canja de galinha para a alma*, uma nutritiva recopilação de relatos para aquecer o coração. Quase três décadas depois, a autora desta obra foi um pouco além, já que junto às suas reflexões e aprendizados, compartilhou exercícios pessoais, receitas para a vida, perguntas para fazermos a nós mesmos ao acordar.

Não tenho dúvidas de que este livro é e será uma poderosa fonte de inspiração para muitíssima gente, começando por mim mesmo.

* * *

Se alguns dos tesouros que contém tocaram o seu coração, querida leitora, querido leitor, não os guarde só para você. Conte para seus amigos. Compartilhe este livro com outras pessoas que podem se tornar mais sábias e felizes nesta aventura compartilhada que chamamos de Vida.

Desejo a você uma excelente viagem.

Francesc Miralles